한국어로 내려온

New Bible

새로운 성 경

제117권

8부 | 총10부

하얀마음

하나님 말씀 중에서

1. 사랑의 하나님

- 세상을 창조하신 하나님은 모두를 사랑하신다. 인간만 특별히 더 사랑하지 않고, 우주 만물을 다 똑같이 사랑하신다. 그러니 하나님이 창조하신 천지 만물과 화친하고, 미물까지도 소중히 대하라.

- 하나님은 특정 종파나 민족만을 더 사랑하지 않으신다. 자기 자신만 구원받겠다는 욕심을 버리고, 자기 종파만 구원받는다는 편협한 교리에서 벗어나야 한다. 종파를 초월해서, 모두를 사랑하라.

- 원수까지 사랑하라 했으니, 이 세상에 사랑하지 못할 자가 누가 있겠는가? 종파가 다르다고 해서 부모 형제와 원수처럼 지내는 자는 인간의 근본을 모르는 자다. 가장 가까운 가족부터 사랑할 때 남도 진심으로 사랑할 수 있다.

- 한 사람을 원수같이 생각하던 마음에서 사랑하는 마음으로 돌리면, 자기 자신의 마음이 가장 기쁘고 행복하다. 하나님께서는 인간의 마음속에 무거움이 없이 기쁘고 행복한 삶을 살기를 바라신다.

- 이웃을 "내 몸처럼" 사랑하라 했으니, 마지막 한 장 남은 천국의 티켓도 이웃에게 양보하라. 자기 중심적인 신앙에서 벗어나서 남을 위해 살아야 한다.

- 독초도, 약초도, 이단도 사탄도 천사도 다 필요하기에 존재한다. 독초일지라도 극소량을 사용해서 생명을 살릴 수 있고, 약초라 하더라도 남용하면 생명을 잃을 수 있다.

- 세상 모든 것을 명약으로 활용하는 것은 인간의 지혜에 달렸다. 어떤 것이든 어떤 사람이든 적재적소에 꼭 필요한 명약으로 승화시키라.

- 사탄도 이단도 천사도 모두 하나님의 주관하에 존재한다. 진정한 하나님의 백성은 사탄과 마귀까지도 감화시켜서 천사로 거듭나게 한다.

2. 기도

- 하나님은 인간의 생각까지 모두를 다 알고 계신다. 우리의 소원도 이미 알고 계시기에, 소원의 기도를 할 필요가 없다. 우리가 받을 자격이 되면 내려 주신다.

- 죄를 짓고 아무리 회개를 해도 용서받지 못한다. 도둑질한 자는 용서해 달라고 기도하고, 도둑맞은 자는 도둑을 잡게 해 달라고 기도하면, 공의의 하나님은 누구의 편에 서시겠는가?

- 자기가 잘못한 것은 그 사람에게 직접 갚고 용서를 구하라. 그가 용서하면 하나님도 용서하신다. 땅에서 매면 하늘에서도 매이고, 땅에서 풀리면 하늘에서도 풀리는 이치다.

- "회당에서 기도하지 말고 골방에서 기도하라" 했다. 눈에 보이는 골방이 아니라, 골방과 같이 고요한 마음이다. 잡념을 버리고 하나님을 향해 마음을 집중하며, 사랑하고 용서하는 아름다운 생각만 나오도록 하라.

- "두드리면 열릴 것이다." 하는 것은 육의 소원을 위해 두드리라는 것이 아니라, 진리의 깨달음을 얻기 위해 두드리라는 것이다.

- 기도하는 방법: 생활 속에서 수시로 기도하는 삶을 살아야 한다.

- "저의 죄를 용서하여 주옵소서." 하는 회개의 기도를 하라.
- 범사에 "하나님! 감사합니다." 하라. 현재 가진 것에 감사하며, 과욕하시 발라. 자기 노력 이상의 것을 더 갖고자 기도하는 것은 도둑놈심보다. 공의의 하나님은 각자 노력한 만큼 주신다.
- "하나님 뜻대로 살아가겠나이다." 하며 마음의 각오를 다지라.

- 기도는 하나님의 말씀을 받아서 "행하는 것"이다. 하나님이 계심을 굳건히 믿고, 하늘을 향하여 한 점 부끄럼 없이 사는 삶 자체가 가장 위대한 기도이며, 삶이 곧 예배다.

3. 지도자

- 똑같이 사랑한다는 말을 해도, 순수하게 하는 말은 천사의 말이지만, 사기 쳐서 재산을 가로채려고 하는 말은 사탄의 말이다.

- 종교 지도자가 아무리 훌륭한 설교를 해도, 신도의 재물을 거둬서 더 큰 교회를 짓고 자기의 부귀영화를 바라며 설교하면 사탄의 가르침이 된다.

- "저희 교회는 만원사례요, 믿음은 다 같으니 이웃의 개척 교회에 가서 예배를 드리시오." 하며, 이웃 교회의 부흥을 먼저 생각하여 제 신도를 보내는 종교 지도자가 있다면 그를 따르라. 그가 하나님의 사랑을 실천하는 자다.

- "부자가 천국에 들어가는 것은 낙타가 바늘구멍을 통과하는 것보다 더 힘들다" 하였거늘, 지금의 교회에서는 부자가 되기만을 기도하고 소원하니, 이는 곧 천국을 포기하고 지옥 행 열차의 티켓을 사는 것과 같다.

- 예수는 빈손이었다. 종교 지도자가 예수보다 더 호화롭고 편안하게 살아간다면 잘못된 것이다. 부귀영화와 명예를 바라는 자는 절대로 갈 수 없는 좁고 협착한 길이 종교 지도자의 길이다.

- 종교 지도자는 유리로 비춰 봐 한 점의 부끄러움이 없이 살아야 한다. 의식주도 직접 일해서 해결하고, 예수의 가르침과 행함을 그대로 따라야 한다.

- 종말은 없다. 지금의 잘못 가는 종교 집단에게만 종말이 있다. 보이지 않는 하나님은 보이는 육의 종말은 관여하지 않으신다. 환경 파괴로 인간이 스스로 멸망을 자초하는 것이다. 종파끼리 싸우기 전에, 무너진 인성을 바로잡고 지구의 몸살을 해결하는 데 뜻을 모으는 게 급선무다.

4. 성전이란

- 이 세상 자체가 하나님께서 만드신 성전이다. 자연보다 더 아름다운 성전이 있는가? 보이는 건물이 성전이 아니라, 성스러운 마음가짐이 성전이다.

- 반석 위에 교회를 지으라 했다. 지상의 단단한 돌은 인간이 쪼갤 수 있으나, 마음속의 굳은 결의는 세상 무엇으로도 쪼갤 수 없다. 바르고 굳건한 믿음으로 성경의 가르침을 실천하는 것이 마음의 반석 위에 교회를 짓는 것이다.

- 손으로 지은 건물의 교회에 모여서 복음을 전하는 것이 아니라, 교회를 개인과 가정에 심어 주어야 한다. 무너지고 부서지는 건물을 짓지 말고, 마음속에 영원히 불변하는 참진리의 교회를 지으라.

5. 십계명

▪ 십계명은 인간이 죽어서 반드시 통과해야만 하는 열 개의 관문이다.

- 부모를 공경하지 아니한 자는 “네 부모를 공경하라.” 하는 제5계명의 관문이 열리지 않으니 구원받을 수 없다.
- 살인, 간음, 거짓, 우상 등의 나머지 계명도 마찬가지다.

▪ 십계명은 하나님의 친필이다. 모기소리만 한 하나님의 음성이라도 들어 보겠다고 여기저기 찾아 헤매지 말고, 십계명부터 암송하고 지키라.

▪ 십계명은 영혼을 구원하는 양식이며, 십계명을 지키는 것이 구원을 받는 길이다. 인간이기에 지키고자 노력하고 또 노력한다면 지킬 수 있다.

▪ 십계명을 지키고 천사처럼 아름답게 살아가는 그 마음 하나면 세상에 이루어지지 않는 것이 없다.

6. 보물

▪ 하나님은 재물이 아니라 우리의 마음을 받으신다. 사랑을 실천하며 천사처럼 변하는 마음이 하나님께 바치는 보물이다.

▪ 보이지 않는 하나님께 재물을 바치려 하지 말고, 너희를 길러 준 부모에게 용돈 드리고, 찾아뵙고, 효성을 다하라. 그것이 하나님께 효도하는 것이다.

▪ 하늘에는 선과 악의 창고가 있다. 자기 창고에 선이 많으면 천국으로 구원을 받고, 악이 많으면 심판받아 지옥으로 간다. 그것이 바로 “선한 일을 행한 자는 생명의 부활로, 악한 일을 행한 자는 심판의 부활로” 나오는 것이다.

▪ “선악과를 따먹지 말라”는 것은 양심을 지키라는 것이다. 선과 악을 구분할 수 있는 양심을 최초에 인간에게 주셨다. 선한 열매는 취하고, 악한 열매는 버리며, 양심에 비추어 부끄럼 없는 삶을 살아가라.

▪ 가장 작은 거짓말을 하지 않고, 가장 작은 죄를 짓지 않으며, 가장 작은 선행을 하고, 가장 작은 악행을 멀리하는 것이 율법의 일점 일획도 빠뜨리지 말고 다 지키는 삶을 사는 것이다.

7. 우상

- 박물관에 있는 불상은 하나의 예술품이다. 그 조각품에 대고 제 소원을 빌 때 우상숭배가 된다. 십자가라 하여도 그 앞에서 소원을 빈다면 우상숭배하는 것이며, 하나님께 소원을 빈다면 하나님을 우상으로 전락시키는 것이다.

- 지금 기복신앙에 젖어 있는 모든 사람이 우상 앞에 절을 하고 있다. 조각품을 우상이라며 파괴하지 말고, 네 마음속에 있는 욕심의 우상을 무너트리라.

- 생수를 약초가 먹으면 약을 만들고 독사가 먹으면 독을 만든다. 같은 성경을 봐도 선한 지도자는 신도를 천사로 만드는 데 활용한다. 그러나 욕심이 기득한 지도자는 재물을 거두어들여 제가 부귀영화를 누리는 데 악용한다. 그가 바로 성경을 우상숭배의 도구로 전락시키는 거짓 선지자다.

- 성경을 한 획도 빼거나 더하지 말라는 것은, 그 가르침을 빠트리지 말고 온전히 지키라는 것이다. 성경 속에서 자기에게 유리한 구절만 보는 것은, 자기에게 불리한 구절들을 빼 버리는 것이다. 믿음이 제일이요, 행함은 구원과는 관계없다는 것은 자신에게 유리한 쪽으로 성경을 악용하는 것이다.

- 진정한 종교 지도자는 종파에 관계없이 어떤 종파든 어떤 책이든 접하고 보고 깨우쳐 견문을 넓히도록 인도한다. 참진리를 모르고 자신이 없는 자가 남을 이단이라며 배척하고, 신도들의 눈과 귀를 가린다.

8. 예수

- 예수의 재림은 없다. 예수가 다시 온다 해도, 과연 누가 그를 예수라고 믿겠는가? 예수와 같은 삶의 행함이 곧 예수의 재림이다. 각자 모두가 "재림 예수"가 되는, 차원 높은 믿음으로 가야 한다.

- 예수는 "주여 주여 하지 말고, 아버지의 뜻대로 행하라"고 했다. 예수가 전한 하나님의 뜻이 곧 "길이요, 진리요, 생명"이며, 그 가르침이 예수의 보혈처럼 소중한 것이다. 예수를 믿는 것은, 예수의 가르침을 믿고 따르는 것이다.

- 예수는 낮은 자로서 만백성을 섬기고자 했다. 만나는 모든 사람을 다 하나님이라 생각하라. 돈을 벌수록 겸손하고, 높은 지위를 얻을수록 낮아지라.

- 예수는 종파를 만들지 않았다. 인간이 만든 종교와 인간의 교리를 따르지 말고, 예수를 통해 전한 하나님의 참진리를 연구하고 따르라.

- 예수가 2천 년 전에 만백성을 위해 죽었으니, 지금 이 땅에는 예수의 가르침대로 사는 천사만 존재해야 한다. 예수가 죽어 가면서 바란 것은 만백성이 천사가 되어 예수의 자리를 채워 주는 것이지, 지금과 같이 재물을 바치면서 중언부언 제 소원만을 비는 백성들을 바란 것이 아니다.

9. 구원

- 천사가 사는 천국에는 천사만 갈 수 있으니, 천사 같은 마음을 길러야 한다.

- "천국 열쇠를 네게 주리니 땅에서 무엇이든지 매면 하늘에서도 매일 것이라" 했다. 땅에서 천사같이 사는 자가 하늘에서도 천사가 되어 천국에 들어간다. 모든 사람에게 천사같다는 말을 듣는 삶을 살아야 한다.

- 천사의 곱고 아름다운 마음은 부모를 공경하고 어른을 어른으로 대접하는 데에서 출발한다. 효도하는 자는 형제와 화목하게 지내기에 가정이 화목해지고, 이웃과 화목해지고, 국가가 화목해지고, 온 인류가 화목해진다.

- 그러므로 지상의 아름다운 소왕국은 가정에서부터 이루어야 한다.

- 선택된 14만 명만 구원받는 것이 아니라, 천사처럼 변하고자 하는 14만 명을 기초로 온 인류가 천사처럼 거듭나는 영적인 개혁이 시작되는 것이다.

- 천 년에 걸쳐서 하늘에서 이루어진 것같이 이 세상을 낙원으로 만들어, 만백성이 지상의 천국에서 살다가 죽어서 그대로 하늘의 천국으로 들어가는, 영원한 지상 낙원을 건설하는 것이 하나님의 계획이다.

- **이것이 구약과 신약에 이어 "새로운 성경"으로 역사하시는 하나님의 창조의 완성이다.**

- 지금의 믿음으로 구원받을 수 있다면 그 길을 가라. 그러나 자신이 없다면 하나님께서 직접 내리신 160권의 "새로운 성경"을 읽고 구원의 길을 보라!

하나님 머리말씀

이 새로운 성경을 읽는 너희 모두는
이 율법에 따라 행하면 영원히 구원받을 것이니라.

너희 인간이 수년, 수십 년, 평생
성서를 공부하고 기도하는 것은
하늘나라 나의 곁으로 오고 싶은 소망일진대,

몇천 년 전의 너희 인성과 생각이
지금의 너희와는 판이하게 다르니,

꺾여 가고 병들어 가는 너희를 고칠 수 있는 길은,
오늘 내가 선지자에게 내리는 새로운 성경과 같이
너희가 변화되는 것뿐이니라.

나의 예수가 태어난 것처럼
내가 아들 선지자를 선택하여
나의 새로운 성경을 온 세계에 전하고자 하니,

묵은 것은 버리고 새로운 것은 취하여,
너희 모두는
'여호와 하나님! 저의 죄를 용서하여 주옵소서.'
하는 기도문으로 기도하고, 죄를 뉘우치라.

이 새로운 성경은
수천 년간 내려온 성서를 요약한 것이니,
너희는 이 책을 정독하여 쉽게 깨달음을 얻고,
이대로 실천하여 하늘에 오르라.

대역자 머리말

■ 하나님의 율법을 지키는 선지자로 선택을 받도다.

저는 남들처럼 그저 열심히 살아온 평범한 사람이었습니다. 그러나 50대 중반에 사업에 실패하여 많은 부채에 시달렸으며, 건강도 악화되어 눈이 잘 안 보이고, 걷기도 어렵고, 두통이 심해서 잠을 이룰 수 없는 고통의 나날을 보냈습니다. 그때 제가 선택할 수 있는 것은 육의 삶을 끝내는 길뿐이었습니다.

죽기 직전에 그동안에 죄를 지은 이들에게 용서를 빌고 인생을 끝내기로 작정하였습니다. 어려서부터 지은 죄를 빌고 빌다 보니 끝이 없었고, 죽음으로도 그 많은 죄를 용서받을 길이 없다는 생각에 하염없이 눈물이 흘렀습니다. 그 순간 '재래식 화장실의 구더기는 죄를 짓지 않는데, 나는 인간으로서 구더기만도 못한 삶을 살았구나.' 하는 생각이 들면서 괴로움에 몸부림칠 때, 갑자기 하나님의 음성이 들렸습니다.

"나는 여호와 하나님이니라. 너는 십계명을 암송하고 내가 내려 주는 메시지를 받아 책으로 만들어 만백성을 구하라." 하시며, 제 눈을 손으로 문지르게 하시고, 아픈 머리와 다리를 손으로 두드리게 하셨습니다. 그러고 나니 눈도 잘 보이고 걸을 수 있었으며 머리의 통증도 말끔히 낫게 되었습니다. 그때부터 십계명을 암송하고 나면 들려주시는 말씀을 기록하였고, 1999년 8월부터 2004년 7월까지 권당 288쪽, 총 160권을 받아서 "새로운 성경"이라는 책으로 펴내게 되었습니다.

그러한 저에게 죽기보다도 힘든 길이 시작되었습니다. 모든 교인들이 저에게 사탄이요, 이단이요, 악마요, 마지막 시대에 온 거짓 선지자라 하면서 공격하였고, 저를 짐승을 보듯이 대하는가 하면, 편협한 종교 지도자들의 선동으로 신도들이 이 책을 직접 읽어보고 평가할 기회마저 막아 버렸습니다. 그래서 하나님의 말씀을 세상에 내는 데 많은 어려움을 겪으며, 피를 토하는 심정으로 책을 전하고 있습니다.

그러나 아무리 인간의 힘으로 막으려 해도, 하나님의 뜻이 세상에 전해지는 위대한 역사는 계속될 것입니다. 책으로 전해지는 "하나님의 말씀"은 세상 끝날까지 항상 우리와 함께하실 것입니다. 사람은 죽어도, 책에 기록된 말씀은 영원히 남으니까요.

■ 따뜻한 실천

하나님께서는 어려운 사람들에게 삶의 터전을 마련해 주고, 미래를 열어 주는 것을 기뻐하십니다. 어려운 이웃이 스스로 자립할 수 있도록 이끌어 주는 것이 진정으로 이웃을 돕는 것이라고 말씀하셨습니다. 그래서 일자리가 없는 제자들에게 작은 사업장을 만들어 주는 "달란트 사업"을 하고 있습니다. 식당, 반찬 가게 등을 차려 주고, 기존의 어려운 사업장이 자립할 수 있도록 돕고 있습니다(커피숍, 미용실, 의상실 등).

하나님께서는 교회에 나와서 모든 시간과 재물을 쏟기를 원하지 않으시고, 그 시간과 재물을 교육에 투자하여 스스로 미래를 열어 가기를 원하십니다. 그래서 제때 공부하지 못한 제자들에게 학업을 이어 가도록 하였습니다. 중화요리 주방장을 하며 초등학교 검정고시부터 공부하여 2012년에 방통대를 졸업한 36세 남성, 만학도들의 2년제 중학교에 입학해서 2007년에 명지대학을 졸업한 38세 여성, 중학교 검정고시를 시작으로 숭의여자대학을 졸업한 47세 여성 등이 있습니다. 그밖에도 많은 제자들에게 나이를 초월하여 배우고 깨우쳐서 사회 속의 당당한 일원이 되도록 인도하고 있습니다.

학자금 대출로 힘겨워하는 젊은이들을 위해 "따뜻한 바람 장학회"를 발족하여(2016년 12월) 대출받은 학자금 전액을 매월 갚아 주고 있습니다. 또한, 다문화 가정을 위해 "다문화 가족 랜드"를 조성하여, 각종 시설을 무료로 활용하도록 하고 있습니다.

이러한 따뜻한 실천이 아직은 미약합니다. 그러나 책의 수입이 늘고, 저와 뜻을 같이하는 분들이 늘어나면 계속 확대할 것입니다. 지도자로서 신도의 재물을 헌금으로 거둬들여 착복하는 것이 아니라, 하나님께서 기뻐하시는 일에 사용하도록 중매 역할만 하며 살아가고자 합니다. 이런 제가 과연 사탄이고 이단인가요? 하나님께서 기뻐하시는 일이라면, 저에게 사탄이라 하든 거짓 선지자라 하든 굽히지 않고 실천해 나갈 것입니다.

끝으로, 일상의 삶 속에서 "지금 내가 하는 행동이 과연 하나님께서 기뻐하실까, 슬퍼하실까?" 생각하고, 매사에 하나님께서 기뻐하시는 길을 택하기 바랍니다. 교회에 모여서 집단적으로 예배 드리는 것이 아니라, 개인이나 가정 단위로 새로운 성경을 읽어 스스로 깨우치고 그대로 행하면 충분합니다. 그것이 마음속에 성전을 짓고, 신령과 진정으로 예배 드리는 길입니다. 그러면 천국의 문에 들어서게 됩니다.

2017. 2. 1.

하나님 말씀 대역자 김용철

차 례

십 계 명

이 책은 십계명을 암송하고 나면 내려 주시는 "하나님의 음성"을 듣고 그대로 받아쓴 기록입니다. 하나님께서 십계명을 모세에게 내려 주셨지만, 그것은 만백성에게 내려 주신 것입니다. 마찬가지로 이 책의 모든 말씀도 저에게 내려 주셨지만, 만백성 각자에게 들려주시는 말씀입니다. 여러분도 이 책을 접할 때마다 십계명을 암송하고 나서 정독해 주시기 바랍니다.

제일은, 너는 나 외에는 다른 신들을 네게 있게 말지니라.
제이는, 너를 위하여 새긴 우상을 만들지 말고, 또 위로 하늘에 있는 것이나, 아래로 땅에 있는 것이나, 땅 아래 물 속에 있는 것의 아무 형상이든지 만들지 말며, 그것들에게 절하지 말며, 그것들을 섬기지 말라.
제삼은, 너는 너의 하나님 여호와의 이름을 망령되이 일컫지 말라.
제사는, 안식일을 기억하여 거룩히 지키라.
제오는, 네 부모를 공경하라.
제육은, 살인하지 말지니라.
제칠은, 간음하지 말지니라.
제팔은, 도적질하지 말지니라.
제구는, 네 이웃에 대하여 거짓 증거하지 말지니라.
제십은, 네 이웃의 집을 탐내지 말지니라.

나 여호와가 존재함을 믿는 그 자체가 구원의 길에 들어서는 기본이요, 근본이며, 나의 새로운 성경을 가슴에 안고 정독하는 자, 반석 위에 서서 하늘에 오르는 찬란한 빛을 보게 되는 영광을 얻게 됨이니라. 진정 나를 따르고 믿는 자는 감히 사탄이나 마귀도 근접하지 못하느니라.

〈하나님 말씀〉

2003년 11월

8,568 번째 하나님 말씀

2003년 11월 27일 0시 43분

1 사랑하는 나의 아들아!

2 "네, 아버님! 말씀하옵소서."

3 너희 종교 집단과 지도자들이 얼마나 무서운 과오를 범하며 나 여호와에게 죄를 짓는 행위를 하고 있는지 알겠는가?

4 사랑하는 나의 백성들이 영적으로 거듭나 나에게 오르고자 하는 그와 같은 것을 저희들이 막으며, 그들을 반대 방향으로 인도하는 그와 같은 형국을 하고 있는 것이 그들임을 너희들은 알아야 될 것이니라.

5 나에게 오르고자 하는 그 백성들마저도, 영적으로 거듭나 구원을 받고자 하는 그와 같은 백성들의 발길을 돌려놓으며 나에게 오르지 못하도록 하고 있는 것이 오늘의 종교 집단이요, 그들이 하고 있는 행위라 함을 너희들은 알아야 될 것이니라.

6 사랑하는 나의 만백성이 영적인 눈을 떠 구원을 받고자 하나, 그 눈을 가리며 그와 같은 것을 역사하지 못하도록 하는 것이 그들임을 너희들은 알아야 될 것이니라.

7 그러면서 그와 같은 자들이 무어라 말하느냐?

8 나의 사랑하는 피조물 만백성의 영적인 구원이요, 나에게 오를 수 있는 자의 길을 막으며 그들을 지옥으로 인도하면서 그들은 말하느니라.

9 '내가 기도해 주고 경배하며, 나의 설교를 들음으로써 너희들이 나를 통하여 넘치는 축복을 받고 있으며, 생각할 수 없는 은혜를 받고 있으며, 육의 세상에서 지금 같이 은혜를 받고 축복을 받으며, 이루어지지 아니하는 것이 없다.' 하며,

10 그리하여 너희들이 거듭나는 영혼의 세계까지 오늘의 종교 집단이요, 지도자의 그 죄의 온상에 나가 재물을 바치며, 울고불고 그들의 말에 맹종하고 맹신하는 자들은 넘치는 복과 축복의 은혜를 얻고, 죽어서도 또한 그와 같이 역사한다 지금 가르치고 있는 자들이니,

11 그 말에 너희들이 현혹되어서는 아니됨을 너희들은 알아야 될 것이니라.

12 과연 그들이 무엇으로써 넘치는 복을 주며 너희들에게 축복을 내려 주던가?

13 너희들은 평생 더 바치라, 더 역사하라, 그리고 하늘에 그득히 쌓아 올리라, 그리하면 너희들이 구원을 받을 것이라는 것,

14 그리고 수없이 그저 붙여 대기만 하면 거둬들일 수 있는 헌금의 그 이름을 듣고 살아온 것뿐일 것이니라.

15 그리고 또한 그들의 축복의 기도에 너희들이 넘치는 복을 받는 것이라 생각하며, 또한 너희들도 그리 기도함으로 인해서 축복을 받는다 하여 그들을 따라 그 흉내를 내는 오늘의 너희들의

그 기도의 형태는 과연 무엇인지를 너
희들이 죽어 내 앞에 왔을 때만이 알
것이며,
16 너희들이 얼마나 억울하고 불행한 삶
을 살았는지 알 때는 이미 너희들이
영원히 돌아나올 수 없는 그 문을 들
어가고 있음을 너희들은 알라.

8,569 번째 하나님 말씀

2003년 11월 27일 0시 50분

1 사랑하는 나의 아들아!
2 "네, 아버님! 말씀하옵소서."
3 오늘의 잘못 가는 그 종교 지도자들이
어찌 나의 백성을 끌고 간다 말하였느
냐?
4 나에게 오르는 백성들을 나와 관계없
는 그 일을 위해서 인도하며, 나와는
멀리 떨어지는 그와 같은 길로 인도하
며, 그를 위하여 모든 행위를 하고 있
는 것이 오늘의 종교 집단 그들이라
내가 말하지 아니하였더냐?
5 영적인 구원을 받아 나에게 오를 수
있는 백성들마저도 나로부터 멀어지
도록 그와 같은 짓을 하고 있는 것이
그들이라 하였음이니라.
6 그러나 너희들은 그와 같은 역사를 하
지 아니하며, 오로지 하늘에 오르는
그 길만을 인도하는 선택된 목자라 그
리하며, 나를 대신하여 너희들이 존재
한다 그리 말하느니라.
7 그러나 너희 종교 집단의 지도자들이
하고 있는 행위를 보라.
8 과연 너희들이 어찌 가르치느냐?
9 이 세상의 모든 백성들은 다 같은 형
제요, 그들을 구원한 것이 너희들이요,
10 내가 너희들에게 말했듯이, 너희들이
믿음의 길을 가는 그것보다도, 너희들
이 어떠한 믿음에 속해서 어떠한 신앙
을 가는지보다도, 너희들이 생명을 가
지고 세상에 태어난 것이 더 소중하다
하였음이니라.
11 더욱이 육과 영혼을 같이 나로부터 받
아 가지고 세상에 태어난 너희들이 얼
마나 축복되고 소중한 나의 백성들인
지를 먼저 알라 그리 말하였음이니라.
12 그러나 너희들은 어찌 가르치느냐?
13 그 모두는 생각지도 아니하며 생각하
지도 않으려 하며, 제가 속해 있는 종
교 집단이나 제가 관계되어 있는 그와
같은 곳에 오지 않는 어떠한 백성들과
도 교제하지 못하는 것이 너희들 아니
던가?
14 다른 이방인들과, 또한 같은 종교라
해도 집단이 다르다 하여 너희들이 그
들과는 절대 상대하지 못하며 그들과
거래하지 못하도록 명을 내리는 자들
이 아니던가?
15 그들이 무어라 하느냐?
16 너희들이 속해 있는 곳만이 구원을 받
으니, 다른 백성들과 거래하고 접촉하
는 것은 그들로 하여금 오염되어 너희
들이 구원을 받지 못하며 나에게 오를
수 없다 그리 가르치고 있지 않은가?
17 병들어 전염병이 옮기는 것보다 더 무
서우리만큼 다른 백성들이나 이방인
이라 말하는 백성들과 인간관계나 너
희들이 맺어 가는 세상의 삶의 그것까
지도 단절시키는 것이 너희들이 아니
더냐?

18 너희들의 믿음이 무엇이며 너희들의
육의 삶이 무엇이던가?
19 그러니 그와 같은 행위를 하고 있는
것이 너희들이니라.
20 너희들의 신도까지도 다른 집단과 접
촉을 금하도록 너희들이 가르치며 엄
명을 내리고 있으며, 그와 같이 접촉
하는 자는 오염되어 구원을 받지 못하
며 나에게 오를 수 없는 백성이라 너
희들이 그리 가르치고 지금 인도하고
있지 않으냐?
21 그러니 과연 그와 같은 백성들이 나와
더불어 존재하는 백성이며 내 명을 따
라서 지도하는 백성이라 말할 수 있는
가?
22 과연 나의 아들이 지금 종파를 따지
며, 나의 아들을 따르는 그 제자들에
게 누구도 접촉하지 말라 하며, 세상
사의 어떠한 종파와도 어울리지 말라
그리 말하는가?
23 그 속에도 배움이 있으며 깨달음이 있
으니, 너희들이 교리요, 문호를 개방
하라 그리 가르치는 것이 아니던가?
24 그 속에서 너희들이 진리를 알며 깨달
음을 얻게 되는 것이니라.
25 그러니 오늘의 수천 년 동안 흘러오는
종교 집단의 지도자들이 저희들이 속
한 곳이 아니요, 같은 저희들의 종파
라 해도 다른 집단과는 절대 교제하지
못하며 상대하지 못하도록 그리하니,
얼마나 너희들이 잘못된 자들이며,
26 저 자신이 참진리가 아니고 비진리라
는 것을 알고 있기 때문에 얼마나 불
안하고 두려우면 그와 같은 행위를 하
겠느냐?
27 무슨 전염병이 오염되듯이 오염된다
고 가르치는 것이 너희들이니, 그리하
여 너희들이 나로부터 멀리 떨어져 지
옥 불로 가는 그 길로 인도하는 자들
이라 하는 내 뜻을 너희들이 알아야
될 것이니라.
28 나 여호와가 너희들 집단 속에 있다고
생각하는 자, 너희들이 그와 같은 생
각부터 버려야 될 것이니라.
29 나 여호와가 너희들의 집단 속에 너와
같이하고 있다는 생각을 하지 아니한
다면 너희들이 과연 이와 같은 발상을
할 수 있겠는가?
30 그와 같은 발상으로써 나의 피조물 만
백성들을 묶어 놓지 못할 것이니라.
31 그저 저희들이 아니면 오염된다 하니,
그러니 저희들이 있는 곳에만 나 여호
와가 존재하니, 다른 곳은 다 이방인
이요, 사탄의 세계라, 그러니 나 여호
와가 존재하는 저희 속에 있는 백성들
은 다른 백성들과 교제하지 말며 교류
하지 말라 하는 것이 아니던가?
32 이와 같이 너희들이 생각을 하는 곳에
나 여호와는 같이하지 아니하며 그와
같은 자 속에 내가 없음이니 너희들
스스로 깨우쳐야 될 것이며,
33 너희들이 그와 같은 형국으로써 계속
이끌어 가는 그와 같은 틀에서 벗어나
지 못하기에 지금 너희들을 다스리고
자 하는 것이 나 여호와의 뜻이니라.
34 아무것도 알지 못하는 자, 하늘의 뜻
도 알지 못하는 자, 내가 역사하는 것
이 무엇인가를 알지 못하는 자, 너희
들이 교만과 오만의 그 자세를 이제
접을 때가 되었음을 너희들은 알라.

35 더 이상 그와 같이 버티고 지탱할 때, 너희들은 스스로 제자들이요, 너희 백성으로부터 처참한 꼴을 지상에서 이루고, 또 지옥에 와서 그 몇 배의 고통을 치르는 그와 같은 길에서 벗어나지 못하게 되어 있기에, 내가 너희들을 깨우쳐 주고자 함이니 그리 알라.

8,570 번째 하나님 말씀

2003년 11월 27일 0시 53분

1 사랑하는 나의 아들아!

2 "네, 아버님! 말씀하옵소서."

3 나의 성령은 어떠한 백성이 어떠한 형태로 살아가든 너희들의 머리 위에 나의 성령이 임하여 같이하고 있음을 너희들은 알아야 될 것이니라.

4 너희들은 모두가 다 받을 자격이 있으며 나의 성령이 너희들에게 임할 수 있다는 것을 알아야 될 것이니라.

5 모두가 받을 수 있으며 너희들이 받아들일 수 있으니, 그러나 다만 너희들이 어떠한 형태로써 변화되는지 그 삶에 의하여 나의 성령을 너희들이 받아들이고 역사할 수 있는 것이니라.

6 다만 너희들이 아직 자격이 되지 못하여 그를 받아들이지 못하고 너희들에게 임하지 못한다는 것을 알아야 될 것이니라.

7 내가 나의 아들을 통하여 전했느니라.

8 저희 집단에서만 구원을 받으며 저희들 집단에만 나 여호와가 존재한다 하여 외부와의 접촉을 금하도록 명하고 가르치는 그들의 종교 집단의 지도자, 그 형태가 얼마나 어리석고 우매한 자들인가를 스스로 알 날이 머지않았으니,

9 그들이 아직도 깨우치지 못한다면 나의 법전을 읽은 백성 너희들이 그들을 깨우쳐야 되는 것이 너희들의 대명임을 잊지 말라.

10 그러니 그와 같은 이치도 모르며, 변화되는 것도 모르며, 그와 같은 나 여호와가 이루고자 하는 그 역사도 모르는 자들이 나의 피조물 만백성을 하늘에 오르는 길로 인도한다 함이니, 그들이 다 병들고 썩어져 오염되어 있다 함을 너희들은 알아야 될 것이니라.

11 지금 썩고 오염된 그 상태가 어떠한 형태로도 고치고 변화되어 새로운 생명으로 태어날 수 있는 그와 같은 형국에 있지 못함이니,

12 극한 처방으로써 너희들을 다스리지 아니하면 아니 되기에, 내가 나의 아들을 통하여 160권이라는 대장정의 깨우침의 책을 만들어 새로운 성경이라 하여 전하는 내 뜻이 여기 있음을 너희들은 알아야 될 것이니라.

13 지금과 같이 폐쇄된 믿음 속에서 우물 안 개구리 같은 그 형태로 가르치는 지도자들, 그리고 그 지도자들 밑에서 배우는 신도, 너희들이 그 모두를 벗어나고 새로 태어나지 아니하면 절대 나에게 올 수 없다는 것을 다시 한 번 내가 명하고 나의 법전에 기록하여 전함이니,

14 이 무서움과 두려움을 너희들이 깊이 받아들여 스스로 변하는 역사를 이루도록 그리하라.

8,571 번째 하나님 말씀

2003년 11월 27일 0시 57분

1 사랑하는 나의 아들아!
2 "네, 아버님! 말씀하옵소서."
3 내가 너를 통하여 160권의 법전을 세상에 내려보내며 너를 통하여 강론을 함이니라.
4 그리고 너를 따르는 제자들과 만백성이 이를 보고 깨우치는 그와 같은 형국이 되어 있음이니라.
5 그러나 지금의 모든 종교 집단 그들이 무어라 말하느냐?
6 그리고 구원을 받았다는 그 백성들은 다른 집단이 영적으로 얼마나 성장하고 변화되는지 그와 같은 것을 과연 아는가?
7 지금 나의 아들을 따르는 그 제자들과 나의 아들을 통하여 내리는 강론을 듣는 백성들 그리고 나의 법전을 읽고 깨우친 그 백성들이 얼마나 영적으로 성장되었으며 저희들보다 차원 높은 자리에 있는가를,
8 정녕 그들은 그를 들여다볼 자격이 없으며 그를 들여다보지도 못하는 자들이니라.
9 그러니 저희들보다 높은 깨우침이 있고 영적으로 성장되어 있는 나의 백성들을 보고 무어라 말하느냐?
10 사탄이요, 이단이라 지금 시시비비를 거는 것이 그들이니라.
11 저희들은 지금 죄의 온상인 그곳에 오는 것만이 구원을 받는 것이요, 하늘에 오르는 길이라 말하며, 나 여호와가 저희들과 같이한다고 생각하는 자들이니,
12 정녕 내가 그들과 같이하지 아니한다 함을 내가 수없이 기록하여 전했으며,
13 너희들이 얼마만큼 깨달음이 높이 와 있는 것이며, 새로운 성경이요, 새로운 나의 성서가 세상에 내려와 너희들을 지도하고 인도하는 대변화의 역사 속에서,
14 너희들의 깨달음의 높이요, 영적으로 향상되는 것을 알지 못하는 자들이 도리어 너희들을 사탄이요, 이단이요, 사악한 자요, 마지막에 세상을 혼미케 하는 그와 같은 집단들이라 그리 말함이니, 그들이 얼마나 어리석고 불쌍한 백성들이더냐?
15 그러니 그 환자들을 치료하고 깨우치는 그와 같은 역사를 해야 됨을 절대 잊어서는 아니 될 것이니라.
16 너희들을 바라볼 수도 없으며, 너희들이 지키고자 하는 그 깨달음의 높이와 너희들이 행하고 있는 것을 볼 수도 없는 자들이 감히 너희들을 짓밟으며 너희들을 사탄이요, 이단이라 그리 말함이니,
17 인간 세상에 적반하장이란 말이 있어도 이것보다도 더한 분수 없는 짓을 하고 있는 것이 그들이니, 그들을 탓하지 말라.
18 불쌍하고 가련하다 생각하며 너희들이 그들을 구원하고 돕도록 그리하라.
19 그와 같은 자들이 알지 못하며 깨닫지 못하며 하늘의 뜻을 모르기에, 너희들이 영적으로 성장된 것을 모르면서 너희들을 다스리고 깨우치고자 하는 것이 그들이니,

20 작은 그릇이 큰 그릇을 뒤집어씌우고
자 하는 것이 그들의 오늘의 형국이니,
21 아무리 몸부림을 친다 해도 그와 같이
있을 수 없는 것이 하늘의 뜻이라는
것을 그들에게 전하도록 그리하라, 사
랑하는 나의 아들딸들아!

8,572 번째 하나님 말씀

2003년 11월 27일 01시 02분

1 사랑하는 나의 아들아!
2 "네, 아버님! 말씀하옵소서."
3 변화의 역사를 거부하는 집단이나 지
도자 그 백성들은 정녕 다시 태어나는
그와 같은 영광을 얻을 수 없으며, 그
집단들은 절대 다시 태어나지 못함을
알아야 될 것이니라.
4 오로지 그들의 미래는 무엇인 줄 알겠
느냐?
5 그들은 쇠퇴하기 시작할 것이며, 그
쇠퇴함으로 인하여 저희 자신이 지탱
하지 못함이니, 스스로 무너지는 자멸
의 길을 벗어날 수 없는 것이 그들의
운명이라 전하라.
6 이제는 저희들이 이와 같이 자멸하며
쇠퇴하여 다시 서지 못하는 그와 같은
결과가 자연적이고 필연적인 역사의
흐름이라는 것을 알라.
7 나 여호와가 역사하는 그 길에 동참하
지 못하며 더불어 같이하지 못하는 그
들은 내가 지금 단죄하고자 하는 그
테두리에서 벗어날 수 없으며, 내가
구분하고자 하는 거기에서 피해 갈 수
없으며,
8 저희들 자신이 스스로 보호할 수 없다
는 것, 그리고 나를 속일 수 없어 그들
은 반드시 버려질 것이며 태워질 것이
라는 것을 너희들이 전해야 될 것이니
라.
9 바로 무엇인 줄 알겠느냐?
10 그와 같이 역사하는 자들은 신선함이
없음이니라.
11 지금 나의 아들을 따르는 너희 제자들
과 나의 법전을 읽고 깨우친 백성 너
희들은 하루하루 변해 가는 그와 같
은 삶을 삶이니, 그것이 무엇이더냐?
12 새로운 생수가 계속 부어지는 것처럼
너희들에게는 신선함이 있음이니라.
13 그러나 모든 종교 집단과 지도자들,
변화를 모르는 그들 변화를 거부하는
그들에게는 신선함이 없음이니라.
14 그러니 신선함이 없음은 무엇이더냐?
15 시들며 썩어 가는 것밖에 없음을 너
희들은 알아야 될것이니라.
16 썩어져 가는 그와 같은 그곳에서는 바
로 무엇이더냐?
17 썩은 냄새만 진동하게 되어 있는 것
이니, 이 세상에 너희들은 맡지 못하
고 보지 못하나 지금 썩고 썩은 것이
얼마나 진동하고 있는지 알겠느냐?
18 모든 종교 집단들이 지탱하는 것이 오
늘의 그 형국이니, 썩은 것이 과연 얼
마나 버틸 수 있다 생각하느냐?
19 그들은 머지않아 스스로 자멸의 길을
가도록 되어 있음을 너희들은 알아야
될 것이니라.
20 만백성의 삶에는 관심이 전혀 없으며,
그리고 그들이 어떠한 고통과 어떤 길
을 역사하는가에는 관심이 없으며, 그
저 제 영역만을 지키려 하며, 그리고

저 자신의 육의 모두를 이루는 것만 연구하는 그것이 오늘의 종교 집단이요, 지도자들이니, 그것이 바로 무엇인 줄 알겠느냐?

21 사랑하는 나의 피조물 만백성을 참진리로 깨우쳐 하늘에 오르는 길로 인도하는 것이 아니고, 한번 들어가면 나오는 문이 없다는 그 지옥으로 이끌어 가는 자들이라는 것을 너희들은 알아야 될 것이니라.

22 나 여호와가 너희들을 사랑하기에 내가 이와 같은 뜻을 전하고 또 전하며 기록하여 전하는 그 의미를 알라.

23 그러니 이제는 나의 법전을 읽고 깨우친 백성 너희가 스스로 일어나 스스로 결단을 내려야 될 때가 되었음을 너희들은 알아야 될 것이니라.

24 그리하여 너희들이 그와 같은 결단을 내려 거듭나는 역사를 이루고자 하나 너희들이 그 길을 모르며 방법을 모르기에,

25 내가 나의 아들의 가슴을 통하여 지금 160권의 대장정을 세상에 내려보내니, 이를 읽고 깨우쳐 너희들이 결단의 용기를 가져 거듭나는 백성으로서 영원히 사는 나의 나라 내 품에 올 수 있도록 하라는 것이 내 160권의 법전이 내려지는 소중함임을 알라 그리 전하라.

8,573 번째 하나님 말씀

2003년 11월 27일 06시 51분

1 사랑하는 나의 아들아!

2 "네, 아버님! 말씀하옵소서."

3 네가 하는 말, 네가 역사하는 말은 없어지거나 지워지는 것이 아니요, 영원히 세상에 존속한다 하지 않았더냐?

4 그러니 네가 십계명을 암송하고 암송할 때마다 그와 같은 메아리는 세상을 덮어 나감이니, 그를 듣는 백성들이 있을 것이며 그를 깨닫는 영혼이 있을 것이니라.

5 너는 모르나 그와 같은 역사가 이루어짐을 알고 있어야 될 것이며, 그리하여 내가 너에게 항상 나의 십계명을 암송하며 모두를 역사하라 하는 그와 같은 이치가 있음이니라.

6 그러니 영혼의 세계요, 하늘의 세계에 이루어지는 것을 너희들이 보지 못하고 듣지 못함이니, 너희들이 평가할 수 없는 것이 그와 같은 것이니라.

7 이 세상에 존재하는 모든 것, 너희들이 말하는 마시고 먹어서는 안 되는 극약이나 너희들이 물려서는 아니 되는 독충이요, 그와 같이 너희 생명을 앗아 가는 독소가 세상에 존재함이니라.

8 그러나 너희들이 마시면 죽는 그 독약이나 너희들이 물리면 죽는 그와 같은 미물들, 그 모두를 또 너희들이 어떠한 방법으로 쓰고 활용하는가?

9 먹으면 죽는 그와 같은 독약이나 미물이나 그와 같은 것들을 너희들이 조심스럽게 꼭 필요한 양에 따라서 필요한 곳에 씀으로 인하여 그것이 무엇이더냐?

10 극약이요, 독약이라 말할 수 있는 그 모든 것, 그리고 너희들을 죽게 하는 미물들 그 자체가 너희들의 생명을 구

하는 것이요, 또 너희들의 필요에 의
하여 꼭 쓰이는 것이 아니더냐?
11 극약도 너희들이 맞추어서 알맞게 적
당히 필요에 따라서 쓰는 것은 생명을
구하는 것이라 하였음이니, 이 세상에
살아가는 너희들의 인간관계를 그와
같이 생각하도록 네 제자들에게 깨우
쳐야 될 것이니라.
12 너희들이 마시면 죽는 그 극약도 너희
들이 적당히 알아서 꼭 필요한 양을
쓸 때는 생명을 구하는 것처럼, 이 세
상의 어떠한 백성도 나의 아들딸로 다
스리고 만들어 깨우치는 데 너희들이
조심스럽게 이용하고 활용하는 그와
같은 방법을 잊어서는 아니 될 것이니
라.
13 버려야 되는 그 극약을 너희들이 잘
쓰고 잘 다스리며 적당히 활용할 때
생명을 구하는 것으로써 사용하듯이,
14 그러니 이 세상에 어떠한 인간도 버릴
것이 없으며, 너희들이 등을 돌려서는
아니 되며, 손을 놓아서도 아니 되는
이치를 내가 너희들에게 깨우쳐 주고
자 함이니라.
15 너희들의 생명을 앗아 가는 극약도 너
희들이 적소에 적절한 양으로써 쓸 때
너희들의 귀한 생명을 구하는 그와 같
은 것으로 쓸 수 있다 했듯이,
16 어떠한 사람도, 어떠한 악연도, 용서
하지 못할 사람도 너희들이 극약을 쓰
는 것처럼 조심스럽게 다루고 그들을
잘 깨우쳐 쓴다면 그가 바로 모든 역
사를 이룰 수 있는 전사로서, 나의 아
들딸로서 거듭날 수 있음이니,
17 인간관계의 만남을 그리하도록 너희
제자들에게 전하라, 사랑하는 나의 아
들아!
18 그렇다면 극약도 버릴 수 없으며 그것
도 꼭 필요한 곳에 쓸 수 있으니,
19 아무리 너를 적대시하고 미워하고 두
번 다시 보고 싶지 않은 모든 인간관
계도 너희들이 어찌 생각해야 하겠는
가?
20 그러니 하나도 버릴 자가 없으며 놓을
자가 없으며 등을 돌릴 자가 없다는
것을 알아야 될 것이니라, 사랑하는
나의 아들아!

8,574 번째 하나님 말씀

2003년 11월 27일 06시 58분

1 사랑하는 나의 아들아!
2 "네, 아버님! 말씀하옵소서."
3 내가 성경에 기록하여 너희들에게 전
하기를, '청결한 자 복이 있나니' 그와
같은 가르침이 있음이니라.
4 너희들은 이 구절의 의미를 어찌 아는
가?
5 그와 같이 마음이 청결하고 깨끗하게
사는 자는 만복을 모두 다 받을 수 있
는 것이라 내가 너희들에게 깨우쳐 주
고 전한 의미가 아니더냐?
6 그러니 오늘에 그 믿음의 길을 가는
백성들 과연 너희들은 어찌 나에게 오
르고자 하는가?
7 너희들이 청결한 마음이요, 깨끗한 마
음이요, 천사와 같은 마음으로써 거듭
나는 그와 같은 삶을 삶으로 모두를
다 이룰 수 있거늘,
8 너희들은 나의 아들 예수를 찾기만 하

며 하늘에 재물을 그득히 쌓아 놓는
그와 같은 것으로써 구원을 받는다 그
리 가르침이니, 정녕 너희들이 나의
뜻에 따라 역사하는 백성이더냐?
9 나는 성경에 기록하여 너희들에게 '청
결한 자, 곧 마음이 깨끗한 자는 모든
은혜와 복을 받을 수 있다.' 하였거늘,
10 너희들은 재물을 바치며 나의 아들 예
수를 구세주라 부르면 구원을 받는다
는 그와 같은 믿음으로 감이니라.
11 나는 또한 나의 아들이 무어라 성서에
기록하여 전하도록 했느냐?
12 나의 아들 그 자신을 구세주요, 구원
자라 그리 부르며 울고불고하지 말며,
오로지 그를 보낸 이의 뜻에 따라 사
는 것이 구원을 받는 길이라 그리 말
하였거늘,
13 너희들이 어찌하여 그 모두를 역행하
는 그와 같은 믿음으로써 살며 나에게
오르고자 하는가?
14 그 모두는 너희들에게 축복이나 영광
의 길이 아님을 너희들은 알아야 될
것이니라.
15 나 여호와가 무어라 말하였느냐?
16 나의 뜻을 받아 기록하는 나의 아들을
너희들이 대접하기를, 알고 지내는 60
세 된 노인을 대하는 것, 그 이상도 그
이하도 하지 말라 내가 그리 말하지
아니하였던가?
17 그러니 나의 아들 예수 또한 어떠했더
냐?
18 그 이상의 대우를 받고자 하며, 오늘
의 종교 집단 지도자들처럼 제왕적인
자리를 지키고자 하며 제왕적인 자세
를 지키고자 하였더냐?
19 그런 나 여호와에게 너희들은 무어라
말하느냐?
20 하늘에 재물을 바치고 모두를 쌓아 놓
는 것이 나에게 은혜를 받는 것이라
그리하고 있음이니라.
21 나는 두 아들을 가르쳐 세상에 내보내
기를, 너희들이 남으로부터 대우를 받
지 말며 네 나이에 걸맞은 그와 같은
인간관계의 대우를 받는 것 외에는 어
떠한 것도 허용하지 아니한다 가르친
것이 나 여호와요, 너희들이 아버지라
말하는 창조주이니라.
22 그러니 내가 나의 아들들에게는 그리
가르치면서, 나는 그와 같이 받아들이
고 거둬들이는 일을 하는 자라고 너희
들이 그리 말하는가?
23 이것이 오늘에 나를 경배하고 나를 믿
으며 나를 찾는 자들이 하는 짓이요,
나로부터 선택된 명받은 종교 지도자
라 하는 자들이 하고 있는 행위임을
너희들은 알아야 될 것이니라.
24 인간 세상에 부모도 자식을 가르침에
있어서, 그것은 해서는 아니 되는 것
이며 이와 같이 살라 하면서 그 자식
앞에 그와 같은 행위를 하는 부모가
과연 있다고 너희들은 생각하는가?
25 개중에는 한두 사람의 실수하는 자가
있을지언정, 잘못된 것을 바로잡도록
가르치는 그 어버이가 자식 앞에서 그
와 같은 잘못된 짓을 하지는 아니할
것이니라.
26 더욱이 창조주요, 모두를 다 내려보낸
나 여호와가 무엇이 필요하며 무엇을
거둬들일 것이 있다 생각하느냐?
27 그런 나 여호와가 나의 아들들에게 나

이에 걸맞은 그와 같은 인간관계에 서
로 얽히고 사는 삶을 위해, 군림하지
말며 너희들이 더 높은 자가 되지 말
며 너희들이 제왕 같은 짓을 하지 말
라 그리 가르치며, 거둬들이지 말라
그리 가르치고 전하는 나 여호와이거
늘,
28 어찌하여 내가 나의 아들들에게는 그
리 가르치면서 그를 역행하여 재물을
많이 거둬들여 쌓아 놓으며 너희들이
가지고 있는 모든 것을 나에게 바치라
하겠는가?
29 그와 같은 것으로써 구원을 받는 길이
요, 나에게 오르는 길이라 하여 그를
가르치고 그를 요구하며 그를 원하는
나 창조주라 그리 생각하는 자, 그들
이 바로 사탄이요, 사악한 자들이요,
나를 울리는 자이며, 나의 가슴을 아
프게 하는 자들이니라.
30 그들이 그와 같은 행위를 하며, 나의
사랑하는 백성들에게 재물을 거둬들
이며, 그 모두를 거둬들이면서 그들이
나에게 오르는 길을 인도하며 하늘에
오르는 길을 볼 수 있도록 가르친다
면, 내가 왜 그들을 탓하며, 그들을 유
황불에 던진다 하며, 그들을 지옥 불
에 던진다 하겠느냐?
31 그와 같은 행위를 하면서 그들은 나의
피조물 만백성을 지옥으로 이끌어 가
며, 나와 인연을 끊고 영원히 돌아올
수 없도록 그와 같은 행위를 하기에,
내가 그 모두를 용서하지 아니하며,
32 그 죄가 누구도 견딜 수 없는 고통 속
에서 그 대가를 치르는 자요, 사탄의
자식이요, 악마의 자식이요, 또한 그
들이 사탄이요, 악마로서 변질된 자라
하는 뜻을 여기서 알아야 될 것이니
라, 사랑하는 나의 아들아!
33 나 여호와는 모두가 나의 아들딸이며
다 소중하다 하면서, 너희들에게 사탄
이요, 악마라 하는 그와 같은 말을 하
는 나 여호와의 아픈 마음을 알겠느냐?
34 내가 더 이상 용서할 수 없으며, 어떤
것으로도 그들을 이해할 수 없으며 받
아들일 수 없기 때문이니,
35 그들이 바로 나의 사랑하는 백성들을
지옥으로 인도하여, 천국이요, 나의
나라요, 내 집이 비어 있기 때문이니
그리 알라, 사랑하는 나의 아들딸들아!

8,575 번째 하나님 말씀

2003년 11월 27일 07시 06분

1 사랑하는 나의 아들아!
2 "네, 아버님! 말씀하옵소서."
3 너희들이 마시면 죽는 독극물이요, 그
리고 물리면 죽는 그 독소를 가진 미
물이요, 그리고 또한 너희들이 먹어서
는 안 되는 그와 같은 모든 동식물, 이
와 같은 것도 내가 무어라 말하였느냐?
4 그들도 너희들이 적소에 쓰면 너희들
의 생명을 구하는 가장 소중하고 귀한
약제로서 쓰이는 것이니,
5 그리하여 그것이 너희들에게 필요하
기에 세상에 다 존재한다 하지 아니하
였더냐?
6 그렇다면 이 세상의 그 모두는 다 어
떠하던가?
7 이 세상에는 아무것도 버릴 것이 없으
며, 너희들이 놓아서는 안 되는 것이

며, 소중하지 아니한 것이 없느니라.
8 이는 곧 무엇이더냐?
9 창조주 나 여호와가 너희들을 위하여
이 모두를 역사해 만들어 놓았기 때문
이니라.
10 그러니 너희들은 위로는 나 여호와가
존재함을 믿고 너희들이 깨달아 영혼
의 구원의 삶을 살며,
11 이 세상에 사는 너희들 그 모두는 다
소중한 것이며, 하나도 버려서도 안
되며 놓아서도 안 되는 것이며,
12 아래로 너희들은 모두를 다스리고 지
배하며 살아가는 그와 같은 것이 너희
들이 가야 할 길이며 너희들 인간이
살아가는 길이니라.
13 그리하여 천사와 같은 마음으로 나갔
던 너희들이 그 자리로 돌아오는 것이
너희들에게 내가 바라는 가장 큰 기대
요, 내가 원하는 것이라 그리 말하였
느니라.
14 그러니 이와 같은 나의 성령의 가르침
의 뜻을 따르며 너는 무엇을 생각하느
냐, 나의 아들아!
15 "네, 아버님! 그렇사옵나이다.
16 저 자신이 부끄럽고, 저 자신이 얼마
나 어리석은 사람이며, 이 세상의 모
든 종교 집단이요, 지도자들이 얼마나
잘못 가고 있는가를 깨닫고 있사옵나
이다.
17 저는 그리 깨달았사옵나이다.
18 이 세상의 모두는 다 아버님께서 역사
하신 것이며 모두는 다 필요하여 존
재하니, 그 모두는 하나도 버릴 것이
없으며 놓아서도 아니 된다 그리 말
씀을 하시오니,
19 저희들의 형제요, 같은 인간은 한 사
람도 놓아서는 아니 되며, 어떠한 형
태로든지 그를 미워하고 그를 놓아서
는 아니 되며, 버려서는 아니 되며,
20 그들을 깨우쳐 아버님의 백성으로서,
아들딸로서 거듭나게 하는 것에 최선
을 다해야 된다는 것,
21 그러니 누구는 미워하고 누구는 더 예
뻐하고, 어떠한 병자요, 쓰러져 가는
자, 봐서는 아니 될 흉물스러운 자, 그
리고 부족한 자, 또는 사악한 자, 어떠
한 죄를 짓는 백성이라 해도 그들을
놓아서는 아니 되며,
22 그들을 구원하기 위하여 최선을 다해
야 된다는 것, 그것을 오늘 아침에 깊
이 깨닫고 있사옵나이다.
23 그러면서 모든 종교 집단의 지도자들
이 저희들에게 오염되고 전염될까 봐
모든 백성과 한계를 두며 또한 차별화
를 두며, 함부로 대화하지 아니하며,
형제로서 세상에 태어난 그 소중함을
모르며,
24 믿음이라는 틀로써 장벽을 쌓고 벽을
쌓는 것이 얼마나 잘못된 자들이요,
어리석은 자들이요, 아버님의 뜻을 거
역하고 역행하는 백성들인가를,
25 그러면서 종교 지도자요, 사랑을 베푸
는 자들이라 말하는 그것이 잘못되었
음을 다시 한 번 깊이 깨닫고 있사오
며,
26 오로지 저는 죽은 자라는 그 말씀과
그 가르침을, 또 생명을 연장해 주신
그 의미를 강조하심을 오늘 아침 더
깊이 깨우치고 있사옵나이다.
27 세상에 아무것도 버릴 것이 없으며,

아버님께서 주신 것이니 소중하지 아
니한 것이 없거늘,
28 같은 생명이요, 같은 형제로 태어난
자가 어떠한 어리석고 사악한 짓이요,
용서할 수 없는 짓을 했다 해도 그들
을 다 용서하고 받아들이고 다스리고
기다려야 된다는 것,
29 그리고 그들을 다스리고 깨우치기 위
하여 최선을 다해야 된다는 것,
30 어렵고 불쌍한 자, 병든 자를 찾아가
며 복음을 전하는 것이 아버님의 뜻이
라 하시는 것을 이제야 깊이 깨닫고,
31 부끄러운 마음과 용서받지 못할 저 자
신을 아버님께서 매로 다스려 주옵소
서 하는 그와 같은 기도를 드리고 싶
은 것이 저의 생각이며, 오늘의 깨달
음이옵나이다, 아버님!"
32 그러니라, 나의 아들아!
33 모두가 다 소중한 것이며, 모두가 다
나 여호와 창조주 네 아버지가 만든
것이거늘, 그것들도 너희들이 보기를
황금같이 봐야 될 것이니라.
34 그러하거늘 너희들이 같은 형제로 태
어난 자를 버리며, 그와 같이 죄를 짓
고 추한 짓을 한다 하여 그를 놓아서
는 안 되며 등을 돌려서는 안 되는 것
이니,
35 그들의 마음을 다스리고 그들을 끌어
안는 그와 같은 것이 나의 아들을 따
르는 제자들과 네가 해야 할 일이며,
나의 법전을 읽고 깨우친 백성들이 해
야 될 것이니,
36 이것이 잘못 가는 종교 집단의 지도
자들과의 차별화의 역사며, 그를 이루
는 것이 너희들이 내 뜻을 이루는 것
임을 그리 알라, 사랑하는 나의 아들
딸들아!
37 모두는 나 여호와가 창조하고 내가 너
희들을 위하여 내렸으니, 다 소중하다
생각한다면 너희들은 사람부터, 너희
형제부터 소중한 걸 먼저 알라 그리
전하라.
38 나 여호와가 너희들에게 아픈 마음이
요, 눈물로써 호소함이니, 인간 세상
에 열 자식을 사랑하지 않는 부모가
없다 하였으며, 열 자식을 차별하여
미워하는 자식이 없다는 마음을 알겠
느냐?
39 그것은 그 자식이 소중하기 때문이니,
나 여호와가 눈물로써 너희들에게 이
리 하소연하고 너에게 이 뜻을 전하여
만백성을 구하라 간곡히 전하고 부탁
하는 것은 무엇이더냐?
40 바로 나의 아들딸이 소중하기 때문임
이니 그리 알라, 사랑하는 나의 아들
딸들아!
41 나의 뜻을 안다면 너희들이 역사함에
주저하지 말라.
42 내가 너희들을 사랑함이니라.
43 그러나 너희들을 사랑하는 것처럼, 버
려야 될 백성, 죄에 묻혀 사는 백성,
인간으로서 도리를 다하지 못하는 백
성, 너희들이 사람이라 칭하지 아니하
며 짐승만도 못하다 하는 자, 그들도
다 내 목숨보다도, 내 살점보다도 내
가 그들을 더 사랑한다는 것을 잊어서
는 아니 될 것이니라, 사랑하는 나의
아들딸들아!

8,576 번째 하나님 말씀

2003년 11월 27일 07시 15분

1 사랑하는 나의 아들아!
2 "네, 아버님! 말씀하옵소서."
3 너희들의 몸에서 나는 그 악취를 향수
라는 것으로써 뿌려 그 모두를 덮으려
하지 말라 내가 그리 말하지 아니하였
더냐?
4 그러니 지금의 모든 백성들이요, 믿음
의 길을 가는 그 백성들, 수천 년 동안
나의 피조물 만백성을 하늘로 인도한
다는 그 종교 집단이요, 지도자요, 믿
음의 길을 가는 그 백성들, 그들이 어
떠한 믿음인 줄 알겠느냐?
5 지금 냄새나는 것을 감추려 하는 것처
럼, 너희들이 말하는 진통제라는 약을
쓰는 그와 같은 형국으로써 믿음의 길
을 가는 자들이 오늘의 종교 집단이
요, 지도자들이 가고 있는 그 형국이
라는 것을 알아야 될 것이니라.
6 진통제라는 것은 무엇이더냐?
7 그 아픔을 달래는 것이며, 그 순간을
넘어가는 것이니라.
8 그러니 진정 그 아픔을 치료할 수 있
는 방법을 찾지 아니하며 진통제로써
조금의 아픔을 달래는 것 같은 그와
같은 형국이 오늘의 나의 피조물 만백
성이요, 하늘에 오르는 길에 구원을
받았다는 백성들의 믿음이요, 그들이
가고 있는 길이니라.
9 그러니 그들에게 깨우쳐 주어야 될 것
이니라, 사랑하는 나의 아들아!
10 진정한 참진리의 길을 가는 것, 그리
고 나 여호와의 뜻에 의해 역사하는
것이 아니며,
11 너희들이 오늘의 육의 삶에 살면서 믿
음이라는 것이 위안이 될 것이라 생각
하며, 종교 지도자가 제 임의대로 제
생각대로 갖다 붙여 대며 기도하는 그
음성과, 그리고 너희들의 마음을 동요
시키며 너희들의 감정을 자극시키며
너희들의 마음을 흥분시키는 그와 같
은 기도를 듣고 '아멘, 할렐루야!' 하
며 눈물을 흘리고 은혜 받고 축복받았
다 말하는 자,
12 너희들은 그 순간에 그와 같은 것을
느낄 것이나, 과연 거기에 남는 것이
무엇이 있으며 너희들에게 이루어지
는 것이 무엇이 있단 말이더냐?
13 너희들의 오늘의 믿음도 그러하니라.
14 너희들이 강론을 듣고 무엇을 얻었다
하나, 너희들이 밝은 태양에 나와 하
늘을 쳐다보면 무엇도 얻은 것이 없
으며 들은 것이 없으며,
15 오로지 재물을 바치라, 하늘에 많이
쌓아 놓으라, 그리고 나 여호와의 종
이요, 나의 뜻을 대신하는 목자를 너
희들이 신과 같이 받들며 어버이처럼
받들라는 그와 같은 이야기만 너희들
머릿속에 남으며, 그 귓전을 울리는
그와 같은 형국이니라.
16 그러니 너희들의 오늘의 믿음이 바로
무엇이더냐?
17 진통제를 먹기 위해서 가는 자들이요,
또한 그걸 주기 위해서 지금 나의 피
조물 만백성을 현혹하여 이끌어 가는
이와 같은 사악한 형국이 진행됨을 너
희들은 알라.
18 그러니 그 진통제로써 그들의 아픔이

영원히 지워지고 치유가 된다면 나
여호와가 왜 그 약을 먹어서는 안 된
다고 말하는가?
19 그건 순간이니, 그 순간이 지나면 지
날수록 그는 더 썩어져 가며 병들어
감이니, 그걸 완전히 치료하지 아니하
면 아니 되는 것이니라.
20 그리하여 그를 치료하기 위한 나의
160권의 법전을 너를 통하여 세상에
내려보내니, 그 썩은 것을 도려내고
아픈 것을 도려내며 수술하고 치료하
는 것은 아프고 고통스러운 것이니라.
21 그리하여 나의 법전이요, 새로운 성경
이 너희들에게 그와 같이 힘들고 아픈
것이요, 너희들이 따를 수 없으며 지
킬 수 없다 말하며, 사탄이요, 사악한
자라 그리 말하느니라.
22 썩고 병든 것을 도려내지 아니하고는
결코 다스리고 치료할 수 없는 것이거
늘, 영원한 그 치료를 위하여, 영원한
삶을 위하여, 건강한 너희들의 삶을
위하여 그 모두를 도려내고 치료하지
아니하면 아니 되기에,
23 내가 지금 치료할 수 있는 방법과 도
려낼 수 있는 방법을 너희들을 통하여
세상에 내려보내니, 이를 받아들이는
그들이 고통스럽고 아픔이니라.
24 그저 진통제로써 저희들의 아픔을 달
래고 살아가다가 저희들이 지옥 불로
가면 되는 것이라 지금 그들이 그리
말하고 있으며,
25 차라리 그 길을 선택하고 가는 것이
낫다 생각하고 지금 너희들을 태워 버
리며 찢어 버리며, 그리고 너희들이
처참한 종말을 거두도록 그와 같은 행
위를 하고 그와 같은 마음을 가지고
있는 자들이 그들임을 알아야 될 것이
니라.
26 너를 따르는 제자들과 나의 법전을 읽
고 깨우친 만백성 너희들은 진통제를
먹는 그와 같은 믿음에서 벗어나도록
하며, 그를 부러워하며 그를 따라가서
는 아니 될 것이니,
27 진통제를 영원히 치료하는 것이라 먹
고 그를 감사하며 재물을 바치는 그
백성들에게, 정녕 그들이 그를 치료하
며 건전한 마음으로써 편안히 살고자
한다면 썩은 것을 도려내며 잘못된 것
을 도려내지 아니하면 아니 된다 그리
가르치라.
28 그러나 그들이 그를 받아들이기가 너
무나 어렵고 힘든 길이나, 그 진통제
는 영원히 치료하는 것이 아니요, 더
썩어져 가며 더 병들어져 가 결국은
너희들이 죽음이니, 그는 곧 지옥으로
가는 오늘의 믿음이라는 것을 깨우쳐
주라, 사랑하는 나의 아들딸들아!

8,577 번째 하나님 말씀

2003년 11월 27일 10시 04분

1 사랑하는 나의 아들아!
2 "네, 아버님! 말씀하옵소서."
3 나의 법전을 가슴에 안고 정독하는
자, 반석 위에 서서 너희들이 그리 갈
구하고 원하는 하늘에 오르는 찬란한
그 빛을 본다 하였음이니, 이는 무엇
을 의미하는가?
4 이는 너희들이 나의 법전을 가슴에 안
고 정독하고 또 정독한다 해서 구원의

길에 들어서는 것이 아님을 알아야 될
것이니라.
5 너희들은 정독하면서 그를 행하고 지
키겠다는 각오와, 하나하나 그를 기억
하여 그와 같이 행하고 지키는 것이
곧 너희들이 반석 위에 서서 하늘에
오르는 그 찬란한 빛을 봄이요, 그 빛
을 따라 너희들이 구원의 길에 올 수
있다는 의미라는 것을 알아야 될 것이
니라.
6 지금의 모든 종교 집단이요, 지도자들
은 행함이 없이 말로써만 모두를 역사
하고 있음이니, 그리하여 그들이 나와
관계없다 하였음이니,
7 너희들이 나의 법전을 가슴에 안고 정
독하고 또 정독한다 해도, 너희들이
그를 기억하여 그대로 행하고 그와 같
은 삶을 살지 아니한다면 결코 너희들
은 그 찬란한 빛을 보는 영광을 얻을
수 없음을 알아야 될 것이니라.
8 너희들은 내가 나의 법전에 기록하여
내린 그 뜻에 따라 그리 행하는 삶을
살라.
9 너희들에게 배고파 찾아오는 자를 그
냥 돌려보내지 말며 그에게 한 끼의
식사를 대접하는 것이 나를 대접하는
길이라 하였음이니,
10 너희들에게 무엇인가를 원하는 자, 무
엇인가를 요구하는 자, 무엇인가를 부
탁하는 자, 너희에게 무엇인가를 역사
하고자 하는 자, 그와 같은 백성들에
게 너희가 할 수 있는 한 최대의 노력
을 다하라.
11 그들을 그냥 돌려보내서 그들이 슬픈
마음으로, 아픈 마음으로 돌아서는 그
와 같은 일이 없도록 하는 것, 그것이
바로 너희들이 나에게 기쁨을 주는 것
이며, 너희들이 나에게 역사하는 것이
라는 것을 알아야 될 것이니라.
12 그러니 내가 나의 법전을 내려보낸 그
이유도 무엇인 줄 알겠느냐?
13 너희들이 비사나 비유로 들어 있는 성
경의 뜻을 알지 못하여 제대로 행하지
못하며, 알지 못하는 자가 가르치므로
너희들이 캄캄한 밤길을 헤매고 있는
그와 같은 것이기에,
14 내가 누구나 다 읽어서 깨우쳐 이를
볼 수 있도록 등불을 밝히는 것이 여
기 있음이니, 이는 곧 너희들이 그대
로 하나하나 행하는 것이 중요함을 알
라.
15 그러니 너희들은 160권의 법전을 읽
고 또 강론을 듣는 것으로써 모두를
끝내지 말며,
16 그를 하나하나 작은 수첩에 기록하여
너희들이 그와 같이 행하는지 점검하
고 또 점검해서, 무너지는 일이 없으
며 그대로 지나치는 것이 없으며 행하
지 아니하는 것이 없는가 점검하고 그
를 지키고 가라.
17 그리하여 그곳에서 너희들이 얻어지
는 것을 또 너희 것으로 만들어 아름
답고 선한 것을 행하는 데 너희들이
주저하지 말며,
18 그와 같이 변하고 그와 같은 삶을 사
는 것이 곧 너희들이 하늘에 와 살 수
있는 천사가 되는 길이라는 것을 절대
잊지 말라, 사랑하는 나의 아들딸들아!
19 내가 나의 아들을 통하여 너희들에게
무어라 말하였느냐?

20 너희들은 반짝 치료하고 마는 진통제
와 같은 믿음으로 가지 말라 하였으며
그와 같은 신앙생활을 하지 말라 하지
아니하였더냐?
21 그러니 바로 그것이 무엇이더냐?
22 그와 같은 것을 너희들이 행하지 아니
하며 벗어나는 것은 나의 법전에 기록
된 것을 너희들이 기록하여 그대로 행
하고 그대로 가는 길,
23 그것만이 진통제를 먹고 아픔을 참는
그와 같은 믿음과 그와 같은 치료법이
아니라 함을 너희들이 깊이 깨우쳐 행
해야 됨을 절대 잊지 말라, 사랑하는
나의 아들딸들아!
24 너희들이 나의 법전을 읽고 깨우쳐 그
를 행하지 아니한다면 그는 바로 무엇
이더냐?
25 너희들 자신이 지옥행으로 달려가는
길이요, 구원이 아닌 길을 가고 있다
는 것을 너희들은 알아야 될 것이니라.
26 그러니 너희들이 구원을 받으라 하며
구원을 받고자 그와 같이 부르짖는다
면,
27 저희들 자신이 깨닫지 못했으며 저희
들 자신이 나를 따라오지 못하며 저희
들 자신이 나에게 올 수 없는 백성들
이 저희들보다 더 깨달음이 높고 나은
자들에게 구원을 받으라 하며, 저희들
이 행하는 것을 보고 저를 따라 구원
을 받으라 그리 가르친다면,
28 이 얼마나 웃지 못할 현실이며, 얼마
나 어리석은 짓을 하고 있는 백성인
줄 알겠느냐?
29 너희들이 나의 법전대로 행하고 지키
는 그와 같은 삶을 지키지 못하면서
다른 백성들을 구원한다, 그들을 구제
한다 하면, 너희들이 얼마나 어리석은
것이냐?
30 그들이 너희들보다 더 선하며, 행함이
너희들보다 더 바르며, 그들이 역사하
는 것이 너희들보다 높은 경지에 있다
면, 스승을 제자가 가르친다는 자요,
제자가 스승보고 따르라는 그와 같은
웃지 못할 그 형상이 이루어지는 것이
아니더냐?
31 지금의 종교 집단과 지도자, 그 신도
들이 바로 그러하니라.
32 나의 아들을 따르는 백성이요, 나의
법전을 읽고 깨우친 너희들의 높은 경
지를 모르는 자들이 너희들을 붙들고
사탄이요, 이단이요, 그 지옥 불에서
구원을 받으라, 네가 정신 차리지 아
니하며 헤어나지 아니하면 영원히 지
옥 불로 가는 것이라며 너희들에게 강
론을 하고 설교를 함이니,
33 그를 듣는 너희들은 그들이 얼마나 처
량하고 불쌍하고 가련하게 보이더냐?
34 너희들이 그와 같은 형국이 있어서는
아니 됨이니,
35 이는 곧 나의 법전에 기록된 내용을
그대로 행하고 실천하는 그와 같은 바
른 삶을 사는 자만이 그와 같은 웃지
못할 일을 역사하지 아니할 것이니 그
리 알라, 사랑하는 나의 아들딸들아!
36 그와 같이 변해 가지 아니하면 그들은
절대 너희들을 보고 따르지 아니하며,
너희들과 더불어 역사할 수 없는 것이
그들임을 알라.

8,578 번째 하나님 말씀

2003년 11월 27일 10시 08분

1 사랑하는 나의 아들아!
2 "네, 아버님! 말씀하옵소서."
3 남의 생명을 구원하며 영혼을 구원하
여 준다, 그리고 다시 태어나는 길로
안내한다고 가르치고 전하는 자, 지금
의 나의 피조물 만백성을 그와 같은
역사하에 쇠사슬에 묶어 저희들의 부
귀영화와 영달을 위하여 이끌어 온 자
들이 바로 어떠한 자들인 줄 알겠느냐?
4 지금의 종교 집단이요, 지도자 그들이
니라.
5 그러니 그들을 믿고 따라간 나의 피조
물 만백성 그들이 구원의 길을 오지
못하고 죽음의 길이요, 지옥의 타락의
길로 떨어져 가는 그 길을 안내한 자
들이라 함이니, 그것이 무엇인 줄 알
겠느냐?
6 그들은 절대 그러한 것이 아니며, 저
희들이 인도한 백성은 나에게 올라와
천국에 와 사는 백성들이라 그리 말하
며, 또한 제 밑에서 배우는 백성도 그
리 될 것이며 저도 그리 될 것이라 그
리 말하느니라.
7 그러나 그 종교 집단이요, 지도자들의
마음속에 검은 마음이 도사리고 있으
며, 검은 마음을 가지고 있지 아니한
종교 지도자가 없음이니 어찌하겠느
냐?
8 정녕 종교 집단의 지도자들이 그 검은
마음을 버리지 못하며 가슴속에 도사
리고 있음이니,
9 그 검은 마음을 가지고 지도하고 가르
치는 종교 집단의 지도자에게 배운 그
백성들은 영혼의 구원이 아니요, 거듭
나는 영광을 얻는 것이 아니요,
10 한번 들어가면 다시 나올 수 없는 영
원한 지옥의 길로 떨어진다는 것을 알
아야 되며, 그들이 그 길의 안내자라
는 것을 명심하라.
11 나의 백성의 영혼을 구원해 주겠다 말
하는 자, 그들이 과연 무엇으로써 어
떻게 그 소중한, 거듭나는 생명의 그
역사를 한단 말이더냐?
12 그들에게 물어보도록 그리하라.
13 그들이야말로 저 자신도 구원을 받지
못하는 자이니,
14 영혼의 구원이라는 그 양의 가죽을 뒤
집어쓰고 있는 자들이 바로 그들임을
너희들은 잊어서는 아니 될 것이니라.
15 저희들이 용서받지 못할 죄를 범하고
있는 자들이 어찌 그 가면을 쓰고서
나의 불쌍한 백성들을 구원한다 그리
말하는 줄 알겠는가?
16 그들이야말로 나의 백성들을 지옥으
로 떨어트리는 그와 같은 선봉장이 되
어 너희들을 이끌어 간다는 그 무서운
사실을 절대 잊어서는 아니 될 것이니
그리 알라.
17 인간 세상에서 남에게 뒤지지 않는 삶
을 사는 것, 남에게 부끄럽지 않은 삶
을 사는 것,
18 너희들이 믿음이라는 것 그리고 나를
경배하는 것 그리고 한 점의 부끄럼이
없는 삶을 살며 인간 세상에서 남에게
그와 같은 역사함을 뒤지지 않는 삶을
살아가고자 노력하는 백성, 그러한 자
들만이 나에게 구원을 받을 수 있는

자이니,
19 욕심의 끈을 놓지 못한 지도자 밑에서
배우는 종교 집단 지도자 너희들은 정
녕 나에게 오를 수 없는 백성이라는
것을 너희들이 알아야 될 것이니 그리
전하라.

8,579 번째 하나님 말씀

2003년 11월 27일 10시 13분

1 사랑하는 나의 아들아!
2 "네, 아버님! 말씀하옵소서."
3 지금의 종교 집단과 지도자들이 가고
있는 것이 무엇이더냐?
4 그들이 나에게 오르는 백성을 어렵고
좁은 길로 인도하며, 고난과 시련을
견디며, 참진리를 위하여 뼈를 깎는
고통으로 악습이요, 폐습을 다 버리며
거듭나는 백성으로 지금 가지 못하고
있음이니라.
5 그리 가르치지 못하고 있음이니, 나의
백성이 어찌 가고 있는 줄 알겠느냐?
6 종교 집단 지도자들이 타고 다니는 기
계가 브레이크라는 것이 고장이 나
내리막길을 내리닫는 것처럼 무서운
속도로 달리는 그와 같은 형국으로써
나의 피조물 만백성을 지금 지옥으로
이끌어 간다면 너희는 어찌 말하겠느
냐?
7 너희가 타고 다니는 그 기계가 브레이
크라는 것이 고장 나 세울 수가 없으
며 멈출 수가 없는 것처럼 지금 지옥
불로 달려가고 있는 것이 너희이니라.
8 지금까지 너희가 고집하는 아집 속에
서 믿어 오는 그 믿음이요, 관습이요,
그 형태에서 거듭나지 아니하면 그를
멈출 수 없는 것이 오늘의 신앙이요,
믿음의 생활이거늘,
9 그 고집과 아집과 관습에서 벗어나지
못하고 지금도 계속 나의 피조물 만백
성을 그리 이끌어 가니,
10 브레이크가 고장 난 그 기계에 나의
피조물 만백성을 태우고 달려가는 것
은 하늘에 오르는 길이 아니요, 지옥
으로 가는 것이 오늘의 시점에 너희가
와 있는 이치라는 것을 알아야 할 것
이니라.
11 나의 사랑하는 백성을 지옥 불로 인
도하는 역사를 중단할 수 없는 것이
오늘의 너희 형국이며 멈출 수도 없으
며, 더욱이 멈춰 뒤돌아설 수 없는 것
이 오늘에 너무나 깊이 달리고 있으며
너무나 과속으로 달리고 있는 것이며,
12 정녕 그 차를 멈출 수 없으며 그 기계
를 세울 수 없는 것이 너희들이니, 결
국 무엇이더냐?
13 벼랑으로 떨어지지 아니하면 충돌하
여 죽음으로 가는 것이니,
14 바로 브레이크가 고장 난 차에 많은
나의 백성을 계속 실어, 중단하지 못
하고 지옥 불로 그저 떨어지는 처참한
형국이 오늘의 종교 집단 지도자를 따
르는 자들이요,
15 거기서 구원을 받았다 말하는 백성이
요, 그들이 하는 설교요, 강론에 '옳소,
맞습니다.' 하며 손뼉을 치고 달려가
는 것이 그들임을 너희는 알아야 할
것이니라.
16 세울 수 없는 고장 난 기계에 매달리
는 그 종교 집단의 지도자 그들이 먼

저 저 자신의 위치를 알아야 할 것이
며, 제가 깨어나지 아니하면 절대 그
를 멈출 수 없는 것이 그들임을 너희
는 알아야 할 것이니라.
17 그들의 마음속에 있는 검은 마음의 뿌
리요, 인간의 육의 욕심을 위하여 너
희가 모두 역사하는 것,
18 진정한 나 여호와의 참진리요, 나의
성령을 보급하기 위하여 역사하는 것
이 아니라, 인간의 욕심이요, 자기 자
신의 욕망을 채우기 위하여 나의 피조
물 만백성을 도구로 사용하고 이와 같
이 버리는 형국이니,
19 거기에서 너희가 모두 거듭나는 것,
그 모두를 다 놓고 버리며 나의 법전
을 읽고 정독하여 나를 따르는 백성으
로 대변화요, 개혁을 이루지 아니하고
는 너희는 절대 구원받을 수 없으며,
나의 피조물 만백성까지도 구제할 수
없는 자들이니라.
20 오늘의 믿음이요, 종교 집단이요, 신
앙생활을 하는 너희는 달리는 기계가
브레이크가 고장이 나 내리막길을 달
리는 그와 같은 형국으로 치달아 가
는 형국이라는 것을 나의 법전에 기록
하여 진함이니라.
21 너희가 잠깐 멈출 수 있는 시간을 갖
게 하려고 지금 나의 아들을 통하여
이리 전함이니,
22 멈춰서 나의 법전을 보고 깨닫는 자만
이 그 기계를 세울 수 있는 능력이요,
세울 수 있는 자격이 있음을 알라, 사
랑하는 나의 아들딸들아!

8,580 번째 하나님 말씀

2003년 11월 27일 10시 17분

1 사랑하는 나의 아들아!
2 "네, 아버님! 말씀하옵소서."
3 고장 난 기계처럼 멈출 수 없이 치닫
는 오늘의 믿음의 집단이요, 지도자들
이 왜 그리 달려가는 줄 알겠는가?
4 그들이 멈출 수 없는 그 길을 무섭게
달려가는 것은 저희가 인간의 욕심이
요, 저 자신의 왕국을 건설하고자 하
는 그 욕심을 버리지 못하는 자들이기
때문임을 너희는 알아야 할 것이니라.
5 그들이 나 여호와의 뜻에 따라 나의
피조물 만백성을 구하는 역사가 아니
요, 참진리는 접어 두고 인간 욕심의
욕구를 채우려고, 저 자신의 명성과
부를 위하여 제 왕국을 건설하고자 하
는 종교 집단의 지도자들이 지금 있기
때문에,
6 그들이 오로지 고장 난 기계를 타고
가는 그와 같은 형국이요, 그를 위하
여 주저 없이 달려가는 자들이요, 그
리하여 멈추려 하지 않는 자들이요,
방향을 바꾸려 하지 않는 자들이니,
7 저 자신의 왕국을 건설하고자 하는 그
욕심에 눈이 가려 있는 자들이니,
8 누가 뭐라 해도 그들이 듣지 아니하며
그를 받아들이지 아니하는 것이 그들
이니라.
9 그리하여 제 왕국을 세우려고 치닫는
그 속에서 나의 피조물 만백성을 악용
하며, 그들을 이용하여 저희의 왕국을
건설하는 그와 같은 행위는 이제 더
이상 내가 용서치 아니하며, 그들이

중단하지 아니하면 아니 될 것이니라.
10 지옥 불로 가는 길이라는 것을 알면서
저 자신의 명예와 저 자신의 욕구를
채우며 저 자신의 제왕적인 왕국을
건설하기 위하여 나의 사랑하는 백성
을 선전선동하며 그들을 지옥 불로 이
끌고 유혹하는 그와 같은 행위를 내가
중단시키고자 하며 그를 더 이상 용서
치 아니하고자 함이니라.
11 나의 법전 160권이 세상에 내려왔을
때, 너희가 얼마나 사악한 자들이며
얼마나 나의 피조물 만백성을 악용하
며 그들을 노예처럼 종처럼 거둬들이
고 부렸는지 깨달을 때,
12 너희가 나의 백성으로부터 받는 그 지
탄은 오늘에 너희가 나의 아들을 핍
박하는 것보다 열배 백배 더 고통스
러움을 겪는다는 것을 알아야 할 것
이며,
13 그를 미연에 방지하고자 한다면, 나의
아들을 통하여 내리는 나의 성령인
160권의 법전을 가슴에 안고 정독하
여 그대로 행하고 실천하는 삶으로 변
화되지 아니하면 너희는 절대 그 고
통을 면할 수 없을 것이며,
14 또한 육의 세상에서 비참한 고통을 겪
고 죽어 와 심판대에 서지도 못하며
그 사악한 대가를 치른다는 것을 너희
는 알아야 할 것이니라.
15 이것이 있을 것인지 없을 것인지 의
혹하는 마음, 그리고 정녕 언제 나에
게 오겠는가 하는 그와 같은 마음으
로 안일하게 사는 너희는 모두 머지
않아 들이닥치는 그와 같은 일을 감
당치 못할 것이며,
16 두 번 다시 기회가 없는 오늘의 삶에
서 영원히 사는 거듭나는 길은 너희가
천사 같은 마음과 행동으로 살아가는
것밖에 없다 함을 알라.
17 이를 위해서 나의 십계명이 내려졌으
며, 나의 율법이 내려졌으며, 나의 신
약성경이 내려졌으며, 또한 제3의 시
대, 마지막 나의 법전이요, 마지막 시
대에 '하늘에 오르는 길'이요, '하나
님! 말씀하옵소서.'라는 새로운 성경
이 내려짐을 알라, 사랑하는 나의 아
들딸들아!

8,581 번째 하나님 말씀

2003년 11월 27일 11시 37분

1 사랑하는 나의 아들아!
2 "네, 아버님! 말씀하옵소서."
3 나의 성령이요, 나의 뜻이요, 내 품이
요, 내 사랑으로써 이 세상을 다 덮고
있음이니, 너희는 그 속에서 사는 나
의 아들딸이라 그리하지 아니하였던
가?
4 그리하여 그 자격을 갖춘 자, 아름다
운 마음으로 변하여 사는 자는 모두
다 승자가 될 수 있으며 모두를 다 구
하고 얻을 수 있거늘,
5 어찌하여 마음 하나를 다스리지 못하
며 내가 내려 준 그 은혜요, 영광을 받
아들이지 못하고, 고통과 시련 속에서
삶을 사는 것이더냐?
6 너희가 그리 구원을 받고자 갈구하는
것도 무엇인 줄 알겠느냐?
7 너희가 얼마든지 받아들이고 역사하
고자 하면 다 이룰 수 있도록 내가 세

상에 다 내려보내 주었으며, 너희와
같이 있음이니라.
8 그러니 너희가 찾아서 네 것으로 만
들면 되는 것이거늘, 어찌하여 그와
같이 받을 자격을 갖추지 못하며, 마
음이 변하지 못하고 마음이 천사 같은
사람이 되지 못하여 그리 갈구하는 구
원의 길을 고통스럽고 힘들게 평생
헤매고 사느냐?
9 너희가 마음 하나 다스리면 모두 다
얻고 이루어지는 것이거늘,
10 너 또한 그러니라, 그리고 너를 따르
는 제자들 또한 그러니라.
11 세상사의 모든 것은 다 이루어질 수
있도록 내가 너희에게 다 주었음이니,
마음이 비워진 자, 마음을 다스리는
자, 마음이 열린 자는 모두 취할 수 있
을 것이니, 내가 너를 뭐라 말하였느
냐?
12 네가 나의 뜻대로 변하는 그와 같은
삶을 사니, 너는 나의 아들이요, 나의
유업을 받는 자로서 이 세상의 모든
것이 다 네 것이라 했으며, 이루어지
지 않을 것이 없으며 네가 승자라 하
였음이니라.
13 너도 그러하며 너의 제자들도 그러하
며, 한 점의 부끄럼이 없는 삶을 살 때
모두 다 얻고 구할 수 있는 것이니라.
14 그 한 가지를 행하지 아니하며 그리
살지 아니하며, 그 길이 거기 있거늘
그 길을 접어 두고 오만가지를 다 쑤
시며, 수천수만 가지를 들추며 거기서
찾고자 함이니, 과연 거기서 어찌 찾
겠단 말이더냐?
15 너희가 어찌 찾겠는가?
16 너희가 진주를 찾으려면 진주가 묻혀
있는 곳으로 가야만 찾으며 거기를 가
야 찾아낼 수 있는 것이 아니더냐?
17 너희가 모두 구원의 길이요, 육의 행
복이요, 육의 삶의 즐거움이요, 그리
고 축복받은 삶을 살 수 있는 것은 아
무 곳에나 가서 몸부림치고 울고불고
한다고 그것을 찾는 것이 아니니라.
18 너희가 손으로 지은 교회요, 성전에서
찾아도 안 되며, 나의 성선이요, 이곳
에 와 울고불고해도 찾는 것이 아니
니라.
19 그를 찾는 것은 단 한 가지의 길뿐이
니라.
20 너희가 천사 같은 마음으로 변하여 한
점의 부끄럼이 없는 삶을 사는 것이
니, 내가 너희에게 가훈을 내려 주지
아니하였더냐?
21 '하늘을 향하여 한 점의 부끄럼이 없
이 살라.'는 그것이 십계명보다도 더
위대한 것이며, 그 모두를 압축한 것
이니,
22 하늘을 향하여 한 점의 부끄럼이 없는
삶을 살라는 가훈대로 지키면 그것이
하늘에 오르는 길이요, 나에게 오르는
길이요, 구원을 받는 길이요, 모든 부
귀와 영화를 다 얻으며 세상 것이 다
너희 것이거늘,
23 어찌하여 그를 찾지 아니하며, 그를
지키려 하지 아니하고, 동서남북을 헤
매며 이곳에서 집적대고 저기에서 기
웃거리고, 이렇게 부닥쳐 보고 저렇게
부닥쳐 보며 몸부림을 치는 것이더냐?
24 아무리 몸부림을 치고 발광을 하고 어
떠한 형태를 이루어도, 하늘을 향하여

한 점의 부끄럽이 없는 삶이 정답이
며, 그것을 이루지 아니하면 아무것도
이룰 수 없음이니,
25 하늘을 향하여 한 점의 부끄럽이 없는
마음으로 다스리며 자세를 다스리라.
26 그러면 모두 얻을 것이며 역사할 것이
며, 네 손에 다 쥘 수 있는 것이니라.
27 이제 나의 아들을 따르는 제자 너희가
얼마나 어리석으며 만백성이 얼마나
어리석은지 알겠느냐?
28 모두는 다 내가 내려보냈다 하지 않더
냐?
29 내가 말로써 세상 것을 다 역사하였으
니, 너희가 입고 쓰고 먹는 것, 밟고
다니는 것, 만지는 것도 모두 다 내가
말로써 이룬 역사의 기적이요, 그 뜻
이라 하지 않느냐?
30 그 속에서 사는 자들이 나의 뜻대로
살아 그를 얻으며 받아들이면 되거늘,
마음 하나 변하여 한 점의 부끄럽이
없는 삶을 사는 그것으로써 다 얻고
승자가 될 수 있는 것을,
31 그걸 버려두고 이곳저곳을 기웃거리
며 이곳에서 부닥치며 저곳에서 치이
고 밟히며 무엇을 찾겠다고 울고불고
발버둥치는 그와 같은 짓을 하지 말라.
32 재물을 바칠 일이 무엇이 있으며, 울
고불고할 것이 무엇이 있으며, 광란의
짓을 할 것이 어디 있으며, 각종 악기
를 동원하여 감동을 주며 흥분 상태로
모는 그와 같은 행위를 할 것이 무엇
이며,
33 집회가 무엇이 필요하며, 모임이 무엇
이 필요하며, 기도원이 무엇이 필요하
더냐?
34 아무것도 필요 없는 것이니라.
35 너희 마음을 하늘을 향하여 한 점의
부끄럽이 없이 사는 것이 정답이요,
그것만이 너희가 모두를 얻을 수 있
으며 하늘에 오르는 길이니,
36 그것만을 보고 너의 제자들은 가도록
그리하며, 나의 법전을 읽은 백성 너
희는 그것만을 위해 살아가도록 그리
하면 모두 다 거기 있으며, 승자임을
알라.
37 그걸 버려두고 엉뚱한 곳에서 찾지 말
라.
38 이것이 바로 너희의 형태임을 알아야
할 것이니라.
39 너희가 물고기를 잡고자 하는 자가
산꼭대기에 아무리 명산을 가서 뒤지
고 헤맨다 해도 거기서 거둘 수 있겠
는가?
40 나무의 열매요, 과일을 찾는 자들이
바닷속에 가서 아무리 헤매도 찾겠느
냐?
41 너희가 지금 바로 그와 같은 형국이니
라.
42 나무의 열매는 산이나 들로 가야 할
것이며 물고기는 물속에 가야 잡을 것
이니,
43 나에게 오르는 길은 하늘을 향하여 한
점의 부끄럼 없이 사는 삶만이 나에게
오르는 길이요, 그것 외의 어떠한 것
도 역사할 수 없는 것이니 그리 알라.
44 그것만을 지키고 살라 그리 전하라.

8,582 번째 하나님 말씀

2003년 11월 27일 11시 42분

1 사랑하는 나의 아들아!
2 너희가 아무리 몸부림치고 어떠한 형태를 한다 해도, 하늘을 향하여 한 점의 부끄럼이 없는 삶을 사는 것만이 하늘에 오르는 길이니, 그 길을 위해 살아가도록 그리 전하라.
3 그것 외에는 아무것도 역사할 수 없으며 이룰 수 없다는 것을 알라 그리 가르치라.
4 사랑하는 나의 아들아, 네가 지금 가도 가도 끝이 없는 멀고도 먼 길을 가는 것이며, 그리고 가면 갈수록 힘들고 어려운 그 길을 가는 것이니,
5 그것이 아니면 정녕 하늘에 오르는 길이 또한 아님을 너희는 알아야 할 것이라 그리 전하라.
6 너를 따르는 제자들이요, 나의 법전을 읽고 깨우친 만백성 너희는 깨우침이 가도 가도 끝이 없으며,
7 가면 갈수록, 깨달음을 얻으면 얻을수록 힘들고 어려우며 너희 자신의 운신의 폭이 좁아지는 그와 같은 삶을 살지 아니하면 아니 되는 것이니,
8 그러기에 그것이 하늘에 오르는 길이라 함을 너희는 알아야 할 것이니라.
9 가면 끝이 보이며, 너희가 갈 수 있으며, 그 목적지가 보이며, 그리고 가면 갈수록 평탄하고 넓은 길이라면 그것은 하늘에 오르는 길이 아님을 너는 알아야 할 것이니라.
10 사랑하는 나의 아들 너에게 묻고자 함이니라.
11 내가 너를 다시 태어난 생명으로 육의 세상의 삶이요, 30년 이상의 세월을 살 수 있도록 너에게 준 이유는 무엇이며 네 생명을 연장해 준 것은 무엇이라 생각하느냐?
12 "네, 아버님! 그것을 이제야 깨달았사옵나이다.
13 아버님께서 내리시는 성령을 받아 그 모두를 법전으로 책으로 만들어 만백성에게 전하기 위하여 생명을 연장받은 자요, 그것 외에는 아무것도 생각해서는 아니 된다는 것을 깨닫지 못하고, 오늘의 가는 길을 고통스럽고 힘든 길이라 생각하고 있었사옵나이다.
14 기도로써 아버님이 내리시는 성령을 받아 책으로 만드는 것 외에는 저는 아무것도 할 자격이 없으며,
15 오로지 그것만을 위하여 아버님께서 거듭 태어날 수 있는 그 유예의 시간을 저에게 주심을 이제야 제가 깨닫고 있사옵나이다, 아버님!"
16 너는 무엇이라 말했느냐?
17 죽은 자로서 네가 다시 태어난 것을, 이제야 그 뜻을 알았는가?
18 그와 같이 행하고 가야 함을 너는 알아야 할 것이니라.
19 나 여호와가 너에게 성령을 내리지 아니하며, 네가 법전을 만드는 것 그리고 내 뜻을 만들어 만백성에게 전하는 그것이 끝나는 순간에 죽음이라는 것을 생각해 보았느냐?
20 내가 기도로써 내리며 성령을 내리지 아니할 때, 너는 무엇이더냐?
21 그를 위하여 연장된 생명이니, 너는 그것으로써 모두 끝난다는 것을 과연

생각해 보며 그와 같은 것을 돌이켜 보았는가?
22 너는 그를 잊어서는 아니 될 것이니 그리 알라.
23 나의 성령이요, 나의 법전을 역사하지 아니하며, 이를 만들어 만백성을 구하는 이 대업을 이루지 아니하면, 네가 이 세상에 존재할 가치가 없으며, 너는 단 1분도 이 세상에 살아 있을 자격이 없다는 것을 알라.
24 또한, 너의 제자들에게 물어보라.
25 너의 제자들도 그러하니라.
26 너희가 지금 이 세상에 존재하는 것은 나의 법전을 만드는 그 역사를 하기 위해 살아 있는 존재라 하면,
27 그를 행하지 아니하고 그를 역사하지 않을 때, 너희의 모두를 다 거둬들이는 그와 같은 운명이라면, 과연 오늘과 같은 마음 자세로 나의 법전을 만들며 만백성을 구하는 그 역사에 참여할 수 있겠는가?
28 이를 너의 제자들에게 물어보도록 그리하라.
29 그들 또한 그와 같은 운명임을 잊지 말라 전하라.
30 다시 한 번 내가 너에게 명하느니라.
31 가도 가도 끝이 없으며 보이지 않는 멀고도 험난한 길이요, 가면 갈수록 어렵고 힘든 길이기에, 그것이 하늘에 오르는 길이요, 나에게 오르는 길이요,
32 네가 존재하는 것은 나의 법전을 만들기 위하여 존재하는 것이니, 그것 외에는 무엇도 생각해서는 아니 되는 것이 너의 운명이라는 걸 너 스스로 알았으면 그리 행하고 살아가도록 할 것이며,
33 내가 법전을 내리지 아니하며 나의 성령을 내리지 아니할 때, 너는 이 세상에 단 1초도 존재할 의미가 없으며 1초도 존재할 수 없다는 것을 명심하고 또 명심해야 할 것이니,
34 오늘에 네가 가는 길이 힘들고 어렵다 하여 하늘의 나를 원망하며 나를 쳐다보며 눈물 흘리는 그 눈물을 거둬야 할 것이니, 그리 알도록 하라.
35 그리고 너의 제자들에게도 전하라.
36 너희가 이를 행하지 아니하며 이를 역사하지 아니하면 죽은 자들이요, 다시 살 가치가 없는 자들이요, 세상에 존재할 수 없는 백성이라면,
37 너희의 생명이요, 육의 세상에 존재하기 위해서 어떠한 길을 가야 하는가, 각자 깨달아 행하도록 그리 전하라, 사랑하는 나의 아들아!

8,583 번째 하나님 말씀

2003년 11월 27일 11시 48분

1 사랑하는 나의 아들아!
2 "네, 아버님! 말씀하옵소서."
3 진정한 믿음의 길을 가는 종교 집단과 지도자요, 그 신도들이라면, 너희 말대로 구원을 받은 백성이라면, 무엇 때문에 오늘과 같은 종교 집단이요, 그와 같은 형태로 간단 말이더냐?
4 다른 백성과, 이방인이라는 백성과 거래하고 만나는 것 자체도 너희가 오염되며 잘못된다 하여, 그 집단을 방어하기 위하여 온갖 수단과 방법을 가리지 아니하고 지키고 가는 것이 아니던

가?
5 그리고 너희가 나 여호와의 뜻을 위하여 역사하는 백성이요, 만백성을 구하는 자들이라면, 나의 백성을 자유롭게 풀어 주지 아니하며 자유로움을 묶거나 속박하는 그와 같은 믿음의 길은 절대 가지 말아야 하는 것이 오늘의 종교 집단이요, 지도자 너희임을 알아야 할 것이니라.
6 너희가 외부와 단절하며, 외부와 연결하는 그 모두를 방어하는 방법으로써 지금 나의 백성을 끌고 가는 것이 진정한 종교 집단이요, 나의 뜻에 따라 만백성을 위하여 가는 백성이라 말할 수 있느냐?
7 이 세상의 모두를 다 가슴에 안아야 할 것이며, 거칠 것이 없으며, 두려울 것이 없으며, 너희에게 대적할 자가 없는 것이니,
8 너희 자신을 방어하기 위하여 수단과 방법을 가리지 않는 그와 같은 오늘의 종교 집단이요, 지도자의 행태가 잘못된 것이라 함이니라.
9 너희가 도둑을 막을 수 있으며 적을 지킬 수 있다면 무엇이 두렵고 무서우며 그를 준비하겠는가?
10 너희가 지킬 수 없는 자라는 것은 바로 참진리의 뜻을 가르치지 못하며 참진리의 뜻을 펴지 못하기에,
11 진정한 진리요, 나 여호와의 성령이 임한 자가 너희에게 와 강론하며 그 제자들에게 가르칠 때, 그들이 무너지는 것이 두려워 너희 집단을 방어하고 지키기 위해 수단과 방법을 가리지 않는 것이 아니더냐?
12 그러니 거기는 신성한 변화가 없으며, 신성하고 새로운 나 여호와의 성령이 임하지 못함이니라.
13 오로지 케케묵은 지난날의 가르침이요, 관습이요, 습성만을 가지고 설교하며 그것이 구원의 길이라 그리 가르치고 있음이니,
14 나의 백성을 구원하는 것이 아니요, 바로 한 번 들어가면 두 번 다시 나올 수 없는 지옥으로 이끌어 가는 데 경쟁자가 되어 지금 선두 다툼을 하는 형국임을 알라.
15 저희가 구원을 받은 자요, 하늘에 오르는 자들이라 광분하는 그 백성은 무엇인 줄 알겠느냐?
16 지옥으로 이끌어 가는 지도자들을 따라서 그게 하늘에 오르는 길이라 하여 앞에 가려고 깃발 들고, 붉은 기를 들고 뛰는 그 종교 지도자들을 따라 죽기 아니면 살기로 그저 달려가는 것이 오늘의 구원을 받았다는 자들이요, 신도라는 백성이 하는 자세임을 너는 봐야 할 것이니라.
17 참진리요, 아름다움을 배우고 깨우치려 하는 나의 백성까지도 지금 지옥으로 끌고 가는 그와 같은 짓을 하고 있음이니,
18 너희는 천사 같은 백성으로서 거듭나지 아니하면 결코 나에게 오를 수 없다는 것을 알라.
19 지금 너희는 지옥으로 달려가기에 허덕이는 백성이요, 그러면서 천사와 같은 나의 아들을 따르는 백성이요, 나에게 오르는 백성을 사탄이요, 사악한 자요, 그들을 따르면 지옥행이라 그리

가르침이니라.
20 지금 내가 나의 아들 너에게 보여 주
는 그림이 무엇이더냐, 사랑하는 나의
아들아!
21 "네, 아버님! 종교 지도자들이 지금
붉은 기를 들고 앞에 뛰는 것이 지옥
으로 가는 길인 줄 모르고 달려감이니,
22 모든 백성이 저희를 인도하는 자의
붉은 기를 보고 지금 앞다퉈 서로 경
쟁하며 달려가며 거품 물고 뛰어가니,
23 그들이 그것이 지옥으로 가는 길인 줄
모르고 달려가는 한 장의 그림을 보여
주심을 알고 있사옵나이다, 아버님!"
24 그것이 바로 그들의 형태이니 그리 전
하라.

8,584 번째 하나님 말씀

2003년 11월 27일 11시 52분

1 사랑하는 나의 아들아!
2 "네, 아버님! 말씀하옵소서."
3 지금의 종교 집단과 지도자들이 나의
법전이 세상에 내려가는 이와 같은 변
화들을 뭐라 말하든, 너희는 그들이
말하는 것에 관여치 말며,
4 진정한 믿음이요, 강론의 깨달음이요,
법전을 읽고 깨우치는 것을 하나하나
상기하여 그를 지키고 살아가는 데 최
선을 다하도록 해야 함을 절대 잊지
말라.
5 새로운 성경을 읽고 강론을 듣는 선택
된 백성 너희가 지금 얼마나 높은 수
준에 와 있으며 얼마나 높은 경지에
와 있으며 나에게 가까이 와 있는지,
지금의 모든 종교 집단이요, 지도자들
은 알지 못함이니라.
6 그래서 그들이 감히 너희에게 사탄이
요, 사악한 자요, 나의 아들을 마지막
시대에 오는 거짓 선지자요, 만백성을
현혹하는 자라 그리 말하고 전하는
것이 아니더냐?
7 유치원이라는 초보적인 과정도 벗어
나지 못한 그들이, 지금 중등 교육이
요, 고등 교육이요, 우수한 성적으로
써 실력을 쌓아 가는 너희를 보고, 저
희에게 못 미치는 자요, 그리하여 저
희가 가는 길을 따라오라 하며, 저희
의 학문 수준을 넘는 것은 잘못된 것
이다 그리 가르침이니라.
8 넘고 넘치는 학문을 유치원 교육만큼
도 못한 곳에 짓누르려 하며 그리 끌
어안으려 하며, 그것만이 기준이라 말
하는 어리석은 자들이니,
9 지금 깨달음의 경지가 높은 너희가
제자리에서 한 걸음도 떼지 못한 그들
이 울부짖는 것을 볼 때, 과연 어떠한
생각을 하며 어떠한 마음을 갖고 있겠
느냐?
10 그와 같이 어리석은 백성이기 때문에
저희가 구원을 받았다 하며 하늘에
오르는 표를 받았다 하니,
11 하늘의 천국 문은 나 여호와의 고유
권한이요, 나의 결재 없이 어떠한 것
도 열릴 수 없으며 들어올 수 없다는
것을 모르는 어리석고 불쌍한 자들이
니라.
12 그들의 마음속에 젖어 있으며 세뇌되
어 절대 뽑지 못하며 버리지 못하는
것이 무엇인 줄 알겠느냐?
13 저 자신이 하늘에 오기만 하면 천국

의 문이 그대로 자연스럽게 열린다고
생각하며, 비단길을 따라 나에게 와
영원히 사는 세상 속에서, 이방인들은
지옥에 가 허덕이나, 저는 천국에 와
사는 것이라 생각함이니, 그들이 착각
에서 벗어나야 함을 알라 전하라.
14 그 신도들이요, 지도자들에게 그리 전
하라.
15 너희가 다시 태어나며 다시 시작하며
거듭나지 아니하면 절대 그와 같은 영
광을 누릴 수가 없는 것이요,
16 지금 나의 아들을 따르는 제자들을 사
탄이요, 이단이라 하며 나의 법전을
보고 사탄이 만드는 사악한 것이라 부
르짖는 것은,
17 유치원 교육도 마치지 못한 자가 고등
교육을 우수한 실력으로 모두 수료한
그들을 끌어안으려 하며 어리석고 불
쌍한 백성이라고 하는 어리석음이라
는 것을 그들에게 깨우쳐 주도록 그리
하라.

8,585 번째 하나님 말씀

2003년 11월 27일 11시 54분

1 사랑하는 나의 아들아!
2 "네, 아버님! 말씀하옵소서."
3 누가 뭐라 하든, 사탄이요, 이단이요,
사악한 자라 말을 하든, 지옥 불에 가
는 길이라 말을 하든, 너를 따르는 제
자들에게 가르치도록 그리하라.
4 나의 아들 너를 따르는 백성은 자신을
버려서 이웃을 구하는 것이 나에게 오
르는 길이요, 나를 가장 기쁘게 하며
나의 아들딸로서 우뚝 서는 길이니,
5 오로지 너희 자신을 버려서 이웃을 구
하는 그 길에 최선을 다하며, 그와 같
이 노력하는 마음으로 살아가도록 하
라 전하라.
6 그와 같은 마음을 가지고 나의 법전을
읽고 깨우쳤음이니, 하늘의 창조주 나
여호와가 직접 가르치는 교육을 받은
너희는 또한 어떠한 길을 가야 하겠
느냐?
7 나의 법전을 읽고 깨우쳐 경지에 오른
너희는 너희 스스로 만백성을 구하며
그들에게 모범된 삶을 살며 네 이웃
을 구하는 것도 소중하나,
8 이제 그를 벗어나 세상에 널려 있는
만백성이요, 피부색이 다르든 민족이
다르든 언어가 다르든 그 많은 백성을
구하는 데 최선을 다해야 될 것이니라.
9 그것이 나 여호와의 기쁨이요, 또한
나의 아들딸로서 나에게 보답하는 길
이요, 모두 역사하는 길이라는 것을
알라.
10 나의 뜻에 의해 역사하는 백성이 되도
록 하며 이를 실천하는 백성이요, 행
하며 사는 백성으로서 살라 전함이니
라.
11 나의 아들을 따르는 것으로써 너희 형
제요, 이웃을 구하는 것도 나에게 기
쁨이지만,
12 내가 직접 내리는 강론을 듣고 깨우친
너희는 이제 밖에 나가 만백성을 구하
는 것이 나에게 가장 큰 기쁨이요, 영
광된 것이니,
13 그 길을 가기 위해서 너희 자신의 욕
심을 버려야 하며 너희 자신을 버려
야 한다는 것을 절대 잊지 말라.

14 자기 자신을 먼저 움켜쥐고 자기 자신
을 먼저 생각하는 그와 같은 마음으로
써는 이웃을 구하지 못하며 만백성을
구하지 못함이니 그리 알라, 사랑하는
나의 아들딸들아!

8,586 번째 하나님 말씀

2003년 11월 27일 11시 58분

1 사랑하는 나의 아들아!
2 "네, 아버님! 말씀하옵소서."
3 모든 종파요, 교파요, 그리고 수없이
늘어난 종교 지도자요, 그 집단들 그
리고 구원을 받았다는 그 백성에게
너희는 전하라.
4 지금 나의 아들을 통하여 내가 만백성
을 구하기 위하여 내리는 새로운 생명
의 이 물줄기를 감히 막으려 하지 말
며 그를 단죄하려 하지 말라 그리 전
하라.
5 너희는 나의 아들 예수를 통하여 나의
성령을 전하여 만백성을 구하고자 내
렸던 그 생명수의 줄기를 과연 어찌했
는지 알겠느냐?
6 너희는 그를 받아서 만백성을 구하기
위하여 전하고 역사한 것이 아니요,
7 너희 자신의 연못과 너희 자신의 농장
만을 위하여 그 소중한 성령의 물줄기
를 이리 틀고 저리 틀고, 길을 막고 땅
을 막아 너희 것으로 만드는 사악한
행위만을 한 자들이니라.
8 그리하여 그 행위를 중단하고자 하며
그를 다스리고자 하여 지금 나의 법전
이 세상에 내려옴을 알아야 할 것이
니 그리 알라.
9 너희 자신의 연못을 위하여, 너희의
농장을 위하여, 너희의 부귀영화를 위
하여 나의 성령의 물줄기가 흐르는 것
을 이리 막고 저리 틀고 임의로 한 그
행위를 내가 단죄하고자 하며 이를 다
스리고자 함을 알라.
10 나의 성령의 흐름을 막지 말라 그리
전하라.
11 이제 더 이상 그들을 용서치 아니할
것이니, 모두 저 자신을 위하여, 저 자
신의 세상사의 성장이요, 저 자신의
육의 세상의 성장을 위하여, 저 자신
의 뜻을 이루고자 성령의 물줄기를 막
는 행위를 이제 더 이상 내가 묵과하
지 아니함이니 그리 알라 전하라.
12 저 자신의 왕국을 짓기 위하여, 육의
세상의 왕국을 역사하기 위하여, 겉으
로는 나를 찾는 것처럼 우리 부자의
이름을 팔면서 이와 같이 사악한 행위
를 했으니,
13 그리하여 만백성을 구하는 생수를 이
리 틀고 저리 틀어 제 것으로 챙기고
자 하는 오늘과 같은 형국을 내가 더
용서하지 않으며 바라보지 아니함이
니라.
14 그리하여 내가 법전을 세상에 내려보
내니, 이는 누구도 막을 수 없으며, 영
원히 꺼지지 않는 불빛이 되어 나의
백성이 직접 받을 수 있도록 내려가는
그 역사를 나의 아들을 통하여, 그 제
자들을 통하여 이루고자 함이니 그리
알도록 전하라, 사랑하는 나의 아들딸
들아!

8,587 번째 하나님 말씀

2003년 11월 27일 12시 08분

1 사랑하는 나의 아들아!
2 "네, 아버님! 말씀하옵소서."
3 오늘의 종교 집단이요, 그 믿음의 길을 가는 백성은 나의 백성을 육성하여 하늘에 오르는 길을 역사할 수 없다는 것을 내가 명함이니, 너희는 이제 알 것이니라.
4 나의 아들을 따라 강론을 직접 들으며 나의 법전을 읽고 깨우친 너희가 가슴에 저려 오는 고통을 이겨 가며 바로 서고자 해도 무너지며, 너희 마음과 뜻대로 천사가 될 수 없는 고통 속에서 허덕이는 너희를 볼 때, 과연 그들이 그와 같은 역사를 이룰 수 있다고 생각하느냐?
5 나에게 오르는 백성이 되고자 하면 어떠한 길을 가야 하는지 알겠느냐, 사랑하는 나의 아들딸들아!
6 모든 종교 집단이요, 지도자들이 다른 종교 집단이요, 지도자들이 나의 백성을 육성하는 데 최선을 다하도록 도와주며 격려해 주며 협조해 주는 그와 같은 마음으로써 기지 아니하면 정녕 그들은 나의 뜻과는 관계없는 자들이니, 과연 그러한 신앙생활을 하는 종교 지도자들이 있다 생각하느냐?
7 지금의 신앙을 가진 지도자들이요, 백성이 정반대의 길로 역사하지 아니하면 그들은 정녕 내가 기억하지 아니하는 백성이라는 것을 알고 가야 할 것이며, 너희는 그와 같은 마음으로 가도록 그리하라.
8 지금의 신앙이 반대 현상으로 이루어지지 아니하고는 어떠한 역사도 이룰 수 없으며, 그들로 하여금 이루어질 수 있는 것은 하나도 없다는 것을 그들에게 전하라.
9 모든 무거운 짐을 스스로 지고 가는 지도자가 아니면 정녕 너희를 구원하는 백성이 아님을 알라.
10 종교 집단이요, 지도자들이 어렵고 무거운 짐을 짊어지고 가려 하는 마음이 보이지 아니하며, 그와 같은 생각을 갖지 아니하는 자는 종교 집단의 지도자가 아님을 알라.
11 이제 나의 아들을 따르는 제자 너희는 들으라.
12 나의 아들이 그 제자들의 무거운 짐을 스스로 지고 가고자 함이니, 그 마음을 막지 말며, 그 흐르는 물을 막지 말도록 그리하라.
13 그 모두는 나 여호와의 뜻이요, 내가 역사하는 것이요, 그가 가야 할 길이며,
14 그 길을 막는 것은 나의 아들이 가는 길을 막으며 내가 하는 일을 막으며 나의 아들이 하고자 하는 일을 막는 것임을 알라.
15 세상에 나의 법전을 전하며 하늘에 오르는 길이요, 그를 아는 자가 지금의 삶이요, 오늘의 운명을 마쳤다 할 때, 정녕 나에게 올 수 있으며 하늘에 오르는 길에 있는 자라면 나의 아들이 가는 그 길을 막더라도 내가 말하지 아니할 것이니라.
16 나의 아들이 무거운 짐을 지고 가고자 하는 것이 그가 가야 할 길이며 그의

유일한 낙이며 내 뜻을 행하는 것이거
늘, 너희는 그를 막지 말도록 그리하
라, 사랑하는 나의 아들딸들아!
17 어떠한 고통과 시련이 있다 해도 나의
아들이 남의 짐을 지고자 하는 그 마
음을 막는 것은 너희가 흐르는 성령
을 막는 것이니라.
18 오늘은 고통스럽고 힘이 들어도 세월
이 지나고 그것이 쌓이고 쌓였을 때,
하늘에 오르는 길의 큰 상으로써 너희
가슴에 내려짐을 모르고 어리석은 삶
을 사는 제자들이 되어서는 아니 됨이
니 그리 전하라.
19 내가 너희를 사랑하며, 인간 세상에서
어린 자식을 눈에 넣어도 아프지 않다
는 부모의 마음이 있듯이, 너희는 내
가 눈에 넣어도 아프지 않은 나의 아
들딸이기 때문이니,
20 그들이 잘못되는 것을 바라지 아니하
기에 나의 아들이 펴 주고 나눠 주고
짊어지고자 하는 것을 막지 말거라.
21 그것이 나의 아들의 가장 큰 행복이
요, 낙이요, 즐거움이요, 그가 기도할
수 있는 기본이요, 기틀임을 어찌 모
르느냐?
22 흔들리는 사다리를 잡고 하늘에 올라
가는 그 손에 하나의 백지요, 연필 하
나 쥐여 줘도 힘들다 하였음이니,
23 그가 나눠 주고 펴 주고 무거운 짐을
스스로 지고 가면서 그 마음이 천사와
같은 마음으로써 책상에 앉아 오늘 나
의 성령을 받아쓸 수 있는 마음 자세
가 된다면 그보다도 큰 영광과 은혜가
없거늘, 어찌하여 너희가 그를 막으려
하느냐?
24 눈에 넣어도 아프지 않은 나의 아들딸
들아!
25 너희는 그를 막지 말며 성령의 흐름을
막으려 하지 말라.
26 내가 너희를 사랑함이니라.

8,588 번째 하나님 말씀

2003년 11월 28일 06시 57분

1 사랑하는 나의 아들아!
2 "네, 아버님! 말씀하옵소서."
3 나의 피조물 만백성 너희는 천사와
사탄이요, 사탄과 천사의 차이가 무엇
인 줄 알겠느냐?
4 너희 마음속에 검은 욕심이 그득히 차
있는 것이 사탄이요, 너희 마음이 하
얗게 차 있는 그것은 천사인 것이니
라.
5 그러니 사탄과 천사의 차이라는 것은
너희 마음속에 가진 생각이 검은 것
으로써 그득히 차 있으면 사탄이요,
마귀의 자식이니라.
6 그러나 너희 가슴속에 차 있는 것이
하얀 마음으로 차 있다면 그것이 곧
천사이니라.
7 그러니 천사와 사탄이요, 마귀는 너희
마음속에 달렸으며 너희 생각에 달렸
음을 알아야 할 것이니라.
8 이것이 너희가 구원을 받고 못 받는
그 한계임을 알아야 할 것이니라.
9 그러니 내가 너희 마음을 다스리는
것, 스스로 자신을 다스리는 것이 하
늘에 오르는 길이라 하였음이니,
10 너희가 추한 생각, 거짓 하는 생각, 나
의 계명을 지키지 아니하는 생각으로

써 살아가는 것은 검은 마음으로 그득
히 차 있음이니 그게 사탄이요,
11 나의 계명을 지키고 노력하는 자, 그
리고 지키려고 생각하며 사는 자, 그
와 같은 백성은 하얀 마음으로써 모두
채우고 있음이니, 그것이 바로 천사임
을 알아야 할 것이니라.
12 그리하여 내가 너에게 이르니, 너의
아들들과 나의 법전을 읽고 깨우친 백
성, 그리고 너를 따르는 모든 제자요,
딸들이요, 아들이요, 모두 다 너는 알
아야 할 것이니라.
13 너희 마음이 어떠한 색으로 채워져 있
느냐 하는 것이 사탄과 천사라는 것을
가르쳐, 스스로 천사가 되든 사탄이
되든 하는 것은 너희 스스로 선택하여
그 길을 가는 것이라 전하라.
14 너희가 마음먹기에 달린 것이 천사요,
사탄이라는 것을 명확히 가르쳐 주며,
15 너희 스스로 검은 마음으로 그득히
차 있든 흰 마음으로 가득히 차 있든
그것은 너희가 선택하기에 달렸음을
전하며,
16 그로 인하여 너희가 나에게 오르고
못 오르며 구원을 받고 못 받는 것이
여기에 있음을 알라.

8,589 번째 하나님 말씀

2003년 11월 28일 07시 01분

1 사랑하는 나의 아들아!
2 "네, 아버님! 말씀하옵소서."
3 너희가 사랑하는 마음이요, 남을 사랑
하며 이웃을 사랑하는 것을 시한부 인
생을 명받은 사람과 같은 마음으로써
모두를 사랑할 수는 없겠느냐?
4 너희가 시한부 인생을 가진 사람이라
면 사랑하는 사람을 위해서 얼마나 애
절한 마음으로 살아갈 것이며,
5 또한 시한부 인생을 사는 사랑하는 사
람을 보는 사람의 마음 또한 그가 얼
마나 소중하며, 남은 시간이 얼마나
애절한 시간이겠는가?
6 그와 같은 사람이 서로 아끼고 사랑하
는 마음 사세는 어떠하더냐?
7 그와 같은 마음으로써 이웃을 사랑하
며 너희 형제를 사랑하며 만백성을 사
랑하는 마음을 갖고 있다 해도 지옥문
에 가 매달리는 일은 없을 것이니라.
8 그러니 시한부 인생으로 명받은 자를
서로 사랑하는 것처럼 너희가 나 여
호와를 그리 사랑하며 나를 그리 생각
할 수는 없겠는가?
9 나를 그리 사랑하라 하면 나를 질투의
하나님이요, 욕심의 하나님이라 말할
것이니라.
10 그러나 창조주 내가 욕심이 있어서가
아니라, 너희가 그보다 더 진한 마음
으로써 나를 믿고 살아갈 때, 바로 설
수 있으며, 악에 물들지 아니하며, 너
희 마음속이 하얀 마음으로 그득히
채워질 수 있기 때문이니라.
11 그러니 시한부 인생의 연인끼리 서로
사랑하는 마음같이 형제를 생각하며
이웃을 사랑하며 만백성을 사랑하며
나 여호와를 사랑하도록 그리 생각하
라.
12 그리하면 너희가 흔들림이 없지 아니
하겠는가?
13 그만큼도 사랑하지 못하는 너희가 나

를 믿는다 하며 나를 사랑한다 하기
에, 유사시에 흔들리며 진정한 믿음으
로 가지 못하며 어렵고 힘들 때 무너
지는 것이니라.
14 그리하여 진실한 믿음이 없으며, 고통
과 시련이 올 때 나를 믿지 못하고 흔
들리는 것이 너희라 함을 알아야 할
것이니 그리 알라.

8,590 번째 하나님 말씀

2003년 11월 28일 11시 56분

1 "너는 나 외에는 다른 신들을 네게 있
게 말지니라.
2 너를 위하여 새긴 우상을 만들지 말
고, 또 위로 하늘에 있는 것이나 아래
로 땅에 있는 것이나 땅 아래 물속에
있는 것의 아무 형상이든지 만들지 말
며, 그것들에게 절하지 말며 그것들을
섬기지 말라.
3 너는 너의 하나님 여호와의 이름을 망
령되이 일컫지 말라.
4 안식일을 기억하여 거룩히 지키라.
5 네 부모를 공경하라.
6 살인하지 말지니라.
7 간음하지 말지니라.
8 도적질하지 말지니라.
9 네 이웃에 대하여 거짓 증거하지 말지
니라.
10 네 이웃의 집을 탐내지 말지니라.
11 나 여호와가 존재함을 믿는 그 자체가
구원의 길에 들어서는 기본이요 근본
이며, 나의 법전을 가슴에 안고 정독
하는 자, 반석 위에 서서 하늘에 오르
는 찬란한 빛을 보게 되는 영광을 얻
게 됨이니라."
12 사랑하는 나의 아들아!
13 "네, 아버님! 말씀하옵소서."
14 이 험악한 세상 속에 살아가는 나의
백성을 구원하고 살리는 길이 무엇이
더냐?
15 그리고 이 세상에 와 살다 죽어 간 그
들이 다 누구더냐?
16 작게는 너희의 형제요, 위로는 나 여
호와의 아들과 딸이라 하지 아니하였
던가?
17 그들이 지금 잘못 가고 있음이니, 그
들을 바로잡으며 구원하는 그 길이 어
떠한 길이더냐?
18 누군가는 그 길을 역사해야 되며, 나
로부터 내리는 나의 성령이요, 만백성
을 심판하는 근본이요, 기본이 되는
나의 법전을 세상에 내려보내 나의
백성을 깨우치는 그 역사를 하지 아니
하면 아니 되는 것이 오늘의 너희가
처해 있는 형편이니라.
19 그리하여 나의 아들 너를 통하여 오늘
이 길을 가도록 하며, 160권의 법전을
만들어 세상에 전하는 것을 너를 따르
는 제자들과 같이 역사함이니,
20 마지막 시대의 마지막 주자로서 너희
가 나로부터 선택된 그것이 얼마나 소
중하고 귀한 것인가를 알라 함이니라.
21 사랑하는 나의 아들아, 어찌하겠느냐?
22 너희가 가야 할 길이며 또한 넘어야
할 길이거늘, 가야 하는 길을 어찌하
여 울며 고통스러워하며 괴로워하며
불안하고 초조하고 두려운 마음을 가
지고 가는가?
23 너희는 그와 같은 마음을 가지고 가서

는 아니 되느니라, 사랑하는 나의 아들아!

24 만백성을 구하는 역사의 대명을 받은 것을 영광이요, 축복이라 생각하고 가도 너희가 나로부터 받은 그 은혜에 보답할 길이 없거늘, 어찌하여 울며 고통스러워하며 불안해하며 가는가?

25 너희가 못 넘을 선이 없으며 못 넘을 것이 없음을 알아야 할 것이니라.

26 그리고 너희가 넘지 못할 길이 없으며 넘지 못할 고개가 없음이니, 나 여호와가 같이하기 때문이라는 것을 알라.

27 그러니 울지 말며 고통스러워하지 말며,

28 네가 만백성을 구하는 대명을 맡은 것, 너의 제자들이 역사하는 것을 가장 큰 기쁨이요, 영광된 마음으로 살아가도록 그리해야 할 것이니 그리 전하라.

29 너와 너의 제자들은 어떠한 환경이든 어떠한 가시밭길이든 어떤 험난한 길이든 그를 넘고 넘어야 한다 하지 아니하였던가?

30 내가 일찍이 너에게 명하였느니라.

31 빙산 길을 넘으라 하여 네가 그 절벽을 넘을 때, 네 손으로 녹여서 홈집을 내어 발판을 삼아서라도 넘어야 하며 가야 하는 것이 네 운명이라 하지 아니하였더냐?

32 그와 같이 너에게 가르쳐 주었으며 너의 제자들에게 전해 주었거늘, 어찌하여 너희가 오늘의 고통에 울며 오늘의 고통스러움을 견디지 못하며, 불안하고 초조한 마음을 가지고 간단 말이더냐?

33 너희는 넘어야 하는 것이니라.

34 어떠한 형국이요, 어떠한 험난한 길도 넘고 가야 한다는 걸 절대 잊지 말도록 그리 전하라.

35 다만, 너희가 얼마만큼 인내하며 얼마만큼 바로 서서 가느냐 하는 그것만이 너희가 모든 것을 이길 수 있는 역사임을 알라 하였느니라.

36 내가 너에게 기도하여 가르쳐 수기를 뭐라 말하였느냐?

37 너희 마음속에 검은 마음을 가지면 사탄이요, 하얀 마음을 가지면 천사라 하였으니,

38 역사할 수 있다 생각하면 역사하는 것이요, 역사하지 못한다 생각하면 역사하지 못함이니라.

39 내가 내려다보는 나의 아들 네가 얼마나 고통스러워하며 울며 가는지 알고 있으며, 네가 불안해하는 것도 알고 있음이니라.

40 또한, 너의 제자들도 그와 같은 불안과 공포 속에서 초조한 마음으로 가는 걸 알고 있음이니라.

41 그러나 어떤 험난한 길도 넘어야 하는 것이 너희의 운명이요, 어떠한 가시밭길이요, 넘을 수 없는 길이라도 길을 내서 넘어야 하며, 만백성을 이끌어 가야 하는 것이 너희가 해야 할 대명이니,

42 울지 말며 고통스러워하지 말고, 넘고 넘으라 그리 전하라, 사랑하는 나의 아들아!

8,591 번째 하나님 말씀

2003년 11월 28일 12시

1 사랑하는 나의 아들아!
2 "네, 아버님! 말씀하옵소서."
3 사랑하는 너의 제자들에게 전할 것이
며, 나의 법전을 읽는 만백성은 이 세
상에 육과 영으로 태어남이니, 나의
아들딸이라 그리 말함을 너희는 알라.
4 그러니 육은 세상에 존재하는 것이며
너희가 이 세상에 존재해 모두 다 다
스리도록 했으며, 그리하여 이 세상의
왕이라 내가 너희에게 명하지 아니하
였더냐?
5 육의 세상에서 모두 구하고 취하고 살
수 있으며 모두 다스릴 수 있도록 했
음이니, 너희는 육의 왕이요, 영은 하
늘나라의 명에 의하여 존재하며 살아
감이니라.
6 그러니 나 여호와의 성령을 받아들여
영원히 사는 나의 나라에 올 수 있는
그것이 영과 육이 하나의 결합체로써
모두 이루어져 같이 이루어짐을 알아
야 할 것이니라.
7 그러니 육이 지탱하는 것은 육의 세상
에서 모두 거둬들이고 역사하는 것이
요,
8 또한 너희가 나로부터 받은 영은 영
으로서 하늘의 뜻을 거역하지 아니하
며 성령을 받아들여 같이 존재하여 모
두 지탱되며 너희가 존재하는 것이니
라.
9 그러니 이를 모르는 지금의 종교 집단
이요, 지도자 너희가 영혼만을 구하며
성령으로 임하여 영혼을 구하면 되는
것이라 그리 말함이니,
10 그리하여 육이 존재하는 것을 소홀히
생각하며, 육이 역사하는 것은 잘잘못
을 가리지 아니하고 죄가 되지 아니하
며, 도움이 되지 아니하며 상과 벌의
심판대에 관여치 아니한다고 말함이
니,
11 나의 아들을 따르는 제자 너희는 알
아야 할 것이니라.
12 영혼은 하늘의 성령으로써 지탱되는
것이며, 너희의 육은 바로 지상에서
내가 너희에게 말로써 역사하여 내려
준 모든 것을 가지고 지탱하고 견뎌
나감이니라.
13 그러니 육이 바로 서지 못하면 영이
임하지 못하며, 영이 너희에게 존재하
지 못하면 영원히 죽어 가는 것이 너
희라는 것을 알아야 할 것이니, 이와
같은 이치를 몰라서는 아니 됨이니라.
14 나 여호와가 사랑하는 아들딸 너희로
부터 인간의 열매를 거두고자 하는 것
은 무엇인 줄 알겠느냐?
15 육이 건전하게 존재하는 그 속에서 영
혼의 열매가 맺어지며, 그리하여 육과
영혼이 하나가 되어 최선을 다하는
삶을 살아갈 때, 거기에서 내가 원하
는 인간의 그 열매가 맺어짐이니,
16 그 열매를 거둬들이는 것이 너희의
영혼이 살아 나에게 오는 것이라는 것
을 그들에게 전하고 깨우쳐 주라, 사
랑하는 나의 아들아!

8,592 번째 하나님 말씀

2003년 11월 28일 12시 06분

1 사랑하는 나의 아들아!

2 "네, 아버님! 말씀하옵소서."

3 모든 종파요, 지도자들이 저희가 속해 있는 교회요, 성당이요, 회막이요, 그리고 모든 자리를 놓고 어떠한 것을 결정해야 할 때, 너희는 과연 어찌 결정을 하는가?

4 나 여호와의 뜻에 의해 역사하는 것은 핍박이요, 고통이요, 시련의 길을 가며, 인간 세상에서 인간들이 요구하는 것을 따를 때는 부와 영광을 누리며 종교 지도자의 자리를 지킬 수 있는 형국의 긴박한 상황에 처해 있을 때,

5 과연 어떠한 길을 선택하는 종교 지도자들이 지금 세상을 지배하고 있는가?

6 신도라는 자들이 떠나며 너희에게 재물을 거둬 가며 모두 다 찢어 간다 해도, 그들의 말이 인간의 생각이기에 그들이 너희에게서 모두 떨어져 가는 것이 두렵다 해도 너희는 나 여호와의 뜻을 따라갈 것인가?

7 그렇지 않으면 교회의 지배권이요, 그 모두를 다루는 성도요, 신도들이 너희에게서 등을 돌린다 하여 그 인간의 생각을 따라가며 결정을 하는가?

8 이와 같은 갈림길에서 종교 지도자가 과연 어떠한 길을 선택하는가 봐야 할 것이니라.

9 교회의 지배권을 가진 자, 그리고 재물을 모두 쥔 자, 그리고 신도들이 너희에게서 떠난다 할 때,

10 신도들이 요구하는 것이 잘못된 것이요, 나 여호와의 뜻이 아니라 해도 너희는 과연 그들을 배척하며 나 여호와의 뜻을 따르며, 걸인과 같은 길로 돌아간다 해도 그를 선택하는가, 아니면 지금의 제자리를 지키기 위하여 그들과 타협하고 가는가?

11 너희가 인간적으로 이루어 놓은 것을 모두 걸고 결정해야 하는 그 순간에 인간들의 요구를 과연 버릴 수 있느냐?

12 교회의 지배권을 가진 자들이 자신들의 뜻을 따르지 아니할 때, 너를 내치고 종교 지도자를 배척하며 등을 돌려 보따리 하나 주어 밀어낼 때,

13 모든 것을 다 버리면서도 나 여호와의 뜻이요, 정도의 길이요, 참진리의 길이 아니면 그를 거부하며 보따리 하나 들고 나올 수 있는 종교 집단의 우두머리요, 지도자들이 과연 있는가?

14 너희는 나의 뜻을 따르는 자가 있는가?

15 나의 뜻을 따르면 교회의 지배권자요, 신도들이요, 모든 것을 다 버리고 떠나며 다 놓고 와야 할 때, 과연 그때 어찌 결정할 지도자들인가 한번 네 가슴에 손을 얹고 생각해 보라.

16 나의 뜻에 어긋남을 버리고, 나의 뜻에 따라 모두 버리고 행하며, 기득권을 모두 버리며 유산을 버리며 재물을 버리며, 평생 바친 그 교회의 신도들이요,

17 거둬들인 재물이요, 모든 부귀와 영화를 다 저버리고 나의 뜻을 따를 수 있는 자들이 과연 있는가?

18 오늘의 종교 지도자들은 마음을 돌이켜 봐야 할 것이니라.

19 과연 신도들이요, 지배권자들이 요구
하는 것을 뿌리치고 타협하지 아니하
며 나 여호와의 뜻에 따라 행하는 종
교 지도자가 있다면, 내가 무엇 때문
에 오늘과 같이 법전을 만들어 나의
아들을 세상에 내보내겠는가?
20 그러나 너희는 여기서 들어야 할 것
이며, 나는 단호히 너희에게 전할 수
있느니라.
21 나의 아들은 절대 그를 행하지 아니함
이니라.
22 이 세상 것을 다 준다 해도 나의 아들
은 내 뜻을 앎이니, 내 뜻이 아닌 것은
그는 선택하지 아니하며, 절대 그리
가지 않느니라.
23 수십 년 동안 믿음의 길을 온 자들이
요, 종교 지도자요, 지배권을 가진 자
요, 수십 년 동안 믿음을 온 모든 백성
과 나의 아들과의 차이점이 그것이라
는 것을 너희는 알아야 할 것이니라.
24 너희가 모든 것을 다 뺏고 거지처럼
보따리 하나를 주어 내보낸다 해도 나
의 아들은 그걸 선택할 것이며 나의
아들은 그 길을 갈 것이니라.
25 나 여호와가 역사하는 걸 알며 확실히
믿으며 내가 존재함을 믿기 때문이니,
이것이 종교 집단 지도자 너희와의
차이점이니라.
26 지금 나의 아들에게 모든 것을 다 포
기하고 떠나라 할 때, 그는 떠날 것이
며, 그 제자들과 잘못된 자들의 뜻에
절대 타협하지 아니하며 나 여호와의
뜻을 거역하지 않는 것이 나의 아들이
니라.
27 제왕과 같은 자리요, 지금 나의 백성
을 종처럼 부리며, 말만 하면 재물을
거둬들일 수 있도록 이루어 놓은 교회
요, 성당이요, 회당이요, 그 모든 기득
권을 저버리고,
28 과연 인간들의 욕심에 의하여 요구하
는 지배권을 가진 자들과 타협하지 아
니하며 내 뜻을 위하여 모든 것을 다
버리고 나올 수 있는 자 있거든 나에
게 와 네 이름을 한번 대 보도록 그리
하라.
29 과연 그와 같은 자가 있는가?
30 그 열배 백배 천배 더한 것도 나의 아
들은 버리고 던질 것이니, 바로 그것
이 무엇인 줄 아느냐?
31 어려운 사람의 고통을 알며 가난한 사
람의 시련을 알아, 아무리 귀한 것이
라 해도 낙엽 하나 놓는 것보다도 쉽
게 그를 위하여 던질 수 있는 그것이
나의 아들이 오늘의 가는 길이요, 깨
우침이요, 그를 따르는 제자들 또한
그 마음이 그러하니, 이것이 하늘과
땅의 차이니 그리 알라.
32 그와 같은 나의 아들이요, 나의 아들
을 따르는 제자들에게 사탄이요, 이단
이요, 사악한 자요, 하늘의 뜻을 모르
는 자들이라 말함이니,
33 어리석은 자가 현명한 자를 욕하는 어
리석은 우를 범하는 것이 오늘의 믿음
의 길을 가는 너희의 형국이니 그리
알라.

8,593 번째 하나님 말씀

2003년 11월 28일 12시 10분

1 사랑하는 나의 아들아!

2 "네, 아버님! 말씀하옵소서."
3 나 여호와는 너희에게 모든 것을 다
주었음이니라.
4 나 여호와는 너희에게 나에게 오르는
길이요, 가르침이요, 구원을 받고 못
받는 것, 그리고 인간 세상에서 내 뜻
을 거역하지 아니하고 사는 것을 모두
하나도 빠짐없이 다 내려 주었음을 알
라.
5 그리고 내가 모두 똑같은 자격을 주었
음이니라.
6 잘난 자 못난 자, 가진 자 없는 자 할
것 없이 내 품에 올 수 있는 깨달음이
요, 진정한 참진리를 연구하여 하늘에
오르는 그 길을 올 수 있는 모든 자유
권을 다 주었음을 너희는 알라.
7 그리고 나는 모든 것을 다 내려보내
주었음이니라.
8 그리고 모든 것을 자유의사에 의하여
스스로 결정할 수 있도록 너희에게
자유로움까지도 모두 다 주었음이니
라.
9 그러니 이제 나에게 오르고 못 오르는
것은 너희에게 달렸음을 알라 전하라.
10 나의 뜻에 따라 삶을 사는 것이요, 하
늘에 올라와 영원히 사는 거듭나는 축
복의 영광을 받아 내 품 안에서 살고
자 하는 백성이든, 그렇지 않으면 인
간 세상의 향락이요, 삶에 모든 것을
바쳐 인간 세속에서 그 품에 안겨 살
아가든, 그것은 모두 다 너희 자신에
게 달렸으며 자유의사에 달렸음이니,
나는 너희에게 모두 주었음이니라.
11 그리하여 나 또한 나의 아들을 통하여
너희에게 말함이니, 그 제자들에게 강
요하지 말며, 구속하지 말며, 그들을
억압하지 말며, 오지 않는 자를 부르
라 하지 아니함이 여기 있음이니라.
12 모든 자유의사요, 권한을 너희에게 주
었음이니, 나 또한 너희에게 강요하지
아니하며 구속하지 아니함이니,
13 스스로 깨달아 하늘에 오르는 길을 오
고 오지 않는 것은 너희가 알아서 해
야 함이니 그리 알라.
14 나 여호와의 품으로 돌아오고자 하는
자, 그리고 내 품에 돌아와 다시 태어
나고자 하는 자,
15 나의 계명을 지키며 나의 법전대로 살
아가고자 노력하며 좁고 험난하고 힘
든 길을 마다하지 아니하고 달려오는
백성은 나 여호와가 기억하여 받아들
일 것이며,
16 그렇지 않은 자는 내가 기억하지 아니
한다는 것을 알라.
17 그와 같이 어렵고 힘들게 오면서 나를
원망하지 아니하며, 오로지 어렵고 힘
들 때마다 나에게 기도하고 경배하며
나에게 오르고자 변함없는 마음으로
달려올 때,
18 너희가 나 여호와의 뜻의 유업을 받
아 역사할 수 있는 백성이요, 거듭나
는 백성이요, 만백성을 구하는 자요,
나에게 오를 수 있는 아들딸로서 내
집에 올 수 있는 자가 되는 것이니,
19 이것은 모두 너희의 자유의사에 달렸
으며, 나는 다 내려 주었음이니 그리
전하라.

8,594 번째 하나님 말씀

2003년 11월 29일 06시 24분

1사랑하는 나의 아들아!
2 "네, 아버님! 말씀하옵소서."
3네가 마음에 불안함과 초조함을 가져
서는 아니 되며, 너의 제자들 또한 그
믿음의 길이요, 나의 법전을 의혹하는
마음이요, 불안한 마음을 가져서는 아
니 됨이니라.
4이 세상에 수많은 종교 집단이요, 지
도자들이 제 임의대로 세상에 나옴이
니, 그 뜻을 이루지 못하고 주저앉는
자가 수없이 많이 있음이니라.
5그런가 하면 같은 종교 집단의 지도자
들도 교회라는 곳이요, 또한 성막이
요, 성당을 만들고 또한 빛을 보지 못
하고 주저앉는 자가 일어서는 자보다
수없이 많이 있음을 너희는 알아야
할 것이니라.
6그러나 너는 무엇이던가?
7나의 법전을 세상에 전하라 함이니,
그 모두를 다 내가 내려 주며, 네가 가
지 못하도록 앞을 막은 것이 없지 아
니하던가?
8그러니 나의 법전이 세상을 덮으며 만
백성이 이를 보고 역사할 것이라는
것에 대해 네 마음이 불안하며 조급한
생각을 해서는 아니 됨을 알라, 사랑
하는 나의 아들아!
9내가 너에게 모두를 다 내리듯이, 모
든 종교 집단에 이와 같이 내려 주었
다면 그들은 모든 것을 더 큰 역사를
하지 아니하였겠는가?
10그것은 바로 무엇이더냐?
11똑같은 여건 속에서 누가 얼마만큼 노
력하며 얼마만큼 역사하고자 하느냐
에 달린 것이 아니더냐?
12나는 너에게 모두 다 주지 않았던가?
13그러하거늘 너는 불안해하며 초조한
마음을 가져서는 아니 됨이니 그리 알
라.
14이제 인간 세상의 마음을 다 털어 버
리며 다 지워 버리라.
15그리고 네 임의대로 하는 것이 아니
요, 나 여호와가 명하는 것만 행하는
것이라는 것을 굳건히 믿고 그리 가도
록 하라.
16모두 네가 역사하는 것이 아님이니라.
17내가 세상에 법전이 나갈 수 있도록
다 주었으며 모든 금화와 은화요, 재
물을 너에게 그득히 쌓아 주었거늘,
어찌하여 그를 쥔 네가 마음을 더 불
안해하며 초조해하는가?
18네가 법전이 전국에 쌓일 수 있는 모
든 거점이요, 하나의 점을 만드는 것
또한 때가 되면 그리 이룰 것이니,
19너는 서서히 나의 법전을 만들어 역사
하는 데 최선을 다할 것이며, 마음이
흔들려서도 아니 됨을 알아야 할 것이
니라.
20이 세상의 어떠한 종파요, 어떠한 지
도자도, 그리고 저희가 지도자라 하지
아니하는 자들도, 그리고 수없이 나로
부터 무엇을 받았으며 성령이 임했다
하는 자들도,
21내가 너에게 부어 주듯이 그리 부어
준다면 그들 또한 너보다 더 당당한
모습으로 갈 것이며, 그들의 믿음이
요, 그들이 가는 길은 과연 어떠하겠

는가?
22 다만 그들은 오만하고 자만함이 앞설
것이며, 너는 그와 같이 주면 줄수록
낮은 자로서 감이니,
23 낮은 자로서 가는 것은 당연한 길이
나, 네 마음을 움츠려서는 아니 됨이
니라, 나의 아들아!
24 내가 너에게 약속한 대로 수많은 재물
을 쌓아 주었으며, 그 재물을 쥔 네가
어찌하여 마음의 편안함을 갖지 못하
고 그러는가?
25 너는 하늘을 보며 나를 보며 편안한
마음으로써 모두 역사하도록 그리하
라.
26 이제 서서히 내가 너에게 내리는 대로
모두 행하고 가면 될 것이니, 두려워
하지 말라.
27 두려워하지 말며, 너의 제자들은 의혹
하는 마음을 갖지 말라.
28 만분의 일이요, 억분의 일이라도 의혹
하는 마음이요, 나의 법전을 불안한
마음을 가지고 본다면 절대로 아니 됨
이니,
29 그들은 믿는 마음을 갖도록 해야 할
것이며, 너는 불안한 마음을 갖지 말
라.
30 모든 것을 다 내려 주었거늘 네가 어
찌 불안한 마음을 갖는가?
31 나 여호와가 네 생각을 모를 것 같으
냐?
32 "네, 아버님! 잘 알고 있사옵나이다.
33 어렵고 힘든 저의 제자들이 마음 아파
하는 것을 제가 다 도와줄 수도 없으
며 풀어 줄 수가 없사오니,
34 다만 법전이 나가는 것만으로써는 제
마음이 아프며, 그들을 보기에 마음이
저려 오는 그와 같은 마음에서 편치
아니함은 사실이오나,
35 그 법전을 만드는 것도 아버님께서
내려 주신 모든 것을 가지고 법전을
만드는 데에만 전심을 다할 것이며,
아무것도 바라보지 아니하며 생각지
아니하고 가겠사옵나이다.
36 저는 죽은 자라 하셨사옵나이다.
37 죽은 자에게 부어 주신 것으로 제자들
을 도와주지 못하며 역사하지 못하는
마음이 이리 저리고 아픈지, 저 자신
이 어찌 그러한지 모르겠사옵나이다.
38 이제는 법전을 만드는 데만 모든 마음
을 두며, 그것을 보고 앞만 보고 가는
그와 같은 길을 가도록 그리하겠사옵
나이다."

8,595 번째 하나님 말씀

2003년 11월 29일 11시 46분

1 사랑하는 나의 아들아!
2 "네, 아버님! 말씀하옵소서."
3 인간 세상에 살아가면서 육의 관계의
부모와 자식 사이에도 뭐라 말하느냐?
4 자식이 잘못 갔을 때 두 다리 뻗고 통
곡하는 부모가 있는가 하면, '내가 너
를 세상에 낳았음이니, 속이 시커멓게
타서 이제 타려 해도 탈것이 없으니,
내 애간장을 어찌 이리 찢어 놓느냐!'
하며 통곡하는 부모가 있음이니라.
5 그리하면서도 그 자식을 미워하고 저
주하기 전에, 그가 바로 서기를 바라
며 사람 노릇을 하기를 바라는 것이
인간관계의 자식과 부모 관계가 아니

더냐?
6 그러니 너희는 들어야 할 것이니라.
7 수천 년 동안 수많은 나의 아들딸을
세상에 내보냄이니, 나의 아들딸이 바
로 인간의 결실을 맺어 나에게 오지
못하며 나를 버리고 지옥으로 가는 그
것을 바라보는 나 여호와의 마음이 어
떠하며 내 가슴은 어떠하겠느냐?
8 인간 세상의 백 년도 안 되는 삶에서
자식이 부모의 속을 썩이며 부모의 뜻
을 따르지 아니할 때, 속이 숯검정이
되도록 다 타 버렸다는 그러한 말을
함이니,
9 수천 년 동안 영원히 살며 존재하는
나 여호와가 그 많은 아들딸들을 세상
에 내려보냈으나, 나에게 돌아오는 자
가 없으며 효도하는 자가 없음이니,
그를 바라보는 나 여호와의 가슴은 과
연 얼마나 탔겠는가?
10 인간 부모의 숯검정보다 더 타고 탄
가슴을 안고 내가 너희를 기다리며,
너희에게 오늘 나의 법전을 또다시
내린다 함을 알겠는가?
11 내 가슴이 시커멓게 탔으며 눈물로 범
벅되어 있으나, 그래도 사랑하는 나의
아들딸을 구원하며 나에게 오르는 자
식을 얻기 위하여,
12 인간으로서 매듭을 짓는 나의 아들딸
이 되기를 바라며 오늘 나의 아들을
통하여 160권의 법전이요, 이 모든 역
사를 한다는 것을 너희는 한번 생각
해 보았느냐?
13 100년도 안 되는 인간관계에서도 부
모가 자식이 잘못되는 것을 보고 가슴
아파하며, 심장이 모두 갈기갈기 찢어
지는 아픔과 고통을 느끼며 가슴이 타
고 타 숯검정이 되어 탈것이 없다고
통곡하는 부모의 마음보다,
14 나 여호와는 영원히 사는 세상에서 그
많은 아들딸을 보내면서 내 아들딸로
돌아오는 자가 하나도 없으니, 내 가
슴은 얼마나 타고 탔으며 얼마나 갈기
갈기 찢어지는 아픔의 길을 가는지 알
겠는가?
15 이와 같은 이치를 너는 오늘 깊이 생
각해야 할 것이며, 너의 제자들은 이
와 같은 이치를 깨달아 나 여호와의
탄 가슴을 더 이상 타도록 하는 그와
같은 짓을 하지 말라 함이 나 여호와
의 뜻이며,
16 그를 달래고 막을 수 있는 것은 오로
지 너희요, 숯검정이 되어 버린 내 마
음을 편안하게 해 줄 수 있는 것은 너
희밖에 없다는 것을 잊어서는 아니 될
것이니라.

8,596 번째 하나님 말씀

2003년 11월 29일 11시 49분

1 사랑하는 나의 아들아!
2 "네, 아버님! 말씀하옵소서."
3 나의 법전을 만들고 전하는 선택된 사
랑하는 백성은 과연 누구더냐?
4 너희는 내가 잔칫상에 초대한 자요,
부른 자라 하였음이니, 너희는 주인집
잔치에 참석한 초대받은 백성이요, 귀
한 손님이라 내가 말을 했느니라.
5 그러니 사랑하는 나의 아들 너는 과연
어떠한 마음으로써 그들을 사랑해야
하는지 알겠느냐?

6 네가 잔칫집 주인이니라.
7 잔칫집 주인인 너에게 경사스러운 잔치를 축하하고 그 모두를 역사하기 위하여 초대된 백성이요, 귀한 손님처럼 너의 제자들을 다스리고 생각해야 함을 잊어서는 아니 될 것이니라, 사랑하는 나의 아들아!
8 너는 주인이요, 너의 제자들은 초대받은 귀하고 귀한 손님이라는 생각으로써 네 제자와 같이 가며 다스리고 이끌어 가는 그와 같은 마음으로 살아가도록 그리하라, 사랑하는 나의 아들아!
9 모두 나의 아들딸이며, 다만 너는 주인이요, 그들은 초대받은 나의 아들딸이니, 그들이 너를 따라서 나에게 오르는 길을 안내하는 것,
10 네가 주인인 잔칫상에 초대한 백성은 바로 내가 선발하여 부른 자이니,
11 내 품에 올 수 있는 나의 아들딸로서 곱게 다스리고 가꾸어 가고자 하는 것이 나 여호와의 뜻이니라.
12 네가 베푼 잔치에 참석한 백성이요, 그 제자들을 너의 제자들이요, 나의 백성이요, 형제라 생각하기 전에,
13 네가 역사하는 좋은 잔칫집이요, 경사스러운 잔치에 참석한 귀한 손님이요, 또한 내가 초청하고 부른 자들이라는 마음으로 너의 제자들을 다스리고 이끌어 가며, 그와 같이 사랑하는 마음으로써 가도록 그리하라, 사랑하는 나의 아들아!

8,597 번째 하나님 말씀

2003년 11월 29일 11시 55분

1 사랑하는 나의 아들아!
2 "네, 아버님! 말씀하옵소서."
3 너의 제자들, 또한 나의 법전을 읽고 깨우친 백성 너희는 시한부 인생을 살아가는, 생명의 한계를 받은 백성이라는 마음으로 이웃과 네 형제를 사랑하는 마음으로 만백성을 사랑하라 그리하였음이니라.
4 내가 내리는 새로운 성경이요, 이 법전 열여섯 권을 정독하고 160권의 법전을 읽고 깨우쳐 행하고 살아가는 백성 너희는 우선 그와 같은 마음 자세로 살아가지 아니하면 아니 됨이니라.
5 너희는 바로 무엇이라 말하였느냐?
6 160권의 법전을 읽고 깨우쳐 행하는 그 길을 가려고 노력하는 나의 백성으로서 에덴동산에 너희의 이름이 기록되어 있다 하지 아니하였느냐?
7 그러니 이를 깨우쳐 주어야 할 것이며, 이 은혜에 보답하기 위해서 만백성을 인도하는 데 주저해서는 아니 된다 그리하였음이니라.
8 그리하여 너희가 깨우쳐 가는 만큼 나의 피조물 만백성이 깨우쳐 그들이 나에게 올 수 있으며 깨달음의 길을 보며 참진리를 바라볼 수 있도록 하는 그것이 나로부터 받은 은혜에 보답하는 길이라 하였음이니라.
9 그리하여 모든 백성이 각자 이를 읽고 깨우칠 수 있도록 준비를 해 주며 기회를 주는 것 또한 얼마나 소중하고 귀한 것이더냐?

10 나의 법전을 읽고 깨우쳐서 에덴동산
에 이름이 걸려 있는 각자 자신의 거
듭남도 중요하나,
11 그들이 그를 보고 깨우치고 올 수 있
도록 나의 법전을 만들어 전해 주는
것 또한 얼마나 귀하고 소중한 것이며,
12 너희 책무가 얼마나 중요한 것인가를
알아야 할 것이니라.
13 내가 너희에게 뭐라 말하였느냐?
14 너희가 법전을 만들어 전해 주지 아니
하며 그들의 가슴에 안겨 주지 아니하
면 그들은 읽어서 깨우칠 기회가 없
으며 볼 기회가 없음이니,
15 각자가 읽어서 깨우치는 것보다 그들
에게 법전을 전해 줄 수 있는 그 마음
이요, 그 행함이 얼마나 귀하고 소중
한 것인가를 알라 함이 내 뜻이니라.
16 그를 깨닫고 전하는 너희 또한 어찌
하는 것이 나의 뜻에 보답하는 길이며
만백성을 구하는 길이라 하였느냐?
17 내가 너희에게 일찍이 가르쳤음이니
라.
18 나의 법전이 진실이며, 내가 내리는
것이 마지막 성령이요, 마지막 시대의
심판을 하는 것이며, 창조주 나 여호
와가 나의 아들을 통하여 내리는 새
로운 성경이요, 새로운 법전이요, 이
것이 아니면 누구도 구원받을 수 없다
는 것을 증명하기 위해서는,
19 너희 자신의 손가락을 잘라서라도 그
흐르는 피를 보여 줌으로 인하여 이건
진정한 나 여호와의 뜻이라는 것을 증
명하는 길을 가는 것이 나의 법전을
읽고 깨우쳐 가는 백성이 해야 할 길
이며 역사할 길이라 그리하였음이니
라.
20 너희 신체의 일부를 잘라서 흐르는
피를 보여 줌으로 인하여 그 고통과
시련을 인내하면서 이것이 곧 나 여호
와 하나님의 뜻이요,
21 마지막 새로 내리는 성경임을 증명하
기 위하여 그와 같은 마음 자세로 가
라는 것이 나 여호와의 뜻이니라.
22 그러나 이제 너희는 알아야 할 것이
니라.
23 나의 아들을 따르는 제자들이요, 160
권을 공부해 가며 나의 성전에 와 강
론을 듣는 너희는 그와 같이 신체 일
부를 절단하여 이것이 진실한 하나님
의 뜻이요, 새로운 성경이라는 것을
증명하는 것이 아니라,
24 도저히 놓을 수 없는 하나밖에 없는
목숨을 바쳐 이는 모두 진실이며 나
여호와의 뜻이라 전하는 것이 너희가
해야 할 일이며, 그 제자들이 가야 할
길이며,
25 나의 법전을 읽고 깨우친 일반 백성과
나의 아들의 제자로서 선택된 자요,
전사로서 명받아야 할 너희는 바로
목숨을 던져 이를 전하고, 이게 진실
이며 나 여호와의 뜻이며 마지막 시대
의 심판 기준이라는 것을 보여 주어야
함을 알아야 할 것이니라.
26 너희는 열여섯 권의 법전이 문제가 아
니니라.
27 160권의 법전을 정독하여 그 내용을
암송하고 또 암송해서 만백성을 깨우
쳐 주는 데 한 점의 부끄럽이 없는 그
와 같은 인격과 자질을 갖추고, 나의
법전을 너희 가슴속에 기억해야만 그

를 알아 행할 수 있으며 남을 가르칠
수 있음이니라.
28 너희가 160권의 법전을 암송할 정도
로 공부하지 아니하여 너희 가슴속에
심어 놓지 못한다면 그를 다 가르칠
수가 없으며 또한 그를 행할 수 없기
때문이니,
29 열여섯 권의 법전이 아니라 160권의
법전을 암송하라.
30 암송하는 마음으로 살아가야 함을 잊
지 말라.
31 하나밖에 없는 놓을 수 없는 생명을
던지는 것이 정녕 힘들고 어려워 그리
갈 수 없고 견딜 수 없으며 역사할 수
없다면, 이 내용을 하나하나 메모하고
줄이고 또 줄여 암송하는 그와 같은
노고는 아무것도 아닐 것이니 그리 알
라.

8,598 번째 하나님 말씀

2003년 11월 29일 12시

1 사랑하는 나의 아들아!
2 "네, 아버님! 말씀하옵소서."
3 사랑하는 나의 피조물 만백성을 종교
집단이요, 지도자들이 수천 년 동안
흘러오면서 뭐라 하여 그들을 쇠사슬
로 묶었느냐?
4 지금 아름답게 천사처럼 살아가고자
하는 자들도 너희 손으로 지은 죄의
온상에 와 재물을 바치고 기도하지 아
니하면 아니 되도록 나의 백성을 엮
어 간 단단하고 끊을 수 없는 그 쇠사
슬이 무엇인 줄 알겠느냐?
5 나의 백성을 속박하고 동여매는 그
밧줄은, 원죄를 가진 백성이기 때문에
용서를 빌고 죄를 빌지 아니하면 아니
된다 하며, 원죄로부터 그들을 속박하
기 시작하며,
6 또 인간 세상에 살아가는 실정법을 적
용하여 나의 피조물 만백성을 쇠사슬
로 더 동여매어 숨도 못 쉬도록 이끌
어 가며, 재물과 금화를 너희 마음대
로 착취하는 그와 같은 행위를 하는
것이 아니더냐?
7 너희는 태어날 때 부모요, 조상이 죄
인이니, 죄인 속에서 태어난 자 또한
원죄가 있으며, 원죄를 다스리지 아니
하며 용서받지 아니하면 절대로 하늘
에 갈 수 없으며 하늘에 오를 수 없는
것이라 그리 말함이니라.
8 나의 아들을 통하여 법전에 '원죄는
없다' 그리 말하였음이니라.
9 너희 스스로 지은 죄에 대한 대가를
받음이니, 그 죄가 그 후손이요, 자식
에게 내려갈 수는 없음이니라.
10 그러나 너희는 알아야 할 것이니라.
11 그와 같은 원죄는 없으나, 원죄는 존
재함을 알라.
12 나의 아들을 통하여 말하기를 너희 조
상이 지은 죄를 대신 갚는 원죄는 없
다 하였음이니라.
13 그러나 원죄가 있음을 지금 나의 아들
을 통하여 가르치니 그리 알라.
14 너희가 말하는 그 원죄란 무엇인 줄
알겠느냐?
15 나 여호와의 이름을 팔고 나의 아들
예수의 이름을 팔며 성경을 팔고 살아
가는 자들,
16 그러면서 나의 뜻을 거역하는 자, 내

뜻에 순종하지 아니하는 자,
17 그리고 계명을 지킬 수 없다고 말하는
자, 인간이기 때문에 율법대로 살아갈
수 없으며,
18 지금 내가 내리는 새로운 성경이요,
나의 법전대로 살아갈 수 없다며 근본
을 뒤엎는 자들이 바로 원죄를 짓는
것이며,
19 그들이 원죄의 죄인임을 알라.
20 사랑하는 나의 아들아!
21 "네, 아버님! 말씀하옵소서."
22 너의 제자들에게 명확히 가르쳐야 할
것이니라.
23 너희는 부모가 지은 죄를 가지고 나오
는 그 원죄는 없다 하였으나 나 여호
와가 너희에게 원죄는 있다 함이니,
이는 이러지도 저러지도 못한다고 혼
동하지 말라.
24 내가 지금 너희가 가진 원죄의 근본
의 뜻이 무엇인가 가르쳐 주지 아니하
였더냐?
25 믿음의 가는 길이요, 하늘에 오르는
길이라며 나와 나의 아들의 이름을 파
는 자, 그리고 성경을 잘못 가르치는
자,
26 그리고 성서를 팔면서 나의 뜻을 거역
하고 가는 종교 집단의 지도자, 그들
이 행하는 것이 내 뜻을 거역함이니,
27 그게 바로 그들이 가진 원죄이니라.
28 그러니 그들이 원죄를 짓는 자라는 것
을 그들에게 깨우쳐 주라, 사랑하는
나의 아들아!
29 원죄의 죄인의 의미를 알았는가?
30 너희는 육의 세상에 살면서 살아가는
실정법이요, 현행법의 죄를 짓지 말라
는 것이니라.
31 그 죄를 짓지 않는 자가 나에게 오를
수 있으며, 나의 이름을 팔지 않으며,
나의 아들 예수의 이름을 팔지 않으
며, 성경을 팔아먹지 않고 나의 뜻을
거역하지 아니하는 자는 원죄가 없음
을 알라.
32 천사와 같이 변하고자 아름답게 살아
가는 백성, 그리고 순종하는 백성은
원죄가 없으며, 참진리의 길을 따라가
는 백성 또한 원죄가 없음이니라.
33 비진리를 가지고 비진리를 추구하며,
비진리를 가지고 진리라 하고 가는 자
들이 무엇이더냐?
34 나 여호와가 역사하고자 하는 기본의
틀을 들어엎는 자들이요, 그를 능멸하
는 자들이요, 그를 욕되게 하는 자들
이 짓는 것이 바로 원죄이니라.
35 원죄라는 것은 나에게 짓는 죄의 근본
이며, 나로부터 용서받지 못할 죄를
짓고 나가는 것을 원죄라 함이니,
36 그들이 내 뜻을 거역하며 나를 팔며
나의 아들 예수를 팔며, 지금의 나의
아들을 사탄이요, 악마라 말하며,
37 그를 갈기갈기 찢어 죽이려 하며, 나
의 법전을 태워 버리고 찢어 버리려
하며,
38 세상에 존재치 못하게 하는 것이 바로
나 여호와에게 도전하는 것이요, 나를
욕되게 하는 행위를 하는 것이니,
39 지금의 종교 집단이요, 지도자요, 그
리고 감히 천국 문의 열쇠를 받았다
울부짖고 나에게 올 수 있다는 자들이
나를 거역하며 나를 욕되게 하며 나에
게 원죄를 짓는 것이니,

40 원죄인은 그들이라는 것을 깨우쳐 주
라, 사랑하는 나의 아들아!

8,599 번째 하나님 말씀

2003년 11월 29일 12시 03분

1 사랑하는 나의 아들아!
2 "네, 아버님! 말씀하옵소서."
3 원죄의 뜻이 무엇인지 너는 알겠는가?
4 "네, 아버님! 알겠사옵나이다.
5 자식이 부모에게 불효하는 것과 마찬
가지로 아버님의 뜻을 거역하는 행위
를 하는 자는 오늘이든 과거든 현재든
미래든 모두 아버님께 치받는 짓이요,
아버님의 뜻을 거역하며 아버님의 진
리를 따르지 아니하는 그와 같은 죄를
짓는 것이니,
6 그것이 곧 원죄임을 알고 있사오며 이
를 깨달았사옵나이다."
7 그러니라. 원죄는 너희가 벗어날 수
없는 짓을 하는 것, 나에게 직접 거역
하며 나를 욕되게 하는 것, 내 앞에 죄
를 짓는 것이니,
8 나를 팔며 나의 아들 예수를 팔며 너
를 파는 그와 같은 자들의 행위가 원
죄라는 것이니라.
9 그리고 나의 계명대로 살아갈 수 없다
는 자, 나의 성경대로 그대로 깨우치
지 못하며 지키지 못하는 자, 나의 법
전을 읽고 행하지 아니하는 자,
10 그게 바로 나에게 도전함이요, 내 뜻
을 거역함이니,
11 그게 원죄라는 것을 네가 알았다면,
나의 백성에게 잘 깨우쳐 주도록 그
리하라.
12 나의 뜻을 알며 참진리의 길을 알며
계명을 지켜야 하는 뜻을 알며,
13 새로운 법전이요, 새로운 성경을 읽고
그대로 행하며 모두 역사하고 살아가
는 것이 원죄에서 벗어나는 길이요,
14 원죄의 죄인이 되지 않는 것이니,
15 육에 살면서 너희가 지은 모든 죄에
서 구원을 받을 수 있는 삶을 살도록
그리하라.
16 오늘을 하늘을 향하여 한 점의 부끄럼
이 없이 살아가는 백성은 정녕 원죄의
죄인이 아님을 알며,
17 이와 같은 뜻을 알고 오늘의 삶을 아
름답게 살아간다면 너희는 곧 나로부
터 구원을 받는 은혜요, 영광을 얻게
되는 지름길이라는 것을 전하라, 사랑
하는 나의 아들아!

8,600 번째 하나님 말씀

2003년 11월 29일 12시 07분

1 사랑하는 나의 아들아!
2 "네, 아버님! 말씀하옵소서."
3 너희 스스로 참진리가 아니요, 나 여
호와의 뜻을 거역함으로 나로부터 받
을 그 많은 은혜요, 영광된 것이요, 누
릴 수 있는 모든 것을 하나도 받지 못
하며 저버리고 살아가는 형국이라면
너희는 알겠느냐?
4 너희가 마음을 열어 참진리요, 본연의
마음 자세를 가지고 살아간다면 모든
것을 나로부터 얻을 것이거늘,
5 그 마음을 닫아 버렸으며 문을 닫은
그와 같은 형국으로 살아가며, 나로부
터 받아 내려간 참진리요, 아름다운

인간 본성의 자세를 너희에게서 찾아
볼 수가 없음이니,
6 그리하여 너희는 고난과 고통과 수난
의 길을 벗어나지 못하고 지금 살아가
고 있다는 것을 알아야 할 것이니라.
7 이와 같은 이치를 너를 따르는 제자들
이요, 나의 법전을 읽고 깨우친 백성
너희는 알라.
8 그러니 천사와 같은 마음으로 살아가
며 마음을 여는 자는 고통과 수난에
서 벗어나는 길이 거기에 있음을 알
라.
9 너희는 모든 것을 지금 닫아 놓은 자
들이요, 절대 열지 못하도록 하는 것
이 오늘의 종교 집단이요, 지도자들이
니라.
10 그리하여 그들이 수난과 고통에서 벗
어나지 못하며, 악의 뿌리를 스스로
뽑아낼 능력이 없는 자들이니라.
11 그리하여 말로써 구원을 받으며 말로
써만 믿고 가는 자들이니, 그러면서
온갖 기도로써 제 앞에 쌓아 달라 그
리고 이루어 달라 하고 있음이니, 그
들은 욕심에서 벗어나지 못하는 자들
이니라.
12 그와 같은 자들이 죄악을 저지르게 되
어 있으며, 욕심을 벗어나지 못하는
자는 스스로 죄를 짓게 되어 있으며,
그 죄를 행동으로 옮기는 것이 인간의
본성이라는 것을 너희는 알아야 할
것이니 그리 알라.
13 악의 뿌리를 벗지 못하는 자, 그리고
마음을 닫아 버린 자, 제 것만 고집하
는 그와 같은 자는 모두 욕심에서 이
루어지는 것이니, 욕심은 죄악의 근본
이라 하였음이니라.
14 그리하여 죄악은 곧 나로부터 심판을
받는다 하였음이니, 심판을 받기 전에
그 죄악의 씨앗은 죄를 계속 저지르게
되는 것이 인간 세상의 삶이니라.
15 너희는 정해진 시간 속에 살면서 아름
답게 천사와 같이 살다 나에게 오르기
도 바쁘거늘,
16 죄악의 뿌리를 버리지 못하기 때문에,
폭력의 죄를 지으며 강간의 죄를 지으
며 간음의 죄를 지으며 남을 증오하는
죄를 지으며 남을 시기하고 질투하는
죄를 지으며 남을 욕하며 남의 가슴에
상처를 주는 그와 같은 죄를 짓고 사
는 것이 너희임을 알라.
17 욕심의 뿌리를 버리지 못하면 모든 죄
가 행동으로 옮겨지며, 행동으로 옮겨
지는 것은 악에서 악을 낳게 되며 악
은 악을 발달시키니,
18 너희 마음의 공장에서 악의 씨앗이 지
금 계속 발산되어 나온다 함이니라.
19 그리하여 구제불능의 상태까지 가게
되니, 어느 날 심판대에 설 때, 너희는
심판대에 설 자격도 없으며, 지옥으로
흘러가고 떨어져 가는 것이 너희라는
걸 절대 잊지 말라 그리 전하라, 사랑
하는 나의 아들아!

8,601 번째 하나님 말씀

2003년 11월 29일 12시 12분

1 사랑하는 나의 아들아!
2 "네, 아버님! 말씀하옵소서."
3 너희가 나로부터 생명을 받아 나가 육
의 세상에서 오늘에 살아가는 것이 얼

마나 귀하고 아름답고 소중한 삶이더
냐?
4그러니 육의 삶에서 참진리를 따르며
나의 법전을 읽고 깨우쳐 변하는 백성
은 하늘에 오르는 삶을 사는 것이며,
5하늘에 오르는 길을 연습하는 것이며,
하늘에 오르는 전초전으로 그와 같은
삶을 살아가는 길에 들어선 백성임을
알라.
6그러나 그렇지 아니한 자는 그 소중
한 인간의 삶을 지옥의 전초전으로,
지옥의 삶에 대해 지옥을 가기 위한
연습을 지금 하는 것이 계명을 지킬
수 없다고 말하는 자, 나의 법전대로
지킬 수 없다는 자, 율법대로 지킬 수
없다는 자들이니라.
7인간은 죄를 짓지 아니하고 살 수 없
다 그리 말하는 종교 집단이요, 지도
자들은 육에 사는 이 소중한 삶을 구
원의 길이요, 아름다운 삶을 사는 것
이 아니라, 지옥에서 사는 전초전의
연습을 하는 삶을 사는 것임을 알라.
8내가 다시 너희에게 전함이니, 너희가
천사와 같은 마음으로 변하고자 하는
것은 천국에 오는 삶을 연습하는 것이
요,
9사악한 마음으로 살아가는 것은 지금
육에서 지옥의 삶에 대해 연습을 하고
있음이니라.
10이 지상의 삶에서 한번 들어가면 영원
히 나오지 못하는 지옥의 연습을 하고
사는 것이 너희니라.
11너희가 나의 법전을 읽고 행하여 편안
한 마음을 갖지 못한다면 이것이 잘못
됨을 알라.
12너희가 살아가면서 불안과 초조와 두
려워하는 삶을 살며, 미래에 대한 확
신을 얻지 못하고 사는 자,
13그리고 믿음에서 흔들리는 자는 지옥
에서 겪고 치러야 할 일들을 지금 연
습하고 있으며 지옥의 전초전의 삶을
살아가는 것이요,
14내가 내려 준 육의 삶을 살지도 못하
는 자들이요,
15하늘에 와 구원을 받는 거듭나는 삶을
사는 것도 아니라는 이 의미가 얼마
나 무섭고 두려운 것인가를 너의 제자
들에게는 꼭 가르쳐 주어야 할 것이
니 그리 알라.
16지금 거듭나는 삶을 살기도 시간이 없
고 바쁘며 조금의 여유도 없는 것이거
늘, 어찌하여 지옥에서 살아야 하는
것을 미리 육에서 겪고 있으며, 그 고
통을 지금 느끼며, 스스로 힘들고 어
려운 지옥의 삶을 연습하며 산단 말이
더냐?
17이를 보는 나 여호와의 마음이 그리
아프다 함이니라.
18그러면서 너희는 지옥 불에서 헤어날
수 있는 백성이라 그리 생각함이니,
19지금 나의 뜻을 따르지 아니하며 참진
리를 따르지 아니하며 내 뜻을 거역하
는 삶은 너희들이 지옥의 삶을 미리
연습하는 것이며 지옥의 삶의 연장선
상의 삶을 사는 것이니, 불에 떨어지
는 것은 헤어날 수 없는 것이 아니더
냐?
20그 길을 가기 위하여 살아가며 그 길
을 가기 위해 연습하며, 거기에 누구
보다도 일찍 선두주자로 갈 수 있는

그와 같은 연습만을 하는 것이 오늘
의 너희의 육의 삶이니라.
21 그러니 여기서 너희가 살아가는 것이
무엇이더냐?
22 죄가 하나하나 늘어남이니, 그 늘어난
죄의 양만큼 너희 몸에 죄의 사슬이
칭칭 감긴다는 것을 모르느니라.
23 이제 육의 세상의 이 아름다운 삶에
있어서 너희가 천사와 같이 천국에 오
르는 아름다운 삶을 연습하며 그 삶을
살 것인가,
24 아니면 지옥으로 가서 영원히 대가를
치르는 지옥의 삶을 살겠는가?
25 오늘의 구원을 받느냐 못 받느냐 하는
이 소중한 시간에 그를 위하여 너희들
이 살아가고 있음을 알며, 과연 어찌
살아가야 되겠는가?
26 이를 그들에게 깨우쳐 경각심을 주지
아니하면 그들이 헤어날 수 없음이니
라.

8,602 번째 하나님 말씀

2003년 11월 29일 12시 17분

1 사랑하는 나의 아들아!
2 **"네, 아버님! 말씀하옵소서."**
3 범사에 감사하며 매사에 감사하며 그
감사의 표시를 하고 살라 하였음이니
라.
4 나 여호와는 너희에게 감사의 표시를
하지 말고 살라 그리 가르치는 것이
없음이니라.
5 그러나 내가 너희에게 감사의 표시를
하지 말고 살라 하는 것은 무엇인 줄
알겠느냐?
6 어찌하여 아름다운 마음을 가지고 나
의 백성을 구한다는 자들이 나에게 범
사에 감사하는 그 표시를 물질로써 계
산하며 물질을 가지고 그리 말하는가?
7 너희의 정성은 물질을 바치고 안 바치
는 것이요, 죄의 온상에 갖다 쌓아 놓
고 쌓지 않는 것으로써 나 여호와에게
감사하는 표시를 그걸로 측정하며 그
걸로 점수를 매기니,
8 재물을 갖다 바치는 정성 어린 그 마
음만이 감사를 표시하는 길이라 하여,
너희는 주고받는 거래가 있으며 그를
거둬들이는 그와 같은 행위를 하고 있
음이니라.
9 그러나 너희에게 범사에 감사하라는
뜻이, 재물을 바치고 재물을 갖다 바
침으로써 감사의 표시를 하는 것, 금
화와 은화를 갖다 바치는 것이 감사의
표시요,
10 정성을 다하는 것처럼 가르치는 이것
이 잘못되었기 때문에 이를 바로잡으
라 함이니라.
11 너희에게 물건을 주는 자는 즐거워서
주는 자, 즐겁지 아니해도 어쩔 수 없
이 주는 자 있으며,
12 그리고 받는 자가 기뻐하는 자, 섭섭
해하는 자 있으며,
13 주지 않는 것도 빼다시피 하여 가져가
는 자, 바치도록 유도하는 자 있으니,
14 이와 같은 추하고 더러운 모습으로써
물건을 주고받으며 금화를 주고받으
며 물질이 오고 가는 그것이 나를 경
배하며 나에게 감사하는 표시요, 세상
에 태어나 살고 역사하는 것에 감사를
표시하는 것이 아니라 함이니라.

15 범사에 감사하는 표시는 무엇인 줄 알
겠느냐?
16 나는 정성어린 아름다운 마음으로 변
화되는 그것을 말함이니라.
17 너희가 아름다운 마음으로 변해 가는
것, 그것이 나에 대한 감사의 뜻으로
나에게 모든 것을 대신하는 것이며,
나에게 기쁨을 주는 것이며,
18 범사에 감사하라는 뜻이 너희가 아름
답게 변하는 자세요, 그 삶이 나에게
감사하는 것이며,
19 아름다운 마음을 가지며 범사에 감사
하고 고맙게 생각한다면 천사와 같은
마음으로 가며,
20 더럽고 추한 것을 보면 뜨거운 물에
손을 댔을 때처럼 그를 빼는 그와 같
은 삶을 살라 하는 것이 감사의 표시
라 함을 알라.
21 내가 너희에게 뭐라 가르쳤느냐, 사랑
하는 백성들아!
22 손이 도둑질하면 그 손을 자르며, 눈
이 나쁜 짓을 하고자 하면 눈을 빼며,
귀가 더러운 것을 들으려 하면 귀를
자르라 하지 아니하였더냐?
23 너희를 그와 같이 다스리라 하였거늘,
추하고 더러운 물건을 바치고 안 바침
으로써 그것이 나에게 감사하며 범사
에 감사하며 나에게 오르는 길이라 생
각하느냐?
24 너희 팔과 손이 도둑질하려 하면 그
를 잘라 바로 서는 그를 내가 사랑한
다 하였음이니 이건 무엇이더냐?
25 너희의 마음이 도둑질하지 아니하도
록 아름답게 변하는 것이 나를 가장
기쁘게 함이며,
26 범사에 감사한다면 아름다운 모습으
로 변해 가는 그것이 감사의 표시라는
나 여호와의 애절한 뜻을 그들에게 전
하라, 사랑하는 나의 아들아!
27 나 여호와의 가슴이 숯검정보다도 더
진하게 타 버렸으며, 숯검정보다도 더
탄 내 가슴을 눈물로써 모두 다스리며,
28 만백성이 결실을 얻어 하늘에 올라 내
집에 나의 아들딸이 오기를 기다리는
나 여호와의 가련하고 불쌍한 마음을
너희는 생각하라.
29 이것이 하늘의 뜻이며 하늘의 명이니
라, 사랑하는 나의 아들딸들아!
30 전지전능한 나 여호와가 역사하지 못
함이니, 그것이 너희의 사악한 마음이
니라.
31 그 마음을 바로잡아 나 여호와의 마음
을 더 이상 태우지 말며, 숯검정보다
도 더 검게 타 버린 내 가슴을 더 이상
태우지 말라 그리 전하라.

8,603 번째 하나님 말씀

2003년 11월 29일 12시 22분

1 사랑하는 나의 아들아!
2 "네, 아버님! 말씀하옵소서."
3 모든 종교 집단이요, 가르치는 자들이
뭐라 말하느냐?
4 인간은 완제품이 아니요, 완성품이 아
니요, 미완성이요, 완전무결하지 못하
기 때문에,
5 인간 스스로 구원을 받을 수 없으며
인간의 어떠한 노력으로써도 구원의
길에 들어설 수 없으며 구원을 절대
받지 못한다고 하느니라.

6 인간 세상의 힘과 능력으로써, 인간이
갖춘 어떠한 능력으로써도 구원을 받
을 수 없다고 말하느니라.
7 그리하여 인간 스스로 포기하며, 구원
의 길은 외부의 보이지 않는 위대한
힘의 능력을 빌려 그걸 가지고 구원을
받는 길밖에 없다 함이니,
8 이는 곧 나의 아들 예수를 찾는 것이
요, 그 보혈로 구원을 받으며, 나를 찾
는 것만이 구원을 받는다고 가르치고
있느니라.
9 인간의 능력과 인간이 역사할 수 있
는 것은 모두 한계가 있기 때문이라
그리 가르치며, 그 한계를 넘지 못하
기 때문에 인간으로서는 절대 구원을
받지 못하니,
10 인간으로서 구원을 받을 수 있으며 받
는다고 말하는 자는 사탄이요, 사악한
자라 그리 말하느니라.
11 그러나 너희는 완벽하지 못하기에 구
원을 받고자 노력하는 것이 아니더냐?
12 그와 마찬가지로 너희는 한계가 있으
며 그 한계에 도전하여 완벽하고자
노력하고 변화되는 삶을 살아야 한다
는 것이 나 여호와의 뜻이니 그리 알
라.
13 너희가 구원을 받기 원하는 것처럼,
완벽한 그 길을 위하여 노력하고 변화
되는 삶을 사는 것이 바로 선택된 백
성이요, 하늘에 오르는 길이라 함이니
라.
14 모든 심판은 나 여호와가 내림이니,
너희는 최선의 노력을 다하며, 한계를
넘고자 노력하는 그 마음만이 중요함
을 알라.
15 너희 자신이 악을 다스리는 한계가 정
해져 있으며 선행을 다스리는 한계도
정해졌다고 말하느니라.
16 그리하여 어떠한 것도 한계를 넘을 수
없으며, 그 이상을 초월할 수 없으며,
그것이 인간이라 그리 말하느니라.
17 그러나 너희는 알아야 할 것이니라.
18 이제 나의 법전을 읽고 깨우치는 백성
너희는 알라.
19 내가 나의 아들을 통하여 장장 160권
의 법전을 내리는 것은 무엇이더냐?
20 너희는 악을 넘지 못하며, 아무리 다
스려도 악을 벗어날 수 없는 그 한계
가 있으며, 선을 행하면서도 그 선의
한계가 있으니, 인간은 그를 넘지 못
한단 말이 아니더냐?
21 그러나 그 모두를 넘을 수 있으며 그
한계를 초월할 수 있는 것이 바로 나
의 법전이요, 이를 보고 깨우치면 너
희는 그 길을 볼 수 있음이니, 그것이
구원의 빛이니라.
22 그 빛을 보지 못하는 자는 나에게 올
수 없음을 알라.
23 그러니 인간의 능력과 인간의 한계로
써는 어떠한 것도 구원을 받을 수 없
다 하며, 받는다는 자를 사탄이요, 이
단이라 하지 말라.
24 얼마나 노력하고 가느냐에 따라 손을
내미는 것은 나 여호와의 뜻이요, 그
선을 넘고자 노력하는 것이 너희이니,
25 낙타가 바늘구멍을 통과하는 것보다
도 더 어려운 것이 하늘에 오르는 길
이라는 의미를 알게 될 것이니라.

8,604 번째 하나님 말씀

2003년 11월 30일 06시 34분

1 사랑하는 나의 아들아!
2 "네, 아버님! 말씀하옵소서."
3 너의 제자들이요, 모든 백성이 그 깨
우침의 한계가 다 다름이니라.
4 열 개를 가질 자, 또 스무 개를 가질
자, 서른 개를 가질 자, 또는 백 개를
가질 자, 이와 같이 모두 차등이 있음
이니라.
5 그러니 50이라는 것을 역사할 사람이
그를 하지 아니한다면 결국 무엇이더
냐?
6 그는 나의 뜻을 거역하며 내가 원하는
그 한계에 도달하지 못함이니, 그게
무엇이던가?
7 그에 대한 대가를 치르는 것이 인간
너희의 삶이라는 것을 알아야 할 것
이니라.
8 그러니 너의 제자들이요, 또한 나의
법전을 읽고 깨우친 만백성 너희는
다 어떠한 한계가 있으며 지켜야 할
것이 있으며, 가슴에 안아야 할 점수
가 있음을 알아야 할 것이니라.
9 그러니 그 점수에 미달된다면 결국
무엇이더냐?
10 너희는 60을 가질 자가 30을 가지면
그는 30이 미달된 자요, 그러나 30을
가질 자가 30을 가지면 그는 제 몫을
다한 것이니라.
11 그러니 너의 제자가 제가 높고 낮음
이요, 고통과 시련을 겪고 안 겪는 것,
그리고 깨달음이 높으나 계속 높이 더
깨달으라 달구며 그리고 변화되라 하
는 그와 같은 이치가 다 거기에 있음
을 알아야 할 것이니라.
12 100이라는 것을 역사할 사람이 그
100을 다하지 못하면 그걸 못한 것이
요,
13 50이라는 것을 역사할 사람이 50을
역사했으면, 너희가 볼 때 수준 미달
이요, 한 것이 없으며 이룬 것이 없다
해도,
14 그는 그가 해야 할 직분이 그것밖에
안 되니 그는 제 직분을 다한 자임을
너희는 알아야 할 것이니라.
15 이것이 무엇을 의미하느냐?
16 너희는 많은 백성 중에서 나의 아들의
제자로 선택된 자, 전사로 선택된 자,
그리고 법전을 읽고 깨우친 자, 깨우
치지 못한 자, 그 백성들이 모두 나로
부터 상을 받고 나로부터 은혜를 받는
것이 다 다름이니라.
17 제자가 될 수 있는 자요, 그리고 제자
가 되지 못한 자요,
18 또는 읽어 보지 못한 자요, 또 천사가
된 자요,
19 이와 같이 너희가 해야 할 차등이 있
으며 해야 할 그 책임이 있으며 완수
할 양이 있음을 알아야 할 것이니라.
20 그와 같은 것이 너희의 믿음이요, 너
희가 오늘의 가는 길이요, 나의 법전
을 가지고 역사하는 것도 그러하니라.
21 100시간을 가지고 나의 법전을 만들
고 노력할 사람이 60을 했다면 그는
40이 미달이 아니던가?
22 그러나 50을 가진 사람이 그 50을 다
할 때 그는 직분을 다한 것이니,
23 그와 같이 70이요, 80을 한 사람이 그

보다 상을 받지 못하며 은혜를 받지
못한다 해도 너희는 네 소임을 다하
지 못한 것을 알지 못하며, 네가 해야
할 그 양을 노력하지 아니하여 네가
해야 할 그 직분을 다하지 못한 것이
니,
24 이와 같은 것을 너의 제자들에게 깨우
쳐 주고 깨닫도록 해 주어야 할 것이
니 그리 알라.

8,605 번째 하나님 말씀

2003년 11월 30일 06시 37분

1 사랑하는 나의 아들아!
2 "네, 아버님! 말씀하옵소서."
3 너의 제자들이 담아야 할 그릇이 다
다름이니, 너는 그 그릇을 알고 있기
에 큰 그릇에 많이 담은 자에게 더 담
으라 독촉하며, 더 담을 때까지 기다
리며, 용서치 않는 그 마음을 너의 제
자들이요, 인간은 알 수가 없음이니라.
4 그러니 인간은 자기 스스로 생각하며
자기 잣대로 생각하며 자기 기준으로
써 모든 것을 생각하느니라.
5 그러니 그들이 나에게 오르고 못 오르
는 그와 같은 길을 감이니라.
6 제 그릇이 담을 수 있는 그 양이 크면
큰 것만큼 담아야 하며, 적게 담을 자
는 적게 담아야 할 것이요,
7 너는 크게 쓸 자와 작게 쓸 자를 알지
만, 그들은 모르며 그것을 이해하지
못함이니라.
8 그리고 제 스스로 어떠한 그릇인가
모르느니라.
9 그리고 미래에 내가 저를 어디에 쓰고
자 하는지 그것을 모르니, 네가 그와
같은 것을 그 제자들에게 가르쳐 주고
말하기 전에,
10 스스로 제 직분을 다하는 그와 같은
자가 변하지 아니할 것이며 영원히 너
와 더불어 갈 수 있는 자요,
11 그리고 나의 법전을 가지고 만백성을
구하는 데 그만큼 노력하고 그만큼 영
향력이 있으며 많은 백성을 지도하고
이끌어 가는 그것이 다름이니라.
12 너의 제자들이 제자를 육성함에 백 명
을 육성할 사람이요, 만 명을 육성할
자가 다 다르니,
13 만 명을 육성할 자는 거기에 대해 대
비를 해야 할 것이며, 백 명을 육성할
제자는 백 명에 대해 대비를 하면 됨
이니,
14 이것이 바로 내가 너의 제자들에게 깨
우쳐 주고자 하는 뜻이며, 그들이 그
를 알아야 할 것이니라.
15 이제는 그들이 그 이치를 알아야 하며
그 뜻을 알아야 할 것이니라.
16 그릇이 아직 남았으니 더 담으라 하는
자, 남보다 몇 배를 더 담았거늘 또 담
으라 하는 너를 원망하며 섭섭한 마
음을 가질 수 있음이니,
17 이와 같은 이치를 그들이 알아야 할
것이나, 그들은 모르고 있음이니 그리
알라.

8,606 번째 하나님 말씀

2003년 11월 30일 06시 44분

1 사랑하는 나의 아들아!
2 "네, 아버님! 말씀하옵소서."

3 남의 물건을 훔치는 자가 도둑이라 함
이니라.
4 그러니 제가 남의 물건을 훔쳐 도둑질
을 해 놓고 남에게 물건을 훔친 도둑
이라 뒤집어씌운다면, 과연 그리 당하
는 사람은 얼마나 답답하고 괴로울 것
이며,
5 또한 저 자신이 도둑이라는 것을 알
면서 남에게 뒤집어씌우는 자는 그게
얼마나 잘못되었고 사악한 자던가?
6 지금의 믿음의 길을 가는 모든 종교
집단이요, 지도자 그들이 다 그와 같
은 형국을 하고 있음을 알라.
7 저희는 나로부터 구원을 받을 수 있으
며 하늘에 온 자라 하며, 구원을 받았
다는 그 무기를 가지고 지금 그들이
흔들고 다니는 행위가 어떠한 것인지
알겠는가?
8 구원은 오로지 나의 뜻이요, 나의 주
관하에 나의 고유 권한이라 하였거늘,
저희가 감히 어찌 구원을 받았다고 말
하는가?
9 저희 손으로 지은 교회에 헌금이요,
재물을 바치며 울고불고 찬송하고 기
도하는 자, 그럼으로 저희는 구원을
받았다 함이니, 저희가 구원이라는 그
무기를 얼마나 함부로 흔들고 남용하
는 줄 알겠는가?
10 저희는 구원의 '구'자요, 그 빛을 보지
도 못하는 자들이,
11 지금 나의 아들을 따르는 제자들이요,
나의 법전을 읽고 깨우쳐 뼈를 깎는
고통 속에서 참진리요, 하늘에 오르는
길을 가고자 숨도 쉬지 못하는 그 백
성을 보고 이단이요, 사탄이요, 사악
한 자들이라 그리 말하며,
12 구원을 받았다는 그 무기를 그들 앞에
휘두르고 있음이니,
13 그것이 얼마나 불쌍하고 가련한 백성
이던가?
14 그리고 그것을 알고 하는 자, 또 모르
고 하는 자가 있음이니, 지도자라는
자들은 스스로 알고 있음이니라.
15 저희가 도둑질하고 남에게 도둑이라
뒤집어씌우는 것처럼, 저희 자신이 구
원을 받지 못하며 하늘에 오르는 길이
무엇인 줄 모르면서 백성을 유혹하여
부귀와 영화요, 재물과 금화를 거둬들
이고자 하니,
16 나 여호와요, 내 뜻을 따르는 나의 아
들이요, 그 제자들을 가지고 도둑이
요, 강도로 몰아가는 것처럼 이단이
요, 사탄이라 뒤집어씌우며 너희를 핍
박하는 자들이 그들임을 알라.
17 그리고 따르는 신도들은 저희 스스로
어찌 가는지, 어느 길로 가는지조차도
모르면서 그저 맹종하는 자들이 되어
버리니,
18 그게 얼마나 불쌍하고 가련한 백성이
던가?
19 너희가 볼 때 그들이 얼마나 불쌍하고
가련한 백성인가?
20 그러나 너희는 말하지 아니함이니라.
21 다만, 그들이 깨우쳐 너희 성전이요,
너희와 더불어 한 형제가 되면 스스
로 제 축복이요, 은혜라 생각하여 너
희는 그들을 비평하지 아니하며 욕하
지 아니하며 또한 불러들이지 아니함
이니,
22 이것과 그들이 하는 행위 중에 과연

무엇이 참진리요, 아름다운 뜻이요,
나 여호와에게 향하여 오는 길인가 너
희 스스로 다 알고 있을 것이니라.
23 알고 있기에 너희는 말하지 아니하며,
알고 있기에 너희는 그저 묵묵히 기
다리느니라.
24 그들은 정녕 저희가 가는 길이 지옥
이라는 것을 모르며, 그리하여 구원을
받았으며 천국에 이른 백성이라 하여
구원받았다는 그 무기를 가지고 지금
휘두르고 있음이니,
25 그게 다 물거품이요, 아무런 가치도
없으며 무기로써 쓸 수 없는 것을 가
지고 휘두르며 적을 공격하는 그와 같
은 짓을 하고 있다는 것을, 너희는 죽
어 내 앞에 올 날이 머지않았음이니,
그때 알게 될 것이니라.

8,607 번째 하나님 말씀

2003년 11월 30일 11시 48분

1 사랑하는 나의 아들아!
2 "네, 아버님! 말씀하옵소서."
3 너의 제자요, 나의 법전을 읽고 깨우
친 만백성에게 전하라.
4 너희는 구원을 받으며 나에게 오르며
천국이 있으며 지옥이 있다는 이와 같
은 생각을 머리에서 다 지우라 그리
전하라.
5 너희가 인간 세상에 살아가면서도 목
표를 세우고 그 목적을 위해서 가다가
거기에 너무 빠지며 치우치다 보면,
해서는 아니 되는 것, 가서는 아니 되
는 길, 그와 같은 것을 무리한 행동을
해서라도 이루고자 하는 것이 인간이
니,
6 너희는 욕심이라는 그 자체의 뿌리가
있기 때문이니라.
7 인간 세상에서 너희가 목표를 세워
그를 달성하기 위해 실수를 하며 잘못
을 저질렀을 때는 다시 시작하며 용
서를 빌 수 있으니,
8 육의 세상에서 이루어지는 수만 가지
중에서 하나일 것이니라.
9 그러나 너희가 나에게 오르고 못 오르
는 것은 단 한 번이요, 연습이 없으며,
두 번의 기회가 없음을 알아야 할 것
이니라.
10 너희는 나에게 와 살아온 대로 심판을
받음이니, 한번 들어가면 나오는 문이
없는 것이 지옥이라 하지 아니하였더
냐?
11 그러니 한 번의 용서도 없으며 한 번
밖에 기회가 없는 그와 같은 구원이라
는 것에만 매달리며 구원을 받겠다는
생각을 하며 지옥에 가지 않겠다는 생
각을 하며, 그저 천국에 와 황금 문을
들어오는 그것에만 목표를 두고 산다
면,
12 기회가 없으며 단 한 번밖에 없는 그
목표를 위하여 너희는 온갖 방법과
수단을 가리지 아니할 것이니,
13 거기서 실수를 한 자, 거기서 잘못 서
는 자는 영원히 돌이킬 수 없으며, 영
원히 얻지 못함이니라.
14 그러니 너희는 그와 같은 목표를 세
우지 말라.
15 천국이요, 지옥이라는 것을 생각하지
말며, 하늘을 향하여 한 점의 부끄럼
이 없는 그와 같은 삶을 살도록 그리

하라.
16 오늘 내가 나의 아들을 통하여 너희에
게 깨우쳐 주었음이니라.
17 모세가 모든 역사를 하며, 광야의 생
활이요, 고충을 받으며 나로부터 십계
명을 받으며 그 대역사를 했어도 그는
가나안땅에 가지 못했음이니,
18 가나안땅에도 가지 못한 자가 나에게
오를 수 있겠느냐?
19 그러니 너희 스스로 가슴에 손을 얹
고 과연 너희가 오를 수 있는가 다시
한 번 생각해 보라.
20 나의 아들을 통하여 너희에게 다시
한 번 말함이니, 하얀 백지 위에 서 있
는 너희가 하얘져 그 빛이 똑같은 자
로 변하지 아니하면 아니 됨이니 그리
알라.
21 나의 아들이 너희에게 말하였느니라.
22 너희는 양념하지 않은 반찬을 먹는 것
이요, 가면 갈수록 힘들고 어려운 길
이요, 좁은 길이지만,
23 그 길을 가지 아니하면 나에게 오를
수 없으며, 나의 영광이요, 나의 은혜
를 받을 수 없음이니라.
24 내가 너희에게 내리고 베풀어 주고자
하는 것은 수없이 끝이 없으나, 너희
는 받을 자격이 없으며, 보지 못하며
듣지 못하여 그를 받지 못함이니,
25 자연의 소리를 들으며, 내가 내리는
그 사랑이요, 너희에게 베푸는 것을
볼 수 있는 그와 같은 삶이 육의 세상
에서 이루어져야 한다는 것을 절대
잊지 말라.
26 내가 너희에게 뭐라 말하였느냐?
27 내가 말로써 세상의 모든 것을 다 창
조하고 역사했음이니, 말로써 만들지
아니한 것이 하나도 없으며,
28 너희가 걸친 옷, 그저 부닥치는 모든
것을 다 말로써 만들었음이니, 내가
너희와 같이하고 있는 것이라는 것을
어찌하여 모르는가?
29 내가 만든 그 속에서 내가 만든 그 은
혜요, 상을 받을 수 있는 마음이 변하
는 삶을 여기서 살아야 할 것이니라.
30 너희가 죽어 와 나에게 심판을 받을
때 나를 아버지라 부를 수 없으며, 용
서를 빌 수 없으며, 단 1초의 기회도
없음이니,
31 오로지 너희가 나에게 기도하고 경배
할 수 있는 육이 존재하는 오늘의 삶
을 한 점의 부끄럼이 없는 그와 같은
삶을 사는 데 모두 다 바치도록 그리
하라.
32 내가 너희에게 재물을 바치라는 것도
아니요, 재물로써 역사하라는 것도 아
니요, 나의 아들이 가는 길에 너희가
그 길을 터 주라는 것도 아님이니라.
33 너희가 변화되는 것, 아름답게 천사와
같은 모습으로 변하는 것이 나 여호와
의 가장 큰 기쁨이요, 가장 큰 행복이
라는 것을 안다면 그것만을 생각하라.
34 그리고 구원이다, 지옥이다 생각하지
말며, 천사와 같이 변하는 마음을 하
나하나 쌓으라.
35 너희가 큰 건축물을 역사할 때 벽돌을
하나하나 쌓아 그 아름다운 건축물을
이루듯, 선한 길을 하나하나 찾아서
행하도록 하라.
36 선행은 기다리지 아니함을 알라, 사랑
하는 나의 아들딸들아!

2003년 12월

8,608 번째 하나님 말씀

2003년 12월 1일 08시 04분

1 사랑하는 나의 아들아!
2 "네, 아버님! 말씀하옵소서."
3 내가 너에게 바라는 것이 무엇인 줄
정녕 모르는가?
4 "네, 아버님! 알고 있사옵나이다."
5 내가 너에게 바라는 것이 무엇이라 생
각하느냐?
6 "누구도 갈 수 없는 길이요, 인간의 형
태로써 천사가 될 수 없으나, 이 세상
에 인간의 형태로써 단 한 사람이라도
천사가 되라 하시는 것, 그리고 천사
로서 변하는 것을 원하시는 것을 알고
있사오며,
7 저는 그 길을 가야 하며 또한 아버님
께서 제가 그 길을 바로 가기를 바라
시는 것을 알고 있사옵나이다."
8 그러니라. 인간 세상에서 사람이 천사
가 되는 그 길이 네가 가야 할 길이며,
네가 그리되기를 바라며 오늘까지 묵
묵히 참고 인내하고 가고 있음이니,
9 이제 네 머리가 반백이 되어 그와 같
은 역사를 할 수 있는 기초에 들어서
지 아니하였는가?
10 지금은 네가 그와 같은 길에 들어설
때가 되었음을 알아야 할 것이니라.
11 "아버님! 저도 그리 깨닫고 있사옵나
이다.
12 이제는 인간 세상에서 사람의 형태로
써 천사가 되는 길, 그리고 천사가 되
어 만백성에게 거울이 되며, 만백성이
저를 보고 따를 수 있으며, 하늘을 향
하여 한 점의 부끄럼이 없는 천사와
같은 자로서 살아가야 하며, 그 길을
가야 한다는 것을 제가 알고 있사옵나
이다.
13 알면서 행하지 못하며 알면서 지키지
못하며,
14 때로는 아버님께 어리광을 피우는 자
식으로서, 때로는 인간으로 육의 세상
에서 산 그 삶을 털고 버리지 못하여
이와 같이 방황하는 세월이요, 방황
속에서 제가 왔음을 잘 알고 있사옵나
이다.
15 이제는 인간의 천사가 되어, 인간의
천사로서 갈 길이 무엇이며 제가 행해
야 하는 길이 무엇인가 그리 변하여
그 길을 가도록 하겠사오며,
16 이제는 제가 가야 하는 그 좁고 험난
한 길이요, 협착하고 어려운 그 길을
가겠사옵나이다, 아버님!
17 저에게 힘과 용기를 주옵소서.
18 이제는 오로지 제가 가야 할 길을 가
겠사옵나이다."

8,609 번째 하나님 말씀

2003년 12월 1일 08시 09분

1 사랑하는 나의 아들아!
2 "네, 아버님! 말씀하옵소서."
3 오늘의 종교 집단이요, 지도자, 그리
고 광란을 길을 가는 그 광신도들로

하여금 나의 사랑하는 백성이 하늘에 오르는 길이 아닌 지옥행 열차를 타고 지금 달리는 것을 너희는 어찌 생각하는가?
4 이를 보는 나 여호와의 마음이 과연 어떠하더냐?
5 저희가 구원의 길이라고 가는 그 길이 지옥행 열차를 타고 가는 길임은 두말할 것도 없는 것을, 그들은 그를 보지 못하며 알지 못하는 자들이니라.
6 그들이 심판의 순간까지 나의 백성을 얼마나 괴롭히며, 영원히 돌아 나올 수 없는 그 지옥의 길로 인도하는가?
7 그것이 잘못된 믿음이요, 오늘의 잘못 가는 그들이니라.
8 그러나 그것을 뒤돌아보지 아니하며 그것을 알려 하지 아니하며, 알면서도 헤어나지 못하는 것이 오늘의 종교 집단에 속해 있는 그 광신도들이요, 맹신 맹종하는 어리석은 백성이니라.
9 그 지도자들이 그와 같은 백성이 있기에 구원의 길이요, 모든 것에 승자가 되는 것은 오로지 믿음이라는 그와 같은 소리로써 나의 피조물 만백성들을 현혹하여 지금 끌고 감이니, 그들이 하는 짓이 무엇이더냐?
10 참진리가 아닌 비진리를 가르치며 그것이 진리라 하여 나의 뜻이요, 나의 성령을 팔아먹고 사는 자들이니라.
11 그러면서 저희를 따르는 것만이 구원의 길이요, 하늘에 오르는 길이라 그리하고 있음이니,
12 그것이 사랑하는 나의 피조물 만백성들을 괴롭히는 것만이 아니요, 그들이 거듭나는 것, 영원히 나와 같이 더불어 살 수 있는 나의 나라에 올 수 있는 새로 태어나는 생명을 짓밟아 죽이는 그와 같은 짓을 하고 있음이니라.
13 그러니 내가 그들을 더 이상 볼 수가 없으며 더 이상 너희를 덮어 둘 수가 없느니라.
14 그리하여 철옹성보다도 더 굳고 단단한 그곳을 지금 나의 법전으로써, 나의 불 칼로써 쪼개 가고 있음을 너희는 알아야 할 것이니 그리 알라.

8,610 번째 하나님 말씀

2003년 12월 1일 08시 17분

1 사랑하는 나의 아들아!
2 "네, 아버님! 말씀하옵소서."
3 인간 세속에 살아가면서 남에게 도저히 지킬 수 없는 것, 그리고 이루어질 수 없는 그와 같은 것을 약속하며, 또 그를 지키지 못하며 역사하지 못할 때, 너희는 많은 사람으로부터 인간적인 대우를 받지 못하며, 또한 그와 같은 사람을 신뢰하지 아니하며 믿지 아니함이니라.
4 도저히 이행할 수 없으며 이룰 수 없는 것을 약속하고 언약했을 때, 그를 지키지 아니하면 인간 세상에서 너희는 범죄 행위며, 범죄자와 같은 취급을 받는 것이 아니더냐?
5 그것이 인간 세상에서 너희의 언약의 한계요, 수준이니라.
6 그러나 나 여호와가 너희에게 무엇을 언약하며 무엇을 이루어 준다 말하는가?
7 내가 너희에게 내리는 그 언약은 정

녕 의심할 만도 하며 인간 상식으로
는 이를 이해할 수도 없으며, 이루어
질 수도 없는 그와 같은 것이요,
8 너희의 상식으로 아무리 판단하고 생
각해도 도저히 역사할 수 없는 언약을
내가 내리는 것이 있음이니라.
9 그러니 너희 상식으로는 그를 기대하
지 아니하며 믿지 아니하며 그게 잘못
된 것이라 그리 생각하며 나 여호와의
뜻이 아니라 그리 생각하느니라.
10 그러나 여기서 너희는 그와 같은 마
음을 가져서는 아니 될 것이니라.
11 그것은 바로 너희의 믿음이 약한 것
이며, 나를 믿지 아니함이니라.
12 나 여호와는 인간의 상식이요, 판단으
로써 이룰 수 없는 언약을 내렸다 해
도, 그 언약은 모두 다 이루어짐을 너
희는 알아야 할 것이니라.
13 인간 세상에서 현실적으로 도저히 역
사할 수 없을 것 같은 언약을 나의 아
들을 통하여 너희에게 명하며 전하느
니라.
14 그러나 너희는 그 언약이 결코 이루
어질 수 없는 것이라 생각하나, 그 언
약은 너희의 기대를 벗어나 모두 이
루어짐을 알아야 할 것이니라.
15 다만, 너희는 그 언약에 대해서 기다
리지 말고 생각하지 말며, 그것을 아
무런 조건 없이 그저 듣고 지나며,
16 때가 되면 창조주 나 여호와 아버지께
서 이루어 줄 것이라는 그와 같은 믿
음만 갖고 지워 버리는 마음 자세로
살아가라.
17 그리고 오로지 인간으로서 천사가 되
는 그 역사함의 변화를 위해 살아간다
면, 너희가 생각할 때 현실성이 없으
며 이루어질 수 없는 그 언약이라는
것이 때가 되면 모두 이루어짐을 알아
야 할 것이니라.
18 너희가 이루어지지 아니한다고 생각
하는 모든 역사도 나는 반드시 지키며
내가 너희에게 역사한다는 것을 알라,
사랑하는 나의 아들딸들아!
19 이제 나의 아들을 따르는 제자들은 생
각해야 할 것이니라.
20 믿음의 길이요, 참진리요, 오늘의 가
는 길이 어떠한 길이더냐?
21 나의 아들은 이제 믿음의 세상에도 갈
수 없음이니라.
22 너희가 말하는 종교 집단이요, 지도자
에게 가도 나의 아들을 받아 주지 않
을 것이며, 나의 아들을 사탄이요, 사
악한 자라 그리 말할 것이며, 또한 이
방인들도 나의 아들을 받아 주지 아니
할 것이니라.
23 이는 이상한 자요, 이는 우리와 같지
아니한 자요, 그리고 이는 창조주 아
버지께서 찾는 자도 아니라 하여 그를
받아들이지도 아니하며 나의 아들은
오갈 데가 없으며 받아 주는 데가 없
음이니,
24 이것이 오늘의 나의 아들의 입장이며
나의 아들이 가는 고독하고 외로운 길
임을 너희는 알아야 할 것이니라.
25 그러니 정녕 그들이 사랑을 갖고 사는
자들이요, 믿음을 갖고 가는 자라면,
모두 다 사랑하고 용서로써 모두 받아
준다 했으나,
26 나의 아들이 오늘의 이룬 그 역사요,
160권의 법전이 세상에 나오니, 이를

대역하고 기록하여 만든 나의 아들을
오늘의 어떠한 종교 집단에서도 받아
들이지 않으려 하며, 그를 용서하지
아니할 것이며, 이를 읽지 않는 이방
인도 또한 그러할 것이니라.
27 다만, 나의 아들을 따르며 더불어 갈
수 있는 것은 오늘 따르는 나의 아들
의 제자요, 그리고 나의 법전을 읽고
깨우친 백성 너희들이니라.
28 과거의 역사 속에서도 그러했음이니
라.
29 깨달은 자는 받아 주지 아니하니, 그
곳에 갈 수 없는 형편이요,
30 또한 이와 같은 역사를 이루고 만백성
을 구하고자 하나 그를 따르는 백성이
없으며 그를 믿는 백성이 없음이니,
그 뜻을 펴지 못하며 그 역사함을 이
루지 못하고 죽어 간 제사장이요, 선
지자요, 많은 자들이 있었음이니라.
31 그러나 나는 나의 아들을 통하여 마지
막임을 증명하기 위해, 끌 수 없으며
꺼지지 않는 그 불씨를 법전이라 하여
글로써 책으로 세상에 내려보내는 그
역사를 함이니,
32 고독하고 외로운 그 길을 가는 나의
아들을 과연 너희는 알겠느냐?
33 너희가 최선의 노력을 다했을 때, 나
의 아들이 지금 가고자 하는 인간의
천사가 되는 길이 거기에 있음을 알
아야 할 것이니라.

8,611 번째 하나님 말씀

2003년 12월 1일 08시 21분

1 사랑하는 나의 아들아!
2 "네, 아버님! 말씀하옵소서."
3 나 여호와가 너희에게 내린 모든 언약
은 이루어지며, 또한 그 역사의 흐름
속에서 내가 계획한 세월에 따라 모두
다 이루어진다 말하였음이니라.
4 그러니 내가 언약한 것은 이루어지지
아니하는 것이 없으며, 너희가 생각하
기에 도저히 받아들일 수 없으며 현실
성이 없으며 이룰 수 없는 언약도 모
두 다 이루어진다 하였음이니라.
5 다만, 이것을 기다리며 묵묵히 나를
따르는 그와 같은 마음 자세요, 믿음
의 자세로 가는 것이 너희가 갈 길이
라 하였음이니라.
6 그러나 여기서 나의 아들을 통하여 역
사할 언약을 이룰 수 있는 것은, 너희
가 말없이 기다리는 삶 속에서 천사와
같이 아름다운 마음으로 살아가고자
하는 노력이 필요한 것이니라.
7 너희의 노력의 그 공에 의하여 모두
이루어짐을 또한 잊어서는 아니 될 것
이니라.
8 도저히 역사할 수 없는 그와 같은 언
약을 이룬다는 것은 너희의 피나는
노력의 대가요,
9 내가 원하는 천사와 같은 마음으로 살
아가는 데 모두 다 바치며, 진심으로
변해 가는 피나는 노력의 공이 있어야
함을 너희는 잊지 말라.
10 나는 너희에게 이유 없이 대가 없는
언약을 이루어 주지 아니함이니 그리
알라.
11 내가 너희에게 언약했으며 내가 너희
에게 상을 내린다 하였음이니, 받을
수 있는 자가 되어야 할 것이니라.

12 지금의 모든 종교 집단이요, 지도자들
이 무엇인 줄 알겠느냐?
13 나의 아들 예수의 보혈로써 은혜를 받
았으며, 나를 찾으며 나의 아들을 구
세주라 부르고 할 때 저희가 구원을
받는다 하나,
14 그들은 구원을 받는다는 것만을 알며,
그 대가의 공이 있어야 한다는 것, 그
공을 쌓은 것만큼 이루어지거늘, 저희
들이 노력하는 대가가 반드시 있어야
한다는 것을 모르느니라.
15 모르는 것이 아니라 그들은 그를 행하
고 따르지 아니함이니라.
16 저희가 그 공을 위하여 노력하는 대가
는 너무나 힘들고 어려운 길이기에 그
들은 그리하지 아니하고, 그저 말로써
만 이루어 달라 하는 자들이니,
17 나를 따르는 나의 아들의 선택된 그
제자들은 그를 알아야 할 것이니라.
18 말로써 모두 이루어지는 것이 아니라,
너희가 또한 노력하는 그 공이 반드시
있어야만 그 공에 따라서 내가 모두를
이루어 준다는 것, 반드시 노력한 공
이 있어야 하며, 그 노력의 대가가 있
어야 한다는 것을 절대 잊지 말라.
19 다시 한 번 내가 나의 법전에 기록하
여 전하는 이 귀한 뜻을 너희는 알라.
20 언약을 받은 날부터 너희가 천사와 같
이 사는 삶을 위하여 최선의 노력을
다하지 아니할 때, 나 여호와는 너희
에게 절대 내리지 아니함이니라.
21 그러나 너희가 그와 같은 삶을 살 때,
나 여호와가 가진 모든 것을 너희에
게 내림이니, 그 언약 이상으로 상을
너희에게 내려 주며 너희가 그 상을
받을 수 있다는 것을 알라.
22 내가 너희에게 주기 위하여 이 세상에
모든 것을 준비하여 그득히 쌓아 놓고
기다리나, 그걸 받을 자가 없음이니
내가 얼마나 마음이 아프고 저린지 알
겠는가?
23 사랑하는 자기 자식에게 유업을 넘겨
주고자 하나, 받을 자격이 없어 주지
못하고 마지막 숨을 거두는 부모의 마
음보다도 나 여호와의 마음이 더 아픔
을 알라, 사랑하는 나의 아들딸들아!

8,612 번째 하나님 말씀

2003년 12월 1일 08시 29분

1 사랑하는 나의 아들아!
2 "네, 아버님! 말씀하옵소서."
3 너희의 가장 귀중한 생명으로부터 너
희가 소유한 모든 것, 재물이요, 명예
요, 그리고 작은 것부터 큰 것에 이르
기까지 생활하며 쓰는 모든 도구요,
4 그리고 너희의 아들딸이요, 부모요,
후손이요, 이 세상에 존재하는 것은
모두 다 나와 연계되어 있으며, 모두
내가 너희에게 내려 준 것이니,
5 너희 것이 없으며 오로지 내려 준 나
여호와의 것이라는 그와 같은 생각을
하고 사는 백성이 과연 얼마나 있는가?
6 나 여호와의 것만이 이 세상에 존재하
는 것이며, 그리고 이 세상의 모든 주
인은 너희가 아니고 나 여호와라 생
각하며 그와 같은 마음을 가지고 사는
백성이 과연 얼마나 있는가?
7 오로지 너희 앞에 있는 것은 너희 것
이요, 너희의 노력으로 이루어진 것이

라 그리 생각하지 아니하는가?
8 그와 같은 마음이 있기에 정녕 욕심을
버리지 못하며, 나눔이 없으며, 사랑
이 없음을 너희는 알아야 할 것이니
라.
9 그러니 믿음의 길을 가는 모든 백성이
과연 제대로 가며 제대로 진리를 깨우
쳐 가는 자들인가?
10 진리의 길이요, 나 여호와의 뜻을 깨
닫고 공부하는 백성이라면 이 세상 모
든 것이 나 여호와의 것이요, 너희 것
이 없음이니,
11 오로지 너희는 관리자로서 그것에 대
해 더 쌓아 놓고자 더 역사하고자, 그
리고 너희 자식들에게 유산으로써 남
겨 주고자 하는 생각이 모두 다 너희
의 욕심이며,
12 모든 것의 주인이 나라는 것을 믿지
않고 있기 때문이니라.
13 이 세상의 모든 것은 나 여호와와 관
계되지 아니한 것이 없으며 내 것이
아닌 것이 없다는 것을 너희가 안다
면,
14 이 세상에 하나의 모래알까지도 내 것
이 아닌 것이 없다는 깊은 깨달음을
가지고 있다면,
15 네가 가진 소중하고 귀한 모든 것까
지도 나의 것으로 생각하는 마음으로
돌리지 아니하면 아니 될 것이니라.
16 너희가 정녕 나 여호와의 것이라 생
각하면 두려움을 알 것이며,
17 남의 것을 관리하고 쓰는 것이 어떠한
것인가를 알며 그 책임을 소홀히 하지
아니할 것이며, 관리하는 것을 또한
소홀히 하지 아니할 것이니라.
18 나의 재산이요, 나의 물질이요, 나의
모든 것을 너희는 주인이 원하는 방
향으로 쓰지 아니하고, 주인과 관계없
이 관리하며 마음대로 파괴하는 그와
같은 행위를 할 때, 그 주인 앞에 그를
변제할 때 너희는 얼마만큼 그 대가
를 치러야 하는가?
19 내가 내려 준 물자요, 모든 것을 다 가
지고 너희 것이라 생각하기에 함부로
쓰고 남용하는 삶을 살고 있지 않은가?
20 이 세상의 나의 피조물 만백성 너희에
게 내가 모두 주었음이니, 그를 바로
쓰고 바로 가르칠 수 있는 것이 율법
이요, 나의 성경이요, 십계명에 기록
된 것이며, 지금 나의 아들을 통하여
내리는 것이니라.
21 너희가 남의 것을 가지고 주인이 명한
대로 쓰지 아니하고, 그 주인과 관계
없이 함부로 남용한다면 과연 그것이
죄에 해당하는가, 해당하지 아니하는
가?
22 그걸 변상해야 하는가, 변상하지 않는
것인가?
23 인간 세상의 거래인가, 하늘의 거래인
가 이를 알아야 할 것이니라.
24 지금 너희가 이 세상에서 마음대로
쓰고 행하는 것, 명해 준 주인인 나 여
호와의 뜻에 관계없이 남용하고 함부
로 쓰는 것이 죄가 아닌지 죄인지 구
분하지 못하고 지금 살지 모르나,
25 하늘나라에서 나에게 오기 전에 심판
을 받을 때, 모두 다 죄목이 됨이니라.
26 그리하여 죄가 된다는 것을 알라.
27 그리하여 너희는 나에게 오를 수 없
으며, 구원을 받지 못하며, 한번 가면

돌아 나올 수 없는, 너희가 그리도 들
어가기 싫어 몸부림치는 그 지옥의 문
으로 떨어진다는 것을 절대 잊지 말
라, 사랑하는 나의 아들딸들아!
28 모두는 다 나의 것이니, 너희가 잘 관
리하고 내가 쓰라 한 그 내용대로 쓰
고 그를 나에게 돌려주어야 할 것이
니라.
29 그렇지 아니하고 함부로 남용하는 자,
그저 제 것인 줄 알고 욕심부리며 쌓
아 놓고자 하는 자, 사랑이 없으며 나
눔이 없으며,
30 또한 내가 어찌 쓰라 한 그 뜻을 따르
지 아니하고 그를 거역하는 자이니,
그게 바로 무엇이더냐?
31 너희가 나에게 원죄를 짓는 행위만을
하고 있음이니, 원죄를 짓는 자는 그
누구도 용서할 수 없으며, 너희들이
그를 용서받을 수 없다는 무서운 사실
을 알도록 그리 전하라.
32 너희가 남의 것을 마음대로 가지고 남
용하고 활용하는 것이 과연 죄가 되는
지 안 되는지 너희가 지상의 세상에
서는 모를 것이나,
33 너희가 하늘나라에 왔을 때는 그 모두
가 너희 죄요, 죄를 너희가 하나씩 더
짊어지는 것이며, 너희 앞에 죄목만
늘어난다는 것을 알라.
34 그리하여 너희가 나에게 와 심판을
받을 때 거듭나는 생명의 역사의 은혜
를 얻음이 아니요, 한번 들어가면 다
음에 나올 수 없는 지옥의 문에 떨어
짐이니,
35 그 문에 들어서기 전에 들어가지 않
으려 하며 내가 차마 볼 수 없는 처참
한 몸부림 속에서 결국 지옥으로 떨어
짐이니, 한번 들어가면 도저히 돌아
나올 수 없는 곳이 거기임을 알라.
36 지금 너희는 그리 가는 자들이니라.
37 그리하여 사랑이 없으며 나눔이 없으
며, 그리고 이 세상 모든 것의 주인은
나 여호와라는 것을 모르니,
38 너의 제자들과 너를 따르는 백성, 나
의 법전을 읽고 깨우친 만백성, 너희
는 그와 같은 이치를 깊이 깨우쳐,
39 제 앞에 쌓아 놓고자, 제 앞에 더 놓고
자 하는 마음을 버리며, 그 소중하게
간직하는 마음을 털라 그리하라.
40 남을 위해 사용하며 남을 위해 역사하
는 방법, 쓰는 방법, 관리하는 방법을
모두 다 내가 내려 주었음이니,
41 그대로 행하고 사는 백성이 되어 나에
게 오르고 거듭나는 은혜를 얻도록 그
리하라.

8,613 번째 하나님 말씀

2003년 12월 1일 08시 36분

1 사랑하는 나의 아들아!
2 "네, 아버님! 말씀하옵소서."
3 네가 한마디의 거짓도 하지 아니하며
하나의 실수도 없이 살아가며, 남을
속이지 아니하며 한 점의 부끄럽이 없
는 마음을 갖고 살아가고자 몸부림치
며, 너의 제자들 또한 그러하니라.
4 그러나 너는 이제 알아야 할 것이니라.
5 네가 이제 하나의 거짓도 하지 아니하
며, 남에게 부끄러운 짓을 행하지 아
니하며, 하늘을 향하여 한 점의 부끄
럼이 없는 삶을 살겠다 하는 그와 같

은 생각을 지워 버리라.
6그를 지워 버리고 살아가야 함을 알
아야 할 것이니라.
7네가 죄를 짓지 아니하며 거짓 하지
아니하는 그와 같은 마음을 가지고 산
다고 아무리 몸부림치고 생각해도, 너
는 그 길을 갈 수가 없음이니라.
8그러니 네가 가야 하는 길은 무엇이
더냐?
9네가 정녕 나를 속이지 아니하며 만백
성이요, 너를 따르는 제자들 앞에 한
점의 부끄럼이 없으며 그를 지키려 하
거든,
10말로써 그를 지킨다 하며 생각으로써
지키려 노력하지 말며, 모두 지워 버
리라.
11네가 갈 길은 따로 있음이니라.
12네가 그를 지키고 행할 수 있는 것은
사전에 네가 그와 같은 행동을 하지
아니하는 것, 행위를 하지 않는 훈련
으로써 가야 함을 알라, 사랑하는 나
의 아들아!
13네가 모든 것을 저질러 놓고 '거짓을
하지 아니하려면 이 길을 갈까 저 길
을 갈까? 거짓을 할까 거짓을 하지 아
니할까?' 하며 몸부림을 침이니,
14결국 일을 저질러 놓고 난 다음에는
거짓을 해서라도 모두 모면하며, 거짓
을 해서라도 덮고 다음에 아름답게
살겠다는 그와 같은 생각으로써 거짓
말을 하는 것이 너요, 너를 따르는 제
자들이니,
15그리하면 너희가 살아가면서 한 마디
의 거짓말도 하지 아니하고 살아갈 수
있는 그 길은 없음이니라.
16그러니 너는 그와 같은 생각으로써 판
단의 갈림길에서 너 자신이 몸부림치
며 후회하는 생각을 갖고 살지 말며,
사전에 그와 같은 행동을 하지 말도록
그리하라.
17네가 지금 하는 행동이 잘못되면 이
를 숨기기 위해 거짓말을 해야 할 것
이며,
18네가 지금 행하는 것이 하늘을 향하
여 한 점의 부끄럼이 없는 행위인가를
생각하며 한 점의 부끄럼이 없는 행위
를 하려 한다면,
19그는 곧 하늘을 향하여 한 점의 부끄
럼이 없는 삶을 도저히 살 수 없으며
역사할 수 없으며, 또한 거짓을 하지
아니하며 지킬 수 없는 것이니라, 사
랑하는 나의 아들아!
20이제 네가 갈 수 있는 것은, 사전에 행
동하기 전에 먼저 생각하여 자를 것
자르고 키울 것 키우고 행할 것 행하
고 버릴 것 버리는 그와 같은 믿음으
로써 가도록 그리하라, 나의 아들아!
21그리 감으로 모든 것에 거짓 하지 아
니하며 하늘을 향하여 한 점의 부끄럼
이 없는 삶을 살며, 너의 제자들 앞에
한 점의 부끄럼이 없는 나의 아들로서
당당히 설 것이며,
22나의 성령을 전하는 그 시간에 찬란한
빛이 역사할 것이니 그리 가도록 하
라, 사랑하는 나의 아들아!

8,614 번째 하나님 말씀

2003년 12월 1일 08시 41분

1사랑하는 나의 아들아!

2 "네, 아버님! 말씀하옵소서."
3 너는 말하느니라, '어찌하여 창조주
아버님께서는 모든 것을 깨우친 다음
에 그 답을 주시며 그를 가르쳐 주시
는가?' 그리 생각하며 나를 원망할 때
가 있을 것이니라.
4 그러나 너희는 알아야 할 것이니라.
5 나 여호와가 너희를 깨우치고 인도하
는 그 역사보다도 더 소중하고 위대한
것이 무엇인 줄 알겠느냐?
6 내가 너희를 가르치고 깨우쳐 주는
그것은 내가 너희를 가르치고 깨우쳐
준 것이요, 너희가 노력해서 깨우쳐
간다면 그것은 바로 무엇이더냐?
7 네가 만든 것이며 네 것이니,
8 나 여호와가 내리는 것, 내가 준 것과
똑같은 것이라 해도 네 손으로 만든
것이 더 소중하고 귀한 것이 인간 너
희의 마음이 아니더냐?
9 사랑하는 나의 아들아, 네가 깨우쳐
네 것으로 만들었다면 그것은 네 몸을
지배하며 네 생각을 지배하며, 거기는
다른 생각이 하나도 있을 수 없음이니
라.
10 그러나 창조주 나 여호와가 너희에게
깨우쳐 가르쳐 준다 해도, 너희 스스
로 깨우쳐 네 것으로 만들어 역사하는
것보다도 더 귀하고 소중한 것이 없으
니 어찌하겠느냐?
11 너희가 인간 세상에서 교육자요, 선생
이 가르치는 것을 그대로 받아들이고
지키고 살아왔더라면 오늘은 어떠한
백성이 살겠느냐?
12 천사와 같은 백성이 살 것이니라.
13 그러나 그것은 남이 가르쳐 주고 깨우
쳐 준 것이기 때문에 잊어버리고 지워
진 것이니라.
14 그러나 너희 스스로 깨우치며 너희 스
스로 노력하여 얻은 것은 그것보다 더
소중한 것이 없으며 귀한 것이 없기에
지우려야 지울 수가 없느니라.
15 나 여호와는 그와 같이 깨우쳐 너희
것으로 되면 하나의 실수도 없으며 한
번 깨우친 것을 영원히 지키고 가기에,
16 너희가 깨우쳐 네 것을 찾아 역사할
때까지 기다리며, 너희가 깨우쳤을 때
그것이 왜 그러한지 가르쳐 주는 것을
너는 알아야 할 것이며, 그것이 나 여
호와의 뜻이니라.
17 내가 가르쳐 주는 것, 성령이 임하여
너희를 바로잡아 주는 것보다도 더 귀
하고 바른길을 갈 수 있으며 참진리
를 볼 수 있는 것은 너희 스스로 깨우
치고 변하여 생활 속에서 얻어 네 것
으로 만드는 것이니,
18 그보다 더 소중하고 더 아름답고 귀하
고 그보다 더 소중한 교육이요, 가르
침이 없음을 알라, 사랑하는 나의 아
들아!
19 그러기에 가장 귀하고 소중한 방법을
저버리고 내가 어떠한 길을 가겠는가?
20 창조주 나 여호와이기 때문에 오로지
옳은 길이요, 바른길이요,
21 한 번 만들어 너희 것으로써 가슴에
심었을 때, 지워지지 않는 그 방법으
로써 깨우침을 얻는 것보다도 더 소중
함이 없기에 그리 가도록 함이니 그리
알라.

8,615 번째 하나님 말씀

2003년 12월 1일 11시 18분

1 사랑하는 나의 아들아!
2 "네, 아버님! 말씀하옵소서."
3 내가 너희에게 원죄의 근본이 뭐라 말하였더냐?
4 너희가 나 여호와의 뜻을 거역하며 내가 명한 것을 지키지 아니하며 내 뜻에 순종하지 아니하는 것이 바로 나 여호와에게 죄를 짓는 것이며, 내 뜻을 행하지 아니하고 사는 그것이 다 원죄의 근본이라 하였음이니라.
5 그러니 그 원죄를 용서함은 과연 누가 하는가?
6 그는 오로지 나 여호와만이 할 수 있음이니, 너희를 구원하고 안 하는 것, 용서하고 용서해 주지 아니하는 것은 오로지 나 여호와만이 할 수 있다 하였음이니,
7 그 누구도 나를 대신하여 역사할 수 없음을 알아야 할 것이니라.
8 너희는 지금 원죄를 수없이 짓고 살면서 너희가 짓는 죄가 원죄인지를 모르느니라.
9 그러니 원죄는 나 여호와의 뜻을 거역하는 것이니,
10 나의 아들 예수의 보혈로써 나의 아들을 찾음으로써 모두 용서받으며 그와 같은 죄를 다 사해 준다는 생각이 얼마나 잘못되었는가를 이제 깨달아야 할 것이니라.
11 원죄는 창조주 나 여호와 앞에 짓는 죄이니, 그를 용서하고 용서해 주지 아니하는 것은 나 여호와만이 할 수 있는 것이며, 또한 모든 것은 나의 고유의 권한이니라.
12 그 누구도 나에게 지은 죄를 대신 사해 주고 역사할 수 없음이니라.
13 다만, 예수나 지금의 나의 아들이 너희가 원죄를 짓지 않도록 깨닫게 해 주며, 원죄를 짓지 않고 사는 것이 나의 아들딸들이요,
14 내가 내리는 성령이요, 나의 가르침대로 행하도록 그를 가르치고 역사하는 것이 곧 나의 아들이 할 일이라는 것 알아야 할 것이니라.
15 그러니 내가 너희에게 뭐라 말하였느냐?
16 내가 너를 통하여 만백성에게 전하라 하기를, 너희가 모든 것을 행하고 먼저 일을 저질러놓고 그게 부끄러워 변명하며 감추기 위해 거짓말을 하며 남을 속이는 그와 같은 행위를 한다 하지 않았더냐?
17 그러니 너희가 그와 같은 짓을 하지 아니하려거든 처음부터 '이것이 남을 속여야 할 일인가, 부끄러운 일인가, 부끄럽지 아니한 것인가?' 먼저 생각하고 판단하고 결정하여 행동하도록 하라 하였음이니라.
18 부끄러운 행동을 하지 아니하면 거짓말하지 아니할 것이며 남을 속일 것이 없음이니라.
19 그러니 이제 너의 제자들에게 깨우쳐 주라.
20 너희가 하늘을 향하여 한 점의 부끄럼이 없는 그와 같은 행위를 하는 것,
21 남에게 거짓 하지 아니하고 변명하지 아니하면 아니 될 행동을 하는 것은

너희가 거짓말하는 죄를 짓는 것이기
전에 원죄를 지음이니,
22 나 여호와에게 죄를 지으며 나 여호와
에게 죄를 용서받는 것이 얼마나 어렵
고 힘든 길인가를 깨닫는다면,
23 너희가 인간적으로 생각해서 사람이
육의 세상에 살아가면서 생각하고 판
단력이 있는 상태에서 모든 것을 역사
하고 행하는 것에 과연 원죄를 짓는
것인가 아닌가를 먼저 생각해서 행한
다면, 원죄를 짓는 두려움을 안다면
너희는 그 일을 행하고 거짓말할 일
이 없으며 변명할 이유가 없으며 거기
에 대해 남을 속이려는 그와 같은 간
교한 방법이나 언어를 사용하지 아니
해도 됨이니,
24 이제는 너희가 나에게 원죄를 짓는 것
인지 아닌지, 원죄가 되는 행위인지
아닌지를 먼저 구분하여 매사에 행하
도록 그리하면 너희는 거짓말할 것도
없으며, 남을 속일 것도 없으며, 하늘
에 오르는 그 길을 보게 되며,
25 그로부터 나의 백성이 나의 나라에 올
수 있는 근본이요, 기본임을 알라 그
리 전하라.

8,616 번째 하나님 말씀

2003년 12월 1일 11시 23분

1 사랑하는 나의 아들아!
2 "네, 아버님! 말씀하옵소서."
3 종교 집단이요, 지도자요, 광신도요,
그 백성은 모든 것은 나 여호와의 것
이라 그리 말을 하느니라.
4 그리하여 범사에 감사하며 그 은혜에
보답하고자 살아야 한다고 말하느니
라.
5 그러나 실질적인 주인은 과연 누구더
냐?
6 그와 같이 말하는 자, 제가 소유한 가
장 소중하고 귀한 것을 모두 다 나 여
호와의 것이라 생각하는가?
7 그리 생각하지 않는 것이 오늘의 믿음
의 길을 가는 백성이니라.
8 말은 그리하지만, 가진 자, 즉 당사자
너희 자신은 모두 네 것이며 네 소유
물이라 그리 생각하느니라.
9 그리하여 너희는 어떠한 생각을 하고
사느냐?
10 물질이요, 금화와 은화 앞에 나 여호
와와 맞바꾸는 데도 너희는 물질을
택하며 금화를 택하는 것이 본질적인
마음이니라.
11 어렵고 협착한 진리의 길을 가기 위해
너희 소유요, 너희 것이라 생각하는
금화와 은화요, 재물이요, 물질을 다
버리고 사랑을 베풀며 과연 살아갈 수
있는가?
12 너희는 절대 그리 살아가지 못하는 자
들이니라.
13 그리하지 못하는 자가 말로써 모두 다
줄 것같이 하는 자는 두마음을 가진
자이니, 속 다르고 겉 다른 백성이요,
내가 가장 용서치 않는 백성의 근본
인 것이 너희니라.
14 말로써 너희는 이 세상의 모든 것은
나 여호와의 것이요, 너희는 관리자라
하나, 그리하여 빌려 쓰며 관리하는
것이니 감사하다는 생각을 하고 살아
야 하거늘, 그와 같이 생각하는 자가

없다 함이니라.
15 제 앞에 쌓여 있는 것은 제 소유물이
라 생각하기 때문에, 너희는 무엇이든
지 제 앞에 쌓아 놓기 위하여 최선을
다하며, 물질을 더 많이 역사하고자
하는 집요한 마음은 상상할 수가 없는
것이 너희니라.
16 너희는 쌓아 놓고 저 혼자만 보며 저
혼자만 쾌락을 누리며 저 혼자만 관리
하는 그와 같은 심성이 되어 있음이니
라.
17 그러니 모든 것은 나 여호와의 것이
요, 너희 것이라는 생각을 저버리며,
너희 앞에 쌓아 놓고자 하는 생각을
버렸을 때, 재물보다 나 여호와의 소
중함을 알 것이며,
18 재물이요, 금화와 은화요, 인간 세상
의 영화보다 나 여호와가 중요하다 생
각하는 자는 곧 무엇이더냐?
19 진리를 구할 수 있으며, 진리와 무엇
과도 바꿀 수 없는 변화된 마음으로
이루어질 것이니,
20 그 마음으로 이루어지지 아니한다면
너희는 결코 아무것도 이룰 수 없음을
알라.
21 너희가 가진 소유물을, 또한 종교 집
단의 지도자들은 뭐라 말하느냐?
22 너희가 그리 몸 바쳐 관리하고 쌓아
놓고자 하는 것을 하늘에 쌓아 놓는
것이 구원을 받는 것이요, 지상에 쌓
아 놓으면 다 썩어짐이니, 하늘에 많
이 쌓아 놓고 구원을 받으라 그리 말
하느니라.
23 그러니 말로써는 나 여호와의 것이라
말하면서 제가 관리하고 제 것으로 쌓
아 놓고자 하는 그와 같은 욕심을 가
진 백성 앞에, 그 욕심을 이용하여 구
원을 받는 길은 그것을 하늘에 쌓아
놓는 것이요, 지상에 쌓아 놓으면 좀
이 먹고 썩으니 안 된다고 가르치는
것이니라.
24 욕심이 가득 찬 자요, 욕심을 가진 자
가 제 욕심을 위하여 재물을 갈취하는
오늘의 형국이 되었음이니, 그리하여
서로 욕심을 채우기 위하여 발버둥치
는 자들이니, 아래위가 똑같은 자라
내가 말함이니라.
25 그리하여 제 것이라 생각하는 자, 욕
심 있는 자를 욕심을 가진 자가 갈취
하기에 절대 내놓지 아니하려 하며,
베풀지 아니하려 하며, 나누려 하지
아니함이니라.
26 오로지 제 앞에 쌓아 놓으며 제가 더
즐거움을 느끼며 행복을 느끼며, 제가
관리하여 대대손손 넘겨줄 수만 있다
면 그를 위해 진리를 버리며 나 여호
와를 버리고도 남을 백성이 오늘의 종
교 집단이요, 지도자요,
27 너희가 사랑을 베풀며 산다고 말로만
하는 대표적인 자라는 걸 잊지 말라.

8,617 번째 하나님 말씀

2003년 12월 1일 11시 28분

1 사랑하는 나의 아들아!
2 "네, 아버님! 말씀하옵소서."
3 너의 제자들은 금화와 은화요, 재물을
내놓는 것으로써 모두를 역사하며 축
복받아 나에게 오를 수 있다고 가르치
는 자들의 말에 현혹되어서는 아니 됨

을 알라.
4 가장 소중하고 마지막까지 도저히 내
놓을 수 없는 소중한 것을 모두 내놓
는다 해도, 구원을 받고 못 받는 것은
너희 임의로 결정할 수 없는 것이 아
니더냐?
5 너희가 그 무엇과도 바꿀 수 없는 마
지막 하나인 소중한 생명을 다 바쳐
나를 경배하며 따른다 해도, 과연 그
것으로써 구원을 받을 것이냐, 구원을
받지 못할 것이냐 하는 것도 너희 마
음대로 행할 수 없거늘,
6 어찌하여 너희는 거기에 못 미치는
재물이요, 너희의 생명을 따르지 못하
는 금화와 은화를 그 한계를 정해 놓
고 그저 그것을 바치는 것으로써 구원
을 받는다 가르치는가?
7 이것이 바로 너희의 간악한 수법에서
이루어짐을 알라.
8 나 여호와는 그와 같은 재물이 필요
없음이니라.
9 다만, 나의 참진리를 깨닫고 나에게
오르기 위하여 단 하나밖에 없는 귀한
생명을 던져서 이를 사고 구하는 그와
같은 백성만이 나에게 오를 수 있는
그 길을 볼 수 있거늘,
10 어찌하여 내가 너희에게 내려 준 그
재물을 나에게 바치고 못 바치는 것으
로써 구원의 은혜요, 영광을 사고 못
사는 것처럼 그리 둔갑시켜 가르치고
있느냐?
11 내가 일찍이 성서에 가르쳐 주었느니
라.
12 너희가 귀하고 아름다운 참진리를 사
기 위해서는 너희 생명줄인 밭을 다
팔아 그를 구한다 해도 후회할 것이
없으며 손해 갈 것이 없는 것이라 그
리 내가 일찍이 기록하여 전하지 아니
하였더냐?
13 그러니 참진리요, 나에게 오르기 위해
생명을 바쳐 좁고 험난한 그 아름다운
길을 오는 것으로써도 구원을 받을까
말까 하거늘,
14 그와 같은 열과 성의를 다하지 아니하
며, 그저 벌어서 쌓아 놓은 재물의 일
부만을 바쳐 하늘에 오르는 것을 재물
로써 거래하고자 하는 그와 같은 것으
로써 구원의 길의 빛이 되며 구원의
길의 안내자가 된다 함이니,
15 재물은 나에게 필요 없음이니라.
16 나에게 가장 소중한 것은 너희의 변하
고자 하는 마음이요, 천사와 같은 그
길을 가기 위하여 생명을 바쳐서라도
그 길을 역사하는 것이니,
17 나의 계명대로 살아가고자 하는 그 백
성도 모두 얻을까 말까 한 것이 너희
의 한계이거늘, 어찌하여 그리 소홀히
생각하며 함부로 나의 피조물 만백성
을 우롱하는가?
18 이를 내가 더 이상 용서치 아니하고자
함이니라.
19 이제 나의 아들을 따르는 너희가 아름
다운 마음으로 변하는 삶을 위해서 마
지막까지 내놓을 수 없는 하나의 가장
소중한 것을 내놓을 수 있는 그와 같
은 마음의 각오로써 믿음의 길을 가며
나를 경배하며 그리 살아가야 함을
알라.
20 진리를 깨우치며 나에게 오르는 그 길
이요, 내가 명하는 것이요, 내가 역사

하고자 하는 뜻을 알기 위해 너희의
모든 것을 다 바치는 그와 같은 삶을
살도록 그리하라, 사랑하는 나의 아들
딸들아!
21 재물이요, 금화와 은화 같은 것으로써
나에게 살 수 없음이니라.
22 내가 뭐라 하더냐?
23 그것은 쌓이는 먼지만도 못하며, 파도
가 밀려와 흘려 놓고 가는 모래알만
큼도 못한 것이 재물이요, 금화와 은
화니,
24 그것으로는 너희를 구원하고 못 하는
그와 같은 가치가 없다는 것을 명심
또 명심하도록 그리하라.
25 가장 귀하고 소중한 것은 바로 너희의
변화되는 삶이라는 걸 잊지 말라.

8,618 번째 하나님 말씀

2003년 12월 1일 11시 35분

1 사랑하는 나의 아들아!
2 "네, 아버님! 말씀하옵소서."
3 모든 백성이 두마음을 가진 자는 내
가 용서하지 못한다 했음이니, 그는
바로 계산된 마음이요, 계산속에서 모
든 것을 생각하는 자이니라.
4 이해관계요, 계산속에서 행하는 자는
그것이 또한 두마음을 가진 자요,
5 그와 같은 계산속에서 하는 자는 사랑
을 주는 것도 계산이요, 사랑을 받는
것도 계산이요,
6 나 여호와를 경배하는 것도 계산이요,
나 여호와를 따르는 것도 모두 계산이
요,
7 나의 법전을 만들어 세상에 전하는 것
도 모두 계산속에서 움직이는 것이니,
8 그와 같은 생각을 하고 사는 자는 그
게 바로 두마음을 가진 자이니, 그는
항상 변할 수 있으며 항상 나를 등지
고 떠날 수 있는 것이 그들이니라.
9 이해관계로 나에게 모두를 바치는 것,
이해관계에서 경배의 기도를 드리는
것, 그와 같은 것이 오늘의 종교 집단
이요, 너희가 하는 행위이기에, 내 아
들딸이 없다 함이 여기 있음이니라.
10 그러하기에 모든 종교 집단이요, 지도
자요, 광신도들이 뭐라 말하는가?
11 모여든 무리의 숫자요, 무리의 한계를
보고 성공 여부를 따지며, 나 여호와
의 뜻으로 역사한 자라 그리 말하느니
라.
12 더욱이 모아 놓은 관중의 수를 가지고
나 여호와의 사랑의 은혜에 보답하는
길을 역사했으며, 내가 주고자 하는
것 내가 이루고자 하는 그 길에 일익
을 담당하는 자요, 그리고 충실히 나
여호와의 뜻이요, 은혜와 축복에 감사
를 드리고 역사한 지도자라 그리 말하
느니라.
13 그러나 그것으로써 내가 기억하고 기
억하지 아니한다는 그 생각부터 벗어
나지 아니하면 아니 될 것이니라.
14 지금 너희가 이루고 역사하는 것은 내
가 내려 준 60점이라는 그 관계 속에
서, 나 여호와가 관장하지 아니하며
장악하지 아니하며 관여하지 아니해
도 인간의 노력의 한계에 의해서 얻을
수 있으며 이룰 수 있는 것이라는 것
을 알라.
15 그리하여 내가 일찍이 나의 아들을 따

르는 제자들에게 전하기를, 내가 세상
에 내보낼 때 60이라는 걸 주었으며,
그 속에서 모든 동물의 제왕이요, 세
상 것을 다 다스리고 살아갈 수 있도
록 내가 똑같은 은혜요, 축복과 영광
을 주었다 하였음이니라.
16 내가 너희에게 기본인 60이라는 축복
과 인간으로서 살아갈 수 있는 영광
을 주지 아니하였다면, 각자가 차별화
를 두고 똑같이 이루어 나에게 오르라
한 것밖에 되지 않더냐?
17 그러니 기본의 점수를 내가 너희에게
이미 다 준 것이 60점이니라.
18 거기서 더 이루는 자가 부귀영화요,
명예를 육의 세상에서 얻는 자요,
19 게으른 자요, 그를 관리하고 활용하지
못한 자는 지금 인간 세상에서 남에게
구걸하는 자요, 남에게 버림받는 자의
삶을 사는 것뿐이니라.
20 그러니 너희가 60점 속에서 이루어지
는 것은 나와는 관계없이 이루고 얻고
또 성취할 수 있다는 것을 알라.
21 그와 같이 이룰 수 있는 것으로 성공
여부를 따지며 그와 같이 이루는 것이
나에게 사랑을 받으며 내가 기억하며
내가 축복하는 것이라 생각하지 말라.
22 그것은 결코 중요한 것이 아님이니라.
23 그와 같은 모든 것을 나와 연관시키고
계산하고 버티며 목에 힘 주고 깁스하
는 자, 그리고 목이 빳빳한 그와 같은
종교 지도자요, 집단은 정녕 모르는
자이며 어리석은 백성임을 알라.
24 너희가 정녕 나의 백성이요, 나의 뜻
에 따르며, 내가 역사하고자 하는 것,
나의 언약을 지킬 수 있는 백성은 육
의 노력으로써 이루어 놓은 것을 모두
아낌없이 남을 위해 베풀며 내놓을 수
있는 그것이 중요한 것이요, 그것이
나와 관계되는 백성이요,
25 그와 같이 모두 놓고 올 수 있는 그 백
성은 바로 나의 뜻을 역사하는 자식이
니라.
26 그러니 그 자식 또한 내 뜻을 이루는
후손이라는 것을 절대 잊지 말라.
27 그것이 바로 나의 언약을 지키는 가장
중요한 것이니라.
28 인간 세상에 내가 내려 준 60점에서
너희가 어찌 노력하고 어찌 이루었느
냐에 따라서 내가 너희를 사랑하며,
구원을 받고 못 받는 척도로 생각하지
말라.
29 이루어 놓은 그것을 얼마나 놓을 수
있으며 얼마나 남을 위해 던질 수 있
는가, 거기에서 너희 마음의 미련이
요, 욕심을 버릴 수 있는 것인가, 그것
이 가장 중요한 것이라는 것을 잊지
말고 전하도록 하라, 사랑하는 나의
아들아!

8,619 번째 하나님 말씀

2003년 12월 1일 11시 41분

1 사랑하는 나의 아들아!
2 "네, 아버님! 말씀하옵소서."
3 어떠한 종파든 종교 집단이든 나의 명
을 행하지 아니하고 사는 것, 그와 같
이 내 뜻에 의해 역사하지 아니하고
사는 지도자요, 그를 따르는 백성은
모두 나로부터 기름 부음을 받았다 하
지 말며, 나로부터 기름 부은 자가 되

었다 말하지 말며, 내 명에 따라 만백
성을 구하는 역사를 한다고 절대 하지
말라.
4 그와 같은 자는 내가 용서하지 아니함
을 너희는 알아야 할 것이니라.
5 기계적인 인간의 방법으로써 이루어
진 것임을 너희는 알아야 할 것이니
라.
6 너희는 인간적인 기계적 조건에서 만
들어진 것이며, 너희 생각으로써 이루
어진 인간의 교리에 따라 기름 부음을
받았다 말하는 것이지, 나 여호와로부
터 진정한 성령의 기름을 부은 자가
하나도 없음을 알라.
7 나 여호와가 명한 것을 그대로 올바르
게 지키고 행하지 못하는 자, 나의 뜻
에 따라 역사하지 아니하는 자는 나와
아무런 관계도 없는 자라는 것을 너희
는 알아야 할 것이니라.
8 이 세상의 모든 종교 집단이요, 광신
도들에게 내가 기름 부은 역사가 없다
함이니, 너희는 그를 믿지 아니할 것
이며 이건 사탄이 하는 짓이라 그리
말할 것이니라.
9 그러나 내가 성서에 기록하여 교회를
짓지 말라 하였으며, 재물을 거둬들이
지 말라 하였으며, 십계명대로 율법대
로 지키고 살라 명했음이니라.
10 그러나 모든 것을 그대로 행하지 아니
하고 그와 같이 행하지 못하고 사는
백성은 결코 나로부터 기름 부음의 역
사를 받은 자가 없음을 알라.
11 기름 부음이 무엇이라 하였느냐?
12 꺼져 가는 등불에 기름을 부어 살리는
것이니, 누가 붓든 그건 관계없다 하
였음이니라.
13 붓는 그 순간에는 만백성을 위하여 빛
을 비추어 주기 위하여 기름을 부으
니, 거기에 다른 마음이 있으며 검은
마음이 있더냐?
14 꺼져 가는 호롱불에 기름을 붓는 것은
거기 있는 사람들에게 밝음을 주며,
꺼져 가는 불씨를 살리고자 하는 것이
니, 아무런 계산이 없으며 아무런 욕
심도 없으며 순수한 마음으로써 이루
어지는 것임을 알라.
15 바로 그와 같이 순수하고 아름다운 자
가 성령을 전하면 그것이 기름을 부음
이니,
16 내 뜻을 거역하고 사는 자들이 기름
부음을 받았다, 축복을 받았다, 영광
을 받았다는 말로써 나의 피조물 만백
성들을 현혹하지 말라.
17 그러나 현혹하는 백성보다도 속는 자
가 더 나쁨이니라.
18 인간관계에서 거짓 하는 자, 사기 치
는 자, 남의 재물을 탐해서 횡령하는
자, 그와 같은 자를 사기꾼이요, 죄인
이요, 도둑이요, 강도라 말하지만, 거
기에 휘말리는 자는 과연 무엇이더냐?
19 그는 그들보다 더 사악한 욕심이요,
간교한 자이니라.
20 내가 준 것으로써 감사하며 축복이라
하며 그것으로써 잘 관리하고 사는 것
이 아니요,
21 그것을 더 늘리고자 더 역사하고자 하
여 욕심이라는 것에 눈이 어두워 그들
에게 걸려듦이니, 그게 바로 거짓 하
고 사기 치는 자보다도 배가 더 나쁜
자들이니라.

22 오늘의 종교 집단이요, 지도자요, 기
름 부음을 받았다는 자가 과연 기름
부은 자인지 아닌지 눈으로 볼 수 있
으며 증명할 수 있는 것을 묵과하고
그대로 따라가는 자, 그리고 그것이
축복이라고 그저 코 꿴 짐승처럼 끌려
가는 너희가 더 사악한 자요, 그 욕심
의 근본에서 이루어지는 것이니라.
23 너희의 모든 것, 생명까지도 내놓을
수 있는 그와 같은 자가 바로 나로부
터 선택된 목자요, 나로부터 기름 부
음을 받은 자이니라.
24 그와 같이 못 하는 자, 거둬들이는 데
모두를 바치는 자는 나로부터 기름 부
음을 받은 백성이 아니요, 나에게 축
복을 받은 백성이 아니요,
25 나에게 기름 부음을 받은 백성은 나
눠 줌이요, 베풂이요, 사랑의 길을 실
천하는 자이니,
26 지금 너희만큼 나눠 주고 사랑을 실
천하는 백성도 없음이니 그리 알라.

8,620 번째 하나님 말씀

2003년 12월 1일 11시 44분

1 사랑하는 나의 아들아!
2 "네, 아버님! 말씀하옵소서."
3 내가 사랑하는 나의 아들이요, 그리고
너를 따르는 제자요, 법전을 읽는 만
백성은 완벽해야 한다는 그 이유요,
뜻을 알겠느냐?
4 내가 너희에게 뭐라 말하였느냐?
5 백 개 중에서 아흔아홉 개를 버리고
한 개를 버리지 못하는 그 마음을 과
연 무엇이라 말하였느냐?
6 그것은 너희가 값진 것을 움켜쥐고 있
기 때문에, 아흔아홉 개를 버린 것보
다 한 개를 움켜쥔 것이 더 나쁘며 더
잘못된 것이라 그리 말하였음이니라.
7 그러니 너희는 여기서 하나를 더 깨
우쳐야 할 것이며, 나의 아들 너는 너
의 제자들에게 깨우쳐 주라.
8 너희가 아흔아홉 개를 버렸으나 하나
를 가지고 있는 것은, 너희에게 가장
소중한 것을 쥐고 있는 욕심이라 말하
며,
9 그리하여 내가 그것을 다 뽑아내며 그
를 단죄하라 하는 이유는, 너희의 욕
심이라기보다도 하나 남은 그 악의 씨
가 유사시에 불꽃이 살아남이니,
10 그는 너희가 목숨을 다 바치다시피
하여 버린 아흔아홉 개까지 다 악의
불씨로써 활활 태워 사탄이요, 악마로
만드는 그와 같은 변화를 이루기 때문
임을 알라.
11 그리하여 너희는 하나도 용서치 말고
모두 다 뽑으라는 것이 나 여호와의
뜻이니라.
12 작은 불씨가 나와 세상을 다 태울 수
있듯이, 작은 불씨가 여태껏 버렸던
아흔아홉 개를 다 악의 불씨로써 승화
시킬 수 있으며 그 불꽃을 지필 수 있
기 때문이니, 이것이 나 여호와의 뜻
임을 알라.
13 너희가 살아가면서 평소에 백 가지 중
에 아흔아홉 개를 잘해도 하나를 잘못
함으로 모두 무너지며,
14 하나의 행동이요, 하나의 말을 잘못하
며 남에게 언짢은 일, 남의 감정을 사
는 일, 그와 같은 행위를 함으로써 지

금까지 버렸던 모든 악의 불꽃이 활활
타 악이 승화할 수 있는 그 씨앗이 남
았기 때문이니라.
15 그와 같은 자는 깨우침이 없으며, 나
에게 오를 수 없으며, 천국에 오는 그
빛을 볼 수 없는 것이니, 하나 남은 그
것이 불씨가 될 수 있기 때문이라는
것을 잊지 말라, 사랑하는 나의 아들
딸들아!

8,621 번째 하나님 말씀

2003년 12월 2일 05시 32분

1 사랑하는 나의 아들아!
2 "네, 아버님! 말씀하옵소서."
3 내가 너를 버리지 아니하며 아들이라
부름이니, 그 모두를 듣고 보는 모든
백성이요, 종교 집단이요, 지도자요,
그들이 너를 따르며 존경함이 아니요,
시기하고 질투하는 마음이 앞설 것이
며,
4 제가 받지 못하며 제가 역사하지 못하
는 것을 인정하지 아니하려 하며 믿으
려 하지 아니하는 것이 인간 너희의
마음이니라.
5 그와 같은 마음의 뿌리를 버리지 못하
는 백성이 사랑이 무엇이며 나눔이
무엇이며 실천이 무엇인가를 알겠느
냐?
6 지금 내가 너를 통하여 160권의 법전
이요, 새로운 성경으로 새로운 시대를
열어 가며 너희가 감히 생각할 수 없
는 그와 같은 방법으로써 결실의 시대
를 열어 감이니, 그를 믿으려 하지 아
니하며 인정하지 않으려 하는 것은
당연하니라.
7 다만, 내가 오늘 너를 따르는 제자들
에게 명함이니, 그들에게 전해야 할
것이니라.
8 너희가 나의 아들을 따르며, 내가 내
리는 이것이 창조주 나 여호와의 진정
한 성령이요, 마지막 추수 때 내리는
그 도구요, 연장이라 한다면, 과연 너
희는 어찌하겠는가?
9 씨앗을 심을 때와 가꿀 때 사용하는
도구와 연장과 방법이 다 다름이니,
추수하고 거둬들일 때 또한 그 도구와
연장이 다르니라.
10 그러니 추수할 때 필요한 연장이요,
도구로써 내가 너희를 선택하여 초청
한 백성이요, 내가 불러 쓰고자 한다
면,
11 과연 너희가 나의 음성이요, 나의 법
전이요, 새로운 성경이요, 나의 아들
을 믿으며 나의 아들을 통하여 내리는
것을 모두 얻는다면,
12 너희가 헐벗고 산들 어떠하며, 다리
밑에서 거적을 덮고 잠을 잔들 어떠하
며, 굶는 것을 밥 먹듯이 하고 살아간
들 정녕 어떻단 말이던가?
13 그와 같은 삶을 살아도 나에게 받은
은혜요, 축복이 그보다 큰 기쁨과 영
광이 없다 생각하지 아니한다면, 너희
는 이미 욕심이라는 것을 버리지 못한
백성이며, 자신의 육의 향락을 위하여
그 끈을 놓지 못한 백성임을 알아야
할 것이니라.
14 정녕 너희가 깨달으며 진정한 나 여
호와의 뜻이요, 내가 내리는 성령이
요, 나의 법전이 정녕 내 뜻이라 말한

다면,
15 이를 받아 기록하여 전하며 강론을 듣
는 백성 너희가 헐벗으면 어떠하며
잠잘 곳이 없으면 어떠하며 먹고살
것이 없으면 어떠하던가?
16 그보다 더 큰 은혜와 영광과 축복이
없거늘,
17 너희가 더 나은 집이요, 더 나은 환경
이요, 더 나은 생활을 머릿속에 그린
다면, 너희는 나로부터 얻는 그 은혜
와 축복을 모르는 자들이니라.
18 지금 나를 모르며 나의 새로운 성경이
내려오는 것을 모르며 새로운 시대의
역사가 이루어지는 것을 모르고 믿지
않는 백성이나 너희가 똑같음이니,
19 이를 들으면서도 감사하며 가장 낮은
자세로 가장 불행한 삶을 산다 해도,
육의 세상의 삶을 벗어난 은혜요, 축
복이요, 영광이요, 구원의 길을 바로
보고 달려올 수 있도록 선택된 것 하
나로써 모두 다 놓고 버려도 후회 없
는 그와 같은 믿음이요, 마음 자세가
아니 되었다면,
20 너희는 너희 자신의 추한 마음이요,
욕심의 공장을 버리지 못한 것임을 진
정 깨우쳐야 할 것이니, 너희 자신을
들여다보도록 그리하라.
21 나의 성령이요, 나의 뜻을 따르며 나
의 아들을 통하여 내리는 이 모든 것
을 듣고 깨우쳐 가는 너희가 과연 무
엇이 더 필요하던가?
22 나의 아들을 통하여 내리는 성령의 가
르침이요, 법전을 읽고 깨우치고 준비
하는 그것보다 더 위대한 축복이요,
영광이 어디 있는가, 그걸 먼저 생각
하는 백성이 되라 그리하라.
23 그와 같은 마음 자세도 되지 아니한
너의 제자들이라면 그는 아직도 욕심
의 뿌리를 버리지 못하며 변화될 수
없는 백성이니,
24 살고 죽는 것이 무엇이던가?
25 그 모두를 초월하는 것, 법전을 한 번
접하는 그것과 바꿀 수 없는 그 은혜
와 축복과 영광이 거기에 있거늘,
26 선택된 너희 마음 자세가 과연 어떠
한 것인가, 스스로 추함을 알라 그리
전하라.

8,622 번째 하나님 말씀

2003년 12월 2일 05시 42분

1 사랑하는 나의 아들아!
2 "네, 아버님! 말씀하옵소서."
3 네가 하고자 하는 것, 네가 마음으로
바라는 것, 네가 생각하는 것을 나 여
호와가 잘 알고 있음이니라.
4 그러나 그 모두를 들어주지 않는 나
여호와의 뜻을 너는 또한 알고 있을
것이니라.
5 나의 아들 예수가 '정녕 그 잔을 받지
아니하면 아니 되며, 아버지, 저를 버
리시렵나이까?' 하는 애절한 기도 소
리를 듣지 않은 마음을 너는 알겠는가?
6 "네, 아버님! 알고 있사옵나이다.
7 아들이 어떠한 고통과 시련이 있다 해
도 만백성을 구하며 만백성의 기본이
되는 것을 깨우치고 전하심이 얼마나
더 소중한 것인가를,
8 그리하여 아버님을 공의의 하나님이
요, 참진리요, 오로지 유일한 보이지

아니하는 신이라 하옵는 것이요, 그리
존재하심을 저는 알고 있사옵나이다."
9 내가 네 마음을 정녕 모른다 생각하는
가?
10 "그 모두를 알고 계심을 알고 있사옵
나이다."
11 또한, 네 마음이 저린 것을 내가 모른
다 생각하는가?
12 "그것 또한 알고 계심을 알고 있사옵
나이다.
13 다만, 그들이 변하여 완벽한 길을 가
기 전까지는 너무나도 멀고 많은 세월
을 기다려야 함이니,
14 과연 그걸 어찌할 것인가를 제가 아
직 깨닫지 못하며, 그 마음 앞에 저 자
신이 흔들리고 있음을 알고 있사옵나
이다.
15 그 모든 저의 죄를 용서하여 주옵소서.
16 모든 제자가 겪어야 할 것이며, 자기
가 가야 할 길이며,
17 저 스스로 생각해 보았을 때 오늘까지
의 삶이 얼마나 추한 모습이며, 저 자
신의 그 끈을 다 놓아야 하며 그를 다
벗어야 한다는 것을 알면서도,
18 정녕 그 고통과 시련이 저 자신으로
인하여 이루어지는 것이라 생각하는
자가 없으며,
19 오로지 아버님의 뜻을 따르며 아버님
의 아들인 저를 따르며 법전을 가지고
공부하고 깨우치는 자가 법전을 접하
기만 하면 축복을 받으며 영광이 있으
며 모든 것이 이루어진다는 착각 속
에, 그 생각이요, 환상에서 벗어나지
못하는 자들이기에,
20 섭섭한 마음, 아쉬운 마음이 들고, 고
통스러울 때마다 저를 원망하며 아버
님을 원망하는 눈초리를 알고 있사옵
나이다.
21 그 모두는 저희가 벗어야 할 길이며
저희가 거쳐야 할 길인 것을 생각지
못하는 자들이 있는 것이 마음이 아픔
이옵나이다.
22 그들이 껍질을 모두 벗지 아니하면
아니 될 것이요,
23 정녕 아버님의 품에서 영원히 사는 거
듭나는 생명을 얻기 위해서는 오늘까
지 살았던 그들의 껍질을 다 벗고 그
끈을 놓는 것이 우선이거늘,
24 그를 놓지도 못하고 벗지도 못한 상태
에서 무엇인가를 이루고자 한다면, 어
떠한 곳에 가 어떠한 길을 간다 해도
그들은 그를 벗을 수 없으며, 벗는 영
광이 없으며,
25 오늘의 고통과 시련이 벗는 길이요,
벗을 수 있는 가르침을 얻는 것이 그
들이 모든 추한 삶을 벗어던지고 그
끈을 끊기에 얼마나 빠른 것인지, 그
들은 그 길로 가는 것을 모르고 있사
옵나이다.
26 모르기에 그들이 벗을 때까지 옆에서
보는 제 마음이 그리 저리고 아픈 것
이 저의 생각이옵나이다."
27 사랑하는 나의 아들아!
28 예수의 그 고통스러운 잔을 내가 거둬
주지 아니하였으며 그 마지막 기도를
들어주지 아니하였음이니, 그것이 무
엇이더냐?
29 사랑인 것이니라.
30 내가 만백성을 사랑하는 것이니, 너는
그리 알라.

31 내가 너에게 법전을 만들어 세상에 전
하는 길을 중단하며, 너에게 기도를
내리지 아니하며, 나의 성령을 전하지
아니하며, 160권의 법전을 폐기하고
이를 가지고 역사하지 아니한다면, 그
것보다도 슬프고 고통스러운 것이 과
연 어디 있겠는가?
32 그것 외에는 아무것도 생각해서는 아
니 됨을 너는 알아야 할 것이니라.
33 내가 법전이 세상에 나갈 수 있는 길
을 역사하지 아니하며, 너에게 성령의
뜻을 내려 160권의 법전을 만들지 아
니하며 내리지 아니하면 어떠하겠는
가?
34 그것보다 더 무섭고 두려운 것이 없음
을 너의 제자들은 알아야 할 것이니
라.
35 아직도 멀었음이니라.
36 인간 세상의 고리요, 그 끈을 끊고 버
리기는 아직도 멀었음이니라.
37 그들 스스로 오늘의 너를 따르는 것이
너를 위하는 길이요, 나 여호와를 따
르는 것이 선택된 백성이요, 나의 법
전을 만들어 세상에 전하니, 그것이
사랑이요, 축복이요,
38 그리고 나에게 무엇을 얻을 것인가를
생각하며,
39 제가 연필을 꺾고 여기를 떠났을 때,
나의 성전을 오지 아니하였을 때, 강
론을 듣지 아니하였을 때, 모든 것은
제 손실이며, 제가 잘못되는 것이거늘,
40 제가 모두를 벗는 길인 것을 거꾸로
생각하는 자들이 있으니, 얼마나 가련
하고 불쌍한 백성인가?
41 또한, 너의 제자들도 그러니라.
42 나의 법전을 만들고 역사하는 모든 것
은 내가 이미 너에게 부어 주고 있으
며 계속 붓고 있음이니,
43 그 은혜 속에서 너희가 축복과 영광을
받는 것이요, 너희가 이 자리를 지키
며 법전을 만들고 역사하는 것이 아님
이니라.
44 내가 너에게 뭐라 말하였느냐?
45 "네, 아버님! 알고 있사옵나이다.
46 사람이 떠났을 때, 다음에는 더 훌륭
하고 더 나은 사람이요, 그 이상의 사
람을 아버님께서 항상 보내 주시며 준
비가 되어 있다는 것을 알고 있사옵나
이다."
47 그와 같은 것을 그들이 깨우치며, 자
세가 낮은 자요, 겸손한 자요, 고통과
시련은 제가 겪어 온 삶의 추한 껍질
을 하나하나 벗어 내는 것이니,
48 거기서 벗지 못하고 떠나고 주저하는
자를 네가 잡으려 하지 말며, 그들의
마음을 달래려 애걸복걸하지 말라.
49 인간이 구원을 받고 못 받는 하늘의
심판은 인간의 정이요, 인간의 생각에
연연하는 데에서 모두 이루어지고 안
이루어짐이 아니라는 것을 깨우쳐야
할 것이니 그리 알라.

8,623 번째 하나님 말씀

2003년 12월 2일 05시 48분

1 사랑하는 나의 아들아!
2 "네, 아버님! 말씀하옵소서."
3 너의 제자들이 역사할 대명이 무엇이
며 하는 게 무엇이더냐?
4 그리고 너희가 역사함으로써 과연 나

에게 무슨 상을 받을 수 있으며 은혜를 받을 수 있다고 생각하며, 은혜를 내려 주지 아니한다고 생각하는가?
5 나의 법전을 읽으며 나의 아들 너를 통하여 내리는 강론을 들으면서 저희의 추한 껍질을 하나하나 벗는 것이니라.
6 그와 같이 벗는 것으로써 내가 너희에게 무엇을 원했으며 너희가 역사하는 것이 무엇이라 말하였느냐?
7 구약시대에 그 속에서 핍박받아 버림을 받은 것이 오늘의 종교 집단이요, 신약의 시대가 전부라고 생각하는 오늘의 그 백성이 아니더냐?
8 구약시대의 백성에게 핍박받고 버림받은 자들이 오늘의 신약시대에서 지금 존재하는 자들이니라.
9 구약과 신약의 시대는 어떠한 역사였더냐?
10 저희의 악습이요, 습성이요, 타성에 젖은 것을 지키지 못할까 봐 두려워, 나의 아들 예수요, 참진리를 가지고 내려온 그를 죽게 하였으며, 그 모두를 다 핍박으로써 매듭지은 자들이 아니더냐?
11 그러니 거기에서 핍박을 받은 자들이 신약의 시대를 역사한 것이요, 오늘의 너희가 주도한 자들이 아니냐?
12 그와 같은 백성이 나의 아들 예수를 통하여 역사하고자 한 행하는 믿음이요, 실천이 중요함이요, 그리고 사랑을 실천하는 것을 너희에게 내렸거늘, 너희는 과연 그와 같은 길을 가고 있는가?
13 오로지 너희는 구약시대의 백성에게 핍박을 받은 것처럼, 참진리가 세상에 내려오는 것, 그리고 너희를 깨우치는 선지자가 내려오는 것, 나로부터 뜻을 받아 세상에 내려가는 자들을 무너트리며 존재하지 못하도록 했으며,
14 너희가 핍박을 받은 것만큼 핍박하는 그 역사를 되풀이하는 것이 오늘의 종교 집단이요, 지도자이니라.
15 그러니 내가 너의 제자들에게 원하는 것은, 새로운 시대가 열리며 반느시 새로운 시대가 역사하게 되어 있으며, 새로운 시대를 역사하여 새로운 나의 성령이요, 나의 법전이 내려온다는 것,
16 구약으로써는 구원을 받지 못하며 신약으로써도 구원을 받지 못하며 구원의 길을 볼 수 없는 것이라 함을 내가 너희에게 일찍이 깨우쳐 주었느니라.
17 내가 너희에게 말함이니, 하나의 씨앗을 뿌려 노란 새싹이 나 성장하는 과정에는 날짐승에게 먹힐 수가 있으며, 지나가는 짐승에 밟혀 뽑힐 것이며 뿌리를 내리지 못할 수 있음이니, 그것이 무엇이더냐?
18 불완전한 상태며 미완성의 상태인 것이니라.
19 그러나 굵게 자랐을 때, 그 모두는 견딜 수 있는 것이 아니더냐?
20 믿음이요, 성령이요, 하늘에 오르는 그 길이 곧 그것이니라.
21 구약의 시대요, 신약의 시대가 무엇인 줄 알겠느냐?
22 완전한 시대가 아니요, 불안한 시대며 덜 된 시대요, 완벽한 시대가 아님이니라.
23 하나의 씨앗을 뿌려 노란 싹이 터 성

장하여 부러지지 아니할 때까지, 비바
람이 불어도 끊어지지 아니하며 부러
지지 아니할 때가 완벽한 것이니, 그
과정에 그와 같이 흔들리고 불완전하
며 미완성의 시대가 바로 구약의 시대
요, 신약의 시대임을 알라.
24 이제 완성된 시대를 위해 바로 지키며
바로 가고자 역사하는 새로운 시대요,
지금 믿음의 길을 가는 백성이 상상
할 수도 없으며 생각할 수도 없는 새
로운 변화요, 새로운 시대가 열림이니,
25 그 새로운 시대에 편승하여 새로운 시
대의 가르침이요, 새로 내리는 성령의
뜻을 듣는 자가 구원의 양식이요, 구
원의 길을 볼 수 있으며,
26 그렇지 아니하고 미완성이요, 아직 완
성되지 않은 그 속에서 허덕이는 노란
새싹과 같은 자들이 오늘의 구약이요,
신약의 시대에 서로 치고받는 형국에
있는 자들과 똑같음이니라.
27 그와 같은 것을 나의 백성에게 전하
는 것이니라.
28 새로운 시대요, 새로운 역사는 반드시
열리며,
29 구약과 신약의 양식으로써 구원을 받
지 못함이니, 나 여호와가 너희를 구
원하는 새로운 양식을 세상에 내리는
것을 보고 들으라 전하는 것뿐이거늘,
30 그것으로써 무엇을 더 얻고자 하며,
육의 불안함과 고통스러움을 벗어나
고자 하며, 육의 편안함을 주지 아니
하고 내리지 아니한다 하여 마음에
불평불만을 갖는다면,
31 너희는 정녕 이 자리에 설 자격이 없
으며, 내가 너희를 기억하지 아니하
며, 나의 성전에 오기를 바라지 않는
것이 나 여호와니라.
32 너희가 역사하지 못하고 떠나고 스스
로 주저앉았을 때, 나의 아들은 지금
보다도 더 편한 길이요, 더 안전한 길
로 갈 수 있음이니라.
33 그를 도울 자, 그 역사를 할 수 있는
자들이 수없이 세상에 있음이니, 이
세상의 모든 것이 다 나의 아들 것이
요, 그가 관리하고 통제할 수 있는 것
이라 하였거늘, 그가 구하지 못하며
얻지 못할 것이 무엇이 있겠는가?
34 너희로 하여금 나가지 못하며, 얻지
아니하며 더 큰 것을 거둬들이지 아니
하는 것이 나의 아들의 오늘의 마음이
거늘,
35 나의 아들이 잘못 가며 잘못 섰기에
모두 역사하지 못한다는 적반하장의
생각을 버려야 하는 것이 너희의 자
세임을 알라 전하라.

8,624 번째 하나님 말씀

2003년 12월 2일 05시 54분

1 사랑하는 나의 아들아!
2 "네, 아버님! 말씀하옵소서."
3 너를 따르는 제자들이요, 나의 법전을
읽고 깨우친 백성은 예수를 따랐던 제
자들과 같이 버림을 받지 말라 전하라.
4 너희도 나의 아들 예수의 열두 제자
처럼 버림을 받는 제자들이 되어서는
아니 될 것이니라.
5 뜨거운 불에 들어가는 것보다도 더 뜨
겁고 힘든 고통을 이길 수 있으며, 그
래도 그 길을 갈 수 있다는 그 마음을

가져야 하며, 그와 같은 생각을 하지
아니하면 절대 역사할 수 없다는 것을
알도록 그리 전하라.
6 나의 아들 예수를 따랐던 그 열두 제
자가 뭐라 말하였느냐?
7 죽음의 길을 같이 가며 모든 것을 같
이 역사하며 '주여! 당신은 창조주 하
나님의 아들입니다.' 그리 말하지 아
니하였던가?
8 그리고 그들은 모든 것을 다 바쳐 그
길을 가고자 하였음이니라.
9 그러나 그들은 결국 어떠한 길을 갔는
가?
10 나의 아들 예수를 배신하며, 또한 나
의 아들 예수를 팔았으며, 닭 울음소
리가 들리기 전에 세 번, 네 번씩 변한
그와 같은 자들이라 그리 말하였음이
니,
11 너희는 배신하고 등을 돌린 백성이라
는 것을 생각하지 말라.
12 내가 그들을 버렸으며 손에서 놓은 것
이니, 내가 폐기처분한 자들이라는 걸
알라.
13 말과 행동이 다르며 그것을 따르지 못
하는 자들이기에 내가 버린 것이요,
그들의 손을 놓은 것이니, 그들이 나
의 아들 예수를 배신하며 등을 돌렸다
생각하지 말라.
14 저희가 계산하여 나의 아들 예수를
버렸으며, 저희가 불리한 것을 같이
갈 수 없기에 나의 아들 예수를 배신
하고 등을 돌린 자라 생각하고 저희가
약은 자라 생각하나, 그것이 잘못된
것이니라.
15 너희가 모두 변하고 역사하는 것, 죽
어 와 어디까지 역사하는지까지 아는
나 여호와 앞에, 너희가 어떠한 수법
을 쓴다고 해서 벗어날 수 있는가?
16 나의 아들 예수를 배신한다 하여 배신
할 수 있으며 등을 돌린다 해서 등을
돌릴 수 있느냐?
17 너희가 닭 울기 전에 몇 번씩 배신하
고 등을 돌리는 것을 하지 못하도록
하며 그를 따라갈 수 있게 한다면 과
연 제 뜻대로 닭 울음소리 나기 전에
배신할 수 있겠느냐?
18 배신하지 아니하게 할 수 있음이니라.
19 그러나 그들은 두마음을 가졌으며, 나
의 아들 예수가 죽음으로써 만백성을
구하고 역사하는 것에 도움이 되지 아
니하며, 거기에 역사할 수 없는 자들
이기 때문에 내가 손을 놓은 자들이
요, 내가 버린 자들이라는 것을 알라.
20 오늘 너를 따르는 제자들 또한 그를
알라 전하라.
21 너희가 등을 돌리고 떠나는 것, 나의
아들에게서 멀리 가는 것, 그리고 나
의 성전에 오지 않는 것, 고통스러움
을 견디지 못하여 등 돌리고 가는 것,
22 그것이 나의 아들을 배신하며 나의 아
들을 우롱하고 떠나면서 너희 자신이
나의 아들을 핍박한다 생각하지 말며,
나의 아들을 웃음으로써 보지 말라.
23 내가 너희를 버리며, 너희가 쓸모없으
며 역사할 자격이 없어 폐기 처분하며
버리는 백성이라는 것을 알라.
24 내가 먼저 너희를 버림이요,
25 너희가 나의 아들을 버리며 나의 아들
을 배신하며 등을 돌리는 그와 같은
너희의 머리요, 인간의 한계로써 이루

어지기 전에 내가 먼저 역사하고 있다
는 그 이치와 뜻을 가르쳐 주도록 그
리하며,
26 그와 같이 버림을 받지 않는 백성으로
서 뜨거운 불에 들어가는 것도 두렵
지 아니한 마음으로 거듭나지 아니하
려거든,
27 결국 너희가 여기를 떠나고 버리는
것이 아니요, 내가 손을 놓는다는 것
을 잊지 말라.

8,625 번째 하나님 말씀

2003년 12월 2일 06시 18분

1 사랑하는 나의 아들아!
2 "네, 아버님! 말씀하옵소서."
3 사랑하는 너를 따르는 제자들이요, 그
리고 나의 법전을 읽고 깨우친 만백성
들이 지키고 가야 할 것이 있음이니라.
4 이제 너희는 좁고 험난한 길을 가기
시작함이니, 더 좁고 험난하고 힘든
길을 역사할 수 있는 것은 진정한 믿
음이요, 진실한 참진리의 길을 가고자
하는 마음 자세로 살아가는 것이니,
5 너희가 무엇인가 이루고자 한다면 지
키고 건너야 할 길이 있음을 너희는
알아야 할 것이니라.
6 무엇보다도 너희가 지금까지 살아오
면서 나 여호와를 속이고 또 나 여호
와에게 알게 모르게 지어 온 그 많은
죄에 대하여 스스로 돌아다보아도 과
거의 인간의 삶이 얼마나 추한 삶이던
가?
7 그 모습을 정녕 다 지워 버리고 끊어
버리는 그와 같은 결단이 없이는 아무
것도 이루어질 수 없다는 것을 알아야
할 것이니라.
8 너희 스스로 돌아다볼 때 너희의 모
습이 정녕 추하여 나에게 보일 수 없
는 그와 같은 믿음이요, 용서받지 못
할 삶을 살아온 백성이라면,
9 나에게 모두 다 비추어 보았을 때, 나
에게 심판을 받을 때, 너희가 살아온
그 모습을 다 하나하나 헤쳐 볼 때,
10 추한 모습이요, 부끄러운 모습이요,
나에게 용서를 빌 수 없는 그와 같은
삶이요, 고개 숙여 나에게 대답할 수
없는 그와 같은 형국의 삶을 살아왔다
면, 모든 것을 결단을 내리고 끝을 내
야 하는 때가 왔음을 알아야 할 것이
니라.
11 그 모두를 끊어 버리고 끝내는 용기가
없이는 너희가 아무것도 역사할 수
없으며 거듭날 수 없다는 것을 알라.
12 너희가 뒤돌아보고 싶지 않은 과거의
삶이요, 그와 같은 삶을 살아왔다면,
여기서 모든 끈을 다 용감하게 끊어
버리는 형국이 아니면 아무것도 이루
어질 수 없으며, 어떠한 변화도 기대
할 수 없다는 것을 알라.
13 지금까지 살아왔던 모든 끈을 끊어 버
린 후에 거듭나는 길을 볼 수 있으며,
그 바탕 위에서 천사와 같은 아름다운
삶의 새싹이 살아남을 너희는 알아야
할 것이니라.
14 너희 자신의 지금까지의 삶이 파산 지
경에 이른다 해도, 네가 지금까지 얻
은 명예요, 부귀와 영화요, 그 모든 것
을 파산 지경으로 몰고 가며 모두 다
잃는다 해도,

15 지금 잘못 살아온 삶이 있다면 그 끈을 끊지 아니하고는 절대로 거듭날 수 없다는 것을 알라.
16 너 자신의 모든 것을 잃으며 파산 지경의 형국으로 간다 해도 그를 두려워하지 말며 겁먹지 말며, 잘못 살아온 과거의 끈을 끊는 데 용기를 갖고 결단을 내리지 아니하면 아니 됨이니,
17 지금 너희에게 이것이 얼마나 소중하며 반드시 해야 할 결단인가를 알도록 그리 전해 주라.
18 정녕 너희가 나에게 오르는 새싹이요, 하늘에 오르는 찬란한 빛을 볼 수 있는 역사를 너희 자신이 이루고자 한다면, 지금까지 잘못 살아온 모든 추한 모습을 하나하나 끊어 딱딱 절도 있게 잘라 버리는 용단 없이는 아무것도 이룰 수 없으며 얻을 수 없다는 것을 전하도록 그리하라.

8,626 번째 하나님 말씀

2003년 12월 2일 06시 23분

1 사랑하는 나의 아들아!
2 "네, 아버님! 말씀하옵소서."
3 너를 따르는 제자들이요, 가장 사랑하는 나의 백성이 나 여호와의 법전을 접하며 나의 강론을 들으며 네 앞에 와 공부하는 그와 같은 역사를 이룬다 해도,
4 너희가 변화되는 삶을 살며 오늘보다 내일이 조금씩 더 변화되는 속에 사는 그와 같은 깨달음이 있다 해도, 또한 내가 존재함을 굳건히 믿으며 오늘의 삶에 의하여 나에게 와 심판을 받는다고 믿고 살아가는 마음이 굳어 있다 해도,
5 그 모든 것으로써 즉시 너희의 어렵고 힘든 고통이 해결되며 나에게서 축복과 영광만이 너희에게 있다는 그와 같은 믿음과 기대에서 깨어나고 벗어나지 아니하면 아니 된다고 내가 나의 아들에게 전했음이니,
6 이를 명심하여 행하도록 그리하지 아니하면 아니 될 것이니라.
7 너희가 너희 자신을 알듯이, 너희가 살아온 과거요, 앞으로 살아가는 삶이 하늘을 향하여 한 점의 부끄럼이 없는 삶을 살지 아니하면 아니 되며,
8 너희 자신에게 너를 물어보았을 때, 너희 자신이 너를 심판할 때, 너 자신에게 부끄럼이 없는 삶을 살아갈 때, 모두 역사할 수 있으며, 나에게 얻을 수 있으며 이루어짐을 알아야 할 것이니라.
9 너희가 평생 살아가면서 나에게 심판을 받으러 올 때까지 과연 어떠한 운명으로써 어떠한 것을 역사할 수 있다고 생각하는가?
10 다만, 너희가 나의 법전을 읽고 깨우치며 나의 강론을 들으며 한 점의 부끄럼이 없는 삶을 살아가고자 할 때, 너희 자신에게 부끄럼이 없는 삶을 살 때, 세상의 모든 것을 다 얻을 것이며 너희가 역사하는 것을 다 얻는 길이 거기 있음이니,
11 너희가 이를 지켜 너희 자신의 운명을 바꿔 놓는 그와 같은 삶을 살겠는가?
12 그렇지 않으면 이와 같은 길을 알면서

도 가지 못하며 행하지 못하여, 나의
아들 예수의 제자가 예수를 버린 것이
아니라 내가 그들을 놓았다 하듯이,
나로부터 버림받는 자, 내가 손을 놓
는 백성이 되어 가고자 하는 것인가?
13 그것은 너희 스스로 선택하라.
14 뼈를 깎는 아픔보다도 더 진한 고통을
견디고 이겨서 너희 자신에게 한 점
의 부끄럼이 없는 그와 같은 삶을 살
아가겠는가, 그렇지 아니하면 나로부
터 버려진 자요, 내가 손을 놓은 자요,
너희가 말하는 폐기 처분되는 나의
아들딸로서 남을 것인가?
15 이는 너희가 결정할 길이라는 걸 잊
지 말라.
16 이제 시간이 없음이니라.
17 더 이상 내가 너희를 기다려 줄 수가
없음이니라.
18 너희가 변하지 못하여 나의 아들과 더
불어 큰 역사를 이룰 수 있는 다음 사
람들이 오지 못한다면, 너희가 존재하
여 그 자리를 막고 있는 것이라는 걸
알라.
19 인간 세상의 삶이요, 조직의 세계요,
사회생활도 무엇이던가?
20 능력 없는 자가 귀한 자리요, 모든 것
을 지배하고 통제하는 자리에 있다면
그 조직은 무너짐이니,
21 그리하여 그가 스스로 물러나며 그를
밀어내야 하는 것이 인간 세속에 살아
가는 법도요, 흐름이 아니던가?
22 더욱이 나 여호와의 뜻을 받아 만백성
을 구하는 역사를 하며, 두 번 다시 이
룰 수 없으며 두 번 다시 이루어질 수
없는 것, 단 한 번의 기회요, 단 한 번
에 의해서 역사하는 이 소중한 길을
감에서,
23 너희가 앞에 앉아 길을 막고 있으며
자리를 지키고 있어 너희보다 열배
백배 능력 있는 자가 와 나의 아들과
더불어 나의 법전을 세상에 만드는 그
역사를 막고 있다면,
24 너희가 어찌해야 하며 어찌 가야 하
는가?
25 결코 나는 너희의 그 자리를 그대로
보고만 있을 수는 없으며, 나의 아들
또한 너희를 그 자리에 그대로 지탱
하게 할 수 없을 것이니라.
26 오늘 너희가 견디고 버티는 것은 나
의 아들의 애절한 그 기도요, 마음을
내가 알고 있기 때문이니라.
27 나의 아들 예수가 나에게 기도하여,
이 잔을 받지 아니하며 이 고통스러움
을 겪지 아니하면 아니 되며 저를 버
리겠느냐 한 그 애절한 기도요,
28 그보다도 더 진한 나의 아들이 바라는
그 마음을 알기에, 아픈 마음을 그에
게 주지 아니하고자 지금 내가 그의
뜻을 듣고 있음이니,
29 너희가 나로부터 버림받을 자요, 내가
손을 놓을 때가 머지않아 다가오고 있
다는 걸 알라.
30 내가 손을 놓는 그와 같은 일을 당하
지 아니하며, 내 품을 떠나 버림받는
그와 같은 나의 아들딸이 되지 아니하
려거든,
31 이제 시간이 없음이니, 너희 자신을
갈기갈기 찢어 헤치는 고통보다도 더
아픈 마음과 싸워서 이길 수 있는, 그
고통을 마다하지 아니하는 거듭나는

삶을 살지 아니하면 아니 될 것이니
그리 전하도록 하라.

8,627 번째 하나님 말씀

2003년 12월 2일 06시 29분

1 사랑하는 나의 아들아!
2 "네, 아버님! 말씀하옵소서."
3 나 여호와가 역사하고자 하는 뜻을 모
르며 예수를 통하여 역사하고자 했던
그 뜻과 길을 모르는 종교 지도자들은
참진리요, 향기로움을 세상에 전하는
것이 아니니라.
4 나 여호와의 뜻을 아는 자, 그리고 나
의 아들 예수가 역사하고자 한 그 길
을 받들며 나의 계명을 지키고 살아갈
수 있다고 말하는 자, 그리고 지키고
살아가고자 하는 자들이 하는 말이요,
진리는 향기가 되어 세상에 만백성을
구하는 그와 같은 길이 되나,
5 말로는 그리하면서도 행동을 하지 아
니하는 그와 같은 종교 지도자들은 세
상에 향기를 전함이 아니요, 악취를
뿜어내는 자들이라는 것을 너희는 알
아야 할 것이니라.
6 지금의 모든 종교 집단 지도자들이 향
기를 뿜지 못하며 악취를 뿜는 지도자
로서 전락되었다면 무엇이더냐?
7 그들은 인간의 욕구에서 벗어나지 못
한 지도자임을 너희는 알아야 할 것
이니라.
8 인간의 욕심에서 벗어나지 못한 자들
의 자세가 무엇이더냐?
9 허상의 허영심과 물욕과 명예 속에 인
간이 만든 교리와 세속의 신앙에서 벗
어나지 못하며, 벗어난 그 뜻을 가르
치지 못하는 자들이니,
10 그들이 가르치는 것은 인간 세상에 얽
히고설킨 그와 같은 가르침이니,
11 하늘의 뜻을 전하는 것이 아니기에 그
리하여 나와 관계없는 백성으로 이끌
어 가고 전락시킨다 하지 아니하였더
냐?
12 그러니 그들에게 전하라.
13 말로써 허상을 믿으며 허영심과 물욕
과 명예에 인간의 교리를 가지고 가르
치는 백성에서 벗어나, 행함을 실천하
는 백성이요, 나의 계명대로 살아갈
수 있는 백성의 자세로 돌아오지 아니
하면 아니 됨을 전하라.
14 행함이 없는 것은 죽은 믿음이요, 나
의 백성을 죽음의 길로 인도하는 자들
이니라.
15 행함이 없는 자가 아무리 성서에 해박
한 지식을 가지고 있으며 성서를 수천
번 읽어 한 글자도 다르지 아니하게
암송을 해도,
16 그리고 많은 나의 백성을 앉혀 놓고
울리고 웃기기며 축복을 받았다는 부
흥을 역사한다 해도,
17 그리고 나의 백성을 흥분의 도가니로
이끌어 가며 은혜 받았다 자칭하는 분
위기를 만드는 부흥 강사라 할지라도,
18 그들이 행함이 없는 것은 다 악취를
뿜어낸다는 뜻임을 너희는 알라.
19 나 여호와의 뜻에 따라 가르친다 말하
는 목회자요, 종교 지도자들, 그리고
자칭 나로부터 명을 받은 자들이라 제
스스로 칭하고 설교하고 강론하는 자,
그리고 병을 고치며 기적을 이룬다 하

는 자,
20 그를 행하는 자는 모두 다 나의 성령
에 의하여 역사하는 자가 아님을 너희
는 알아야 할 것이니라.
21 다만, 그와 같은 역사를 이루고 보이
는 그들의 행위도 인간의 노력이요,
내가 내려 준 60점 안에서 변화되는
삶을 사는 인간 세상에서 이루어지는
행위라는 것을 너희는 알라.
22 너희의 행함이 아름다우며, 행함보다
더 아름다움이 없으며, 행함이 없는
그 믿음은 악취 나는 인간 세상에서
얽히고설켜 썩어져 가는 그 속에서 벗
어나지 못하는 자들이라는 것을 내가
다시 한 번 너희에게 전함이니 그리
알라.
23 모든 종교 집단 너희가 거듭나고자
한다 하면, 정녕 나의 피조물 만백성
을 구원의 길로 인도하는 백성이라면
행함이 소중함을 알라.
24 아무리 해박한 지식이요, 박사 학위를
가졌으며 성서에 대한 박사 학위를
몇 개씩 가진 자라 해도, 그가 행함이
없이 하는 것은 나의 뜻이 아니니라.
25 그리고 그는 악취 나는 세상에 그 악
취를 전하는 자요, 백성을 구하는 참
진리요, 아름다운 향기를 발산하는 자
들이 아니라는 것을 명심해서 깨우치
도록 그리하라.

8,628 번째 하나님 말씀

2003년 12월 2일 06시 36분

1 사랑하는 나의 아들아!
2 "네, 아버님! 말씀하옵소서."
3 나의 아들아, 너를 따르는 제자들에게
물어보라.
4 지금 너희가 아는 세상사의 구약 4천
년 역사요, 신약 2천 년 역사, 그리고
지금 제3의 시대, 이 법전이요, 새로
운 성경이 내려가는 이 시대를 과연
너희는 어찌 보는가, 그들에게 물어보
라.
5 그들은 알아야 할 것이며 깨달아야
할 것이니라.
6 구약의 4천 년 시대요, 신약의 2천 년
시대는 모두 오늘의 새로운 시대가 역
사하기 위해 존재했다는 것을 너의 제
자들은 알아야 할 것이니 그리 전하도
록 하라.
7 구약의 4천 년이요, 신약의 2천 년 시
대는 불안한 시대였으며 미완성의 시
대라 하지 아니하였던가?
8 그리하여 제3의 시대를 열어 내가 모
두를 거둬들이는 그 시대가 역사한다
는 것을 너의 제자들은 가슴 깊이 새
겨 두어야 함을 절대 잊지 말라 전하
라.
9 너희는 알아야 하며 깨닫고 있어야
할 것이니라.
10 나의 아들이 전하는 하늘의 뜻을 씨를
뿌리고 가꾸는 모든 시대가 지나 지금
은 추수의 시대가 이루어지고 있음을
너희는 알아야 할 것이니라.
11 구약의 시대는 무슨 시대이더냐?
12 씨를 뿌린 시대이니라.
13 그리고 신약의 시대는 과연 어떠한 시
대이더냐?
14 신약의 시대는 구약에서 씨를 뿌린 모
든 것이 성장하는 시대라는 것을 알아

야 할 것이니라.
15 그렇다면 지금 제3의 시대는 무엇이
더냐?
16 그 열매를 거두어 하늘나라 나의 빈집
에 쌓아 두는 추수의 시대임을 너희는
알아야 할 것이니 그리 알라.
17 그리하여 제3의 시대가 역사하는 것
이니라.
18 구약의 시대는 어떠했느냐?
19 그들의 신앙의 형태는 과연 무엇이었
더냐?
20 그들은 절대 불변이요, 그리고 나 여
호와가 저희와 같이하고 있으며 같이
역사하는 것이요, 이는 나 여호와의
뜻에 한 치도 어긋나지 않는 진정한
믿음의 길을 가는 자요, 나의 아들딸
로서 굳건히 지켜야 할 자세라 그리
하고 왔음이니라.
21 나 여호와는 저희만 같이하며 저희에
게만 존재하는 것이며, 오로지 나 여
호와는 저희의 그 틀을 벗어나지 못
하는 것처럼 그들이 믿어 왔고 그와
같은 생활을 해 왔음이니라.
22 그리고 절대로 변할 수 없으며 흐트러
질 수 없으며 변동될 수도 없는 것이
라 하여, 사랑하는 나의 아들 예수를
참진리를 전하며 하늘의 뜻이 무엇인
지 전하고자 내려보냈으나, 나의 아들
을 이단이라 하여 죽음으로 몰고 간
것이 그들의 형태가 아니더냐?
23 구약시대의 은혜요, 축복과 영광은 저
희에게만 있는 것이며 절대 변화될 수
없으며,
24 다른 시대요, 다른 믿음이요, 다른 종
파요, 다른 어떠한 누구에게도 그와
같은 것이 내려질 수 없는 것이라는
것이 그들의 고정관념이요, 변할 수
없는 것이 아니더냐?
25 그들이 어찌 나의 뜻을 알며 내가 역
사하는 것을 알 수 있단 말이더냐?
26 또한, 신약의 시대는 과연 어떠하더냐?
27 너희는 구약시대의 그와 같은 역사를
보며 거기에서 반발했으며 그것이 잘
못되었다고 기를 높이 들고 흔들며
나를 따르라 외쳐 신약의 시대를 열어
온 것이 아니더냐?
28 과연 신약의 시대 또한 어떠한지 너희
는 생각해 보았느냐?
29 구약의 시대를 그대로 역사하는 것이
오늘의 현상이라는 걸 너희는 알겠는
가?
30 신약의 시대에 너희는 그 백성이 구
원을 받는 것이요, 영원히 나에게 오
르는 것은 오로지 신약의 시대요, 신
약의 성서라는 고정관념으로 2천 년
동안 흘러온 그것을 지속하고 지키게
하며,
31 거기서 변화가 있으면 절대로 나 여호
와의 뜻이 아니요, 구원을 받지 못한
다 하며 너희가 구약시대에 핍박을
받았던 그와 같은 혹독을 더 잔인하고
가혹한 방법으로써 지금 하고 있음이
니라.
32 그러니 나 여호와의 가슴이 가장 아픈
것이 무엇인 줄 알겠느냐?
33 내가 새로운 시대요, 새로운 변화로써
이룬다는 것, 그리고 새 시대는 너희
가 생각할 수도 없으며 깨달을 수 없
는 위대한 복음으로써 세상에 전해지
고 있다는 것을 믿으려 하지 아니하며

인정하지 아니하는 가장 어리석은 백
성이 너희임을 알라.
34 나의 아들을 통하여 내리는 160권의
이 법전이 추수의 시대요, 추수의 도
구로써 쓰이는 것이라는 것을 너희는
알라.
35 너희가 씨앗을 뿌릴 때의 노고와 도구
요, 그리고 가꾸고 성장하도록 돌볼
때의 노고와 그 씨앗이 잘 성장할 수
있도록 관리하는 도구는 그 모든 것
이 다 다름이니라.
36 그리고 추수의 시대는 추수에 필요한
도구로써 역사하는 것이며 그와 같은
시대의 흐름이 있게 되어 있음이니,
37 바로 그와 같은 이치를 너희가 깨닫
는다면, 오늘의 제3의 시대는 추수의
시대요, 추수의 시대가 역사하고자 하
니, 지나간 시대에 연연해서는 아니
되며,
38 그것은 성장하는 그 뜻의 기초요 기본
은 되나, 그것으로써 구원을 받으며
나에게 오르는 길이 아니라는 것, 마
지막 제3의 시대 추수의 시대에 역사
하는 것에, 오늘에 너희가 구원의 길
에 오르고 못 오르는 것이 여기에 있
다는 것을 알라.
39 그리하여 너희가 감히 생각할 수도
없으며 상상할 수도 없는 그와 같은
방법으로써 나의 뜻이 세상에 내려간
다는 것을 잊지 말라, 사랑하는 나의
아들딸들아!

8,629 번째 하나님 말씀

2003년 12월 2일 06시 42분

1 사랑하는 나의 아들아!
2 "네, 아버님! 말씀하옵소서."
3 믿음이란 무엇이라 말하였느냐?
4 믿음이란 새로운 시대가 역사하며 새
로운 시대가 이루어진다고 하지 아니
하였느냐?
5 그리하여 너희를 깨우치기 위하여 나
의 아들을 통하여 너희 교육과정의 한
단면을 들어 내가 너희에게 상세히 가
르쳐 주었음이니라.
6 유년부의 교육이요, 초등학교의 교육
이요, 고등 교육이요, 성장한 교육 과
정으로 변하는 것이 믿음이 변화되는
길이라 하였음이니,
7 모든 것은 성장하는 과정을 위하여 유
년부요, 초등학교요, 중등 교육이 있
듯이, 오늘까지 온 그 믿음이요, 구약
이요, 신약의 시대는 다 그 역할로서
끝난 것이요, 그 역할을 하기 위함이
라 내가 말하지 아니하였느냐?
8 그러나 그를 믿으려 하지 아니하는 것
이 오늘의 종교 집단이요, 지도자들이
니,
9 아래로 흐르는 물을 거꾸로 흐르도록
하겠다는 것이요, 그를 위하여 광란하
며 자극하며 나의 백성을 광분케 하
여 정신을 차리지 못하며 자신을 들
여다보지 못하도록 그와 같은 형국으
로 이끌어 가는 것이 아니더냐?
10 사랑하는 나의 아들아!
11 "네, 아버님! 말씀하옵소서."
12 너를 따르는 제자들에게 다시 한 번

깨우쳐 주라.
13 너희가 이 세상에 태어남이니, 어렸을 때는 부모의 젖을 먹고 자라며,
14 또한 이가 나기 시작할 때, 나약한 그이요, 모든 것을 보호하기 위하여 거기에 걸맞은 음식을 먹고 성장하지 아니하더냐?
15 그리하여 건강해지고 성장함에 따라서 음식을 먹고 사는 것이 너희가 육신을 지탱하는 과정이 아니더냐?
16 믿음 또한 그와 같은 역사에서 이루어진다는 것을 너희는 알아야 할 것이니라.
17 그러니 하늘에 오르는 길이요, 믿음이라는 그 이치를 이제는 깨달아야 할 것이니라.
18 너희가 지금까지 그리 매달려 왔던 구약의 시대는 어린아이가 젖을 먹는 것 같이 역사하는 것으로 존재하는 것이며, 신약의 시대는 무엇이더냐?
19 어린아이가 이가 나기 시작함이니, 이가 상하지 않도록 음식을 맞추어 부모가 너희에게 먹여 주고 키워 주는 그와 같은 시대가 바로 신약의 시대라 함을 잊지 말라.
20 그리하여 완성되지 아니하고 불안한 과정이요, 미완성의 시대를 살아왔던 것이 구약의 시대요, 신약의 시대가 지금까지 6천 년 동안 흘러온 것이니라.
21 그리하여 이제 완벽한 시대를 열어 가는 것이 나 여호와의 뜻임을 알라.
22 모든 시대는 지나갔으며 이제 성인의 시대가 열려 가는 것이니, 그리하여 성인의 시대에 맞는, 어린아이들이 이해할 수 없으며 받아들일 수 없는 새로운 복음이요, 성경으로써 내가 세상에 내려보내는 것이 이치이니 그리 알라, 사랑하는 나의 아들딸들아!
23 지금까지 지나온 과정은 성인의 삶의 시대를 이루기 위하여 모두 다 기초요, 준비된 시대라는 것을 알라.
24 지금까지 너희의 믿음은 더 이상 이 시대에 구원의 양식이 절대 되지 못하며, 하늘에 오를 수 있는 구원의 양식이 되지 못한다는 것, 그리고 구원해 줄 수 있는 것이 아니라는 것을 깨달으라.
25 미완성인 상태에서 오늘의 마지막 나의 새로운 성령이 내려가는 것을 준비하기 위함이라는 것을 너희는 알라.
26 제3의 시대야말로 너희가 성장한 과정에서 내리는 나의 양식이니라.
27 너희가 생각조차 할 수 없는 새로운 믿음과 새로운 구원의 그 시대, 너희가 먹고살아 구원을 받을 수 있는 그와 같은 복음이 내려가는 시대가 열리고 있으며, 열리는 것이 당연한 이치라는 것을 너희도 또한 깨닫고 있을 것이니라.
28 반드시 그와 같은 시대가 열려야 한다는 것을 안다면, 나 여호와가 그 시대를 열어 주지 않겠느냐?
29 지금 바로 그와 같은 시대를 열고 감이니라.
30 그리하여 나의 성령인 새로운 성경이 세상에 내려감이니라.
31 이를 받아들여 너희가 먹고살고자 노력하면 영적인 변화가 있을 것이며, 나에게 구원을 받을 것이며, 네 뜻이

이루어질 것이니라.
32 그러나 이를 거부하는 자, 이를 몸부
림쳐 받아들이지 아니하는 자, 성인이
성인에게 맞는 음식을 먹지 아니하고
는 그를 지탱할 수 없으며 역사할 수
없거늘, 이를 거부하는 자들은 죽음이
니, 곧 지옥의 길이라는 것이 나 여호
와의 뜻이니라.
33 내가 교육 과정이요, 음식을 먹고 자
라는 과정이요, 그 모든 예를 들어 하
나하나 너희에게 풀어 줌이니, 이를
듣고도 따르지 아니하며 지키지 아니
하는 것은 너희의 복이니라.

8,630 번째 하나님 말씀

2003년 12월 2일 06시 47분

1 사랑하는 나의 아들아!
2 나 여호와의 아픈 마음이요, 내 가슴
저림을 너희는 알겠느냐?
3 아무리 내가 160권 속에 나의 뜻이요,
하늘의 뜻을 기록하여 새로운 복음의
방법으로써 너희에게 전한다 해도, 이
를 받아들이지 아니하며 이를 읽지 않
는 자들을 과연 어찌 역사하겠느냐?
4 너희가 그들에게 전하고자 아무리 몸
부림치고 노력을 해도 받아들이지 아
니하며 읽지 않는 백성을 어찌하겠는
가?
5 물을 먹지 않겠다고 고개 드는 짐승
에게 물을 먹일 수 없는 그와 같은 형
국이니, 그를 보는 내 마음이 얼마나
아프겠는가, 너희는 과연 생각해 보았
느냐?
6 그러니 그들이 받아들일 때까지 먹일
수 있는 준비를 해 놓고 기다려야 하
는 것이 너희 운명이요, 가는 길이라
함이니,
7 그와 같은 이치를 행하는 것이 나로부
터 부름을 받은 백성이 해야 할 길이
라 전하라.
8 사랑하는 나의 아들아!
9 내가 너를 따르는 제자들을 사랑함이
니라.
10 새로운 시대에 성장에 따라 변화되는
새로운 복음으로 역사하는 나의 뜻을
모르는 것이 오늘의 백성이니라.
11 그리고 종교 집단의 지도자들이 그를
모르는 것이 대표적인 그들의 잘못된
것임이니라.
12 구약의 시대 속에서 절대적인 구원의
길이라 믿고 달려왔던 그들이 신약의
시대를 받아들이지 못하며, 신약의 시
대에 제 입장을 정리하지 못하며,
13 저희가 지금까지 이루어 놓은 것만이
하늘에 오르는 길이기에, 그를 따라서
도 아니 되며 그를 받아들여서도 안
된다 하여 고개 흔들며 만들어 놓은
것이 무엇이더냐?
14 나 여호와의 참진리를 그대로 역사하
고 받아들인 것이 아니요, 인간의 교
리요, 인간의 생각을 거기에 접목시켜
오늘의 이와 같은 형국이 되었다 함이
니라.
15 그러니 오늘의 신약의 시대는 과연 어
떠하던가?
16 내가 나의 아들을 통하여 글로써 증거
하며 역사할 수 있는, 물을 부어도 꺼
지지 않는 이 불씨를 세상에 내려보내
거늘,

17 이것이 진정한 복음이요, 나 여호와의
애절한 성령이라는 것을 그들은 생각
하지 아니하며 들여다보지도 아니하
느니라.
18 이단시하며 사탄이요, 사악한 자라 그
리 말함이니라.
19 그러니 그들이 나 여호와의 뜻이요,
내가 역사하는 것을 볼 수도 없으며
보지도 못하는 것이 오늘의 형국이니
라.
20 그러면서 고집과 아집으로써 이 모두
를 태워 버리고 찢어 버리며 세상에
존재치 못하도록 그와 같은 행위를 하
고 있음이니라.
21 또한, 지금 나의 성령의 새 시대를 열
고자 하는 것을 방해하며 그를 감히
멈추고자 하는 것이 그들이니라.
22 2천 년 전에 나의 아들 예수가 내려와
새로운 역사를 할 때, 구약시대의 백
성이 그 아집이요, 고집으로써 그 모
두를 꺾을 수 있었으나,
23 신약의 시대에 오늘의 이것만이 구원
을 받는다 하여 불변하는 길을 가며
마음 한번 돌리려 하지도 않는 자들은
알아야 할 것이니라.
24 너희는 구약의 시대처럼 역사할 수 없
으며, 제3의 시대요, 오늘의 역사는
반드시 이루어진다는 것을 알아야 할
것이며,
25 너희가 그걸 볼 기회가 얼마 남지 않
았음이니, 스스로 깨달아 나를 따르는
자요, 나의 아들과 더불어 역사하는
자요, 나의 법전을 가슴에 안고 정독
하는 자는 내가 기억할 것이요, 그렇
지 않은 자는 아니 됨이니라.
26 분명히 내가 너희에게 다시 한 번 전
함이니라.
27 새로운 성령이요, 나의 뜻으로써 새로
운 시대를 열고자 하는 것이니, 너희
가 감히 이를 보지 못하며 생각지도
못하며 상상도 하지 못하니,
28 너희가 전하고 역사하는 복음 외에는
나 여호와의 복음이 아니요, 진리가
아니라 하여 나 여호와의 진정한 진리
요, 참뜻을 받아들이지 아니하고 받아
들이지 못하는 오늘의 형국을 바라보
는 나 여호와의 가슴이 얼마나 저리고
아픈지 알겠느냐?
29 나의 아들을 따르는 선택된 너희가
나 여호와의 마음을 안다면, 만백성을
구하는 데 주저하지 말라.
30 그리고 나 여호와의 뜻이요, 나의 복
음이요, 나의 성령이 승자가 된다는
것 또한 굳건한 마음으로 마음속에 굳
게 다져 쌓도록 그리 전하라.

8,631 번째 하나님 말씀

2003년 12월 2일 06시 51분

1 사랑하는 나의 아들아!
2 "네, 아버님! 말씀하옵소서."
3 가장 불행한 백성이요, 가장 나의 가
슴이 아픈 것이 뭐라 말하였느냐?
4 새로운 시대요, 새 역사를 이루는 것
은 나의 계획이요, 그와 같이 가지 아
니하면 아니 되기에 시대의 변화에 역
사하는 복음을 나 여호와가 나의 아들
을 통하여 지금 전하며, 너희를 구원
하고자 증명할 수 있는 책으로 세상에
내려보내나,

5 그 백성이 받아들이지 아니하는 오늘
의 현실이요, 광분하며 광신하는 백성
이 가는 그 모습을 볼 때 내 마음이 가
장 아프며, 가장 불쌍한 것이 그들이
라 함이니라.
6 시대의 변화를 모르는 자들이니라.
7 그리하여 시대의 변화에 내가 역사하
는 것을 모르는 자들이 지도자로서 설
교하고 강론하니,
8 그를 따르고 믿는 것만이 구원을 받는
것이요, 한 획도 더해서도 안 되며 빼
서도 안 된다는 것에 젖어 있는 자들,
과거의 전통이나 구습을 절대 저버리
지 못하는 백성, 거기서 벗어나지 못
하는 자,
9 그들이 지금까지의 믿음의 형태에서
타협이나 변화가 없으며 물러설 줄도
모르며 전진할 줄도 모르며, 그저 그
자리에서 쳇바퀴 돌듯이 돌고 돌면서
맹목적으로 맹신도가 되어 구원을 받
았다 부르짖는 것이 바로 오늘의 신앙
생활임을 너희는 알아야 할 것이니라.
10 그러나 너희는 알라.
11 오늘의 신앙생활로써 절대 역사할 수
없다는 것, 구약과 신약이요, 오늘의
믿음이요, 그 신앙의 생활은 한 시대
가 지나간 것이니라.
12 그리고 영원히 돌이킬 수 없으며 영
원히 돌아오지 아니함이니라.
13 그리하여 내가 불완전했던 그 믿음에
서 이제 영원히 지속되는 새로운 시
대를 열고자 하며 열어 너희를 깨우
쳐 주며 동참하도록 역사하나,
14 너희가 고집과 맹종의 믿음으로 인하
여 이를 보지 아니하며 알려 하지 아
니하며, 또 이를 가르치는 자가 없으
며 깨우쳐 주는 자가 없으며 인도하는
자가 없음이니라.
15 나의 성령이 책으로 세상에 나가니,
이걸 전하고 인도하는 자들이 있어도
그들이 가슴에 안고 보고 정독하여 깨
우칠까 말까 하거늘,
16 이를 차단하고 막으며 흘러가지 못하
도록 역사하는 반대의 길을 가는 사악
한 자들이 방해에 방해를 거듭하고 성
곽에 성곽을 쌓아 감히 침투하지 못하
도록 그리 방해를 함이니, 이 길이 얼
마나 힘들고 어려운 길인가?
17 그를 보는 나 여호와의 가슴 아픔이
요, 그 성곽에 갇혀 세상사의 아름다
움을 보지 못하며 참진리를 보지 못
하며, 비진리요, 지옥으로 가는 길이
구원의 길이라 몸부림치는 그들만큼
불쌍하고 어리석은 백성이 없으며 그
들의 가슴이 얼마나 아프겠는가?
18 안다면 그들 스스로 어떠한 결과가 생
기겠는가?
19 그러니 그들에게 깨우쳐 주는 데 최선
을 다하라, 사랑하는 나의 아들딸들아!
20 그리하여 너희에게 이를 명함이니라.

8,632 번째 하나님 말씀

2003년 12월 2일 10시 19분

1 사랑하는 나의 아들아!
2 "네, 아버님! 말씀하옵소서."
3 나의 아들 예수가 세상에 내려와 모든
형식을 파괴하며, 그들이 가는 그 믿
음이 잘못되었음이니 바로 가며 바로
잡으라 하였음이니라.

4 그러니 그를 따라야 할 그 백성이 그를 죽게 했으며 그를 이단이라 몰아 그와 같이 형장의 이슬로 가도록 했음이니라.

5 그러나 나의 아들 예수가 그들에게 깨우치고 전한 그 삶이요, 그가 죽음 직전까지 자세가 흐트러졌으며 그들이 이단이라 말하는 그와 같은 행동을 하고 살았다면, 예수를 죽게 한 제사장이요, 그 종교 집단들이 한 행위가 옳을 것이니라.

6 그러나 그렇지 않은 것은 무엇을 의미하는가?

7 나의 아들 예수는 그들에게 형식에 치우친 믿음으로 가지 말라, 교회를 짓지 말라 그리했으며, 그들이 행해야 할 것을 명하여 가르쳤음이니라.

8 그러니 나의 아들 예수는 그 자세가 흐트러지지 아니하며 끝까지 그를 지켜, 육의 세상의 삶을 다 마칠 때까지 흐트러짐이 없었으니, 그가 세례를 받고 사막에서 사탄과 이긴 역사 후에 흐트러진 삶을 살지 아니하였음이니라.

9 그 후에도 나의 아들 예수가 실수하며 흐트러진 삶을 살았더라면 대제사장이요, 종교 집단이 말했듯 나의 아들 예수가 이단이요, 사탄이요, 잘못된 것이라 그리 말할 수 있으나, 흐트러지지 아니한 것으로써 나의 아들이 증명됨이니라.

10 여기서 너도 알아야 할 것이며 너의 제자들도 또한 깨달아야 할 것이 있음을 알아야 할 것이니라.

11 지금 네가 나의 성령을 받아 법전을 만들어 세상에 전하는 그 역사를 시작하였음이니,

12 네가 깨달은 후부터 네가 실수를 하는 것, 잘못되는 것은 모두 다 너 자신이 잘못되는 것이 아니요,

13 나의 법전이요, 새로운 성경이요, 이 모두가 다 세상에 빛을 보지 못하며 사탄이요, 마귀의 것이라 증명하는 행위요,

14 그리고 너의 제자들 또한 그와 같다는 것을 알아야 할 것이니라.

15 네가 이제 모든 것을 행할 때, 거짓된 행동이요, 남을 속이는 행동을 사전에 하지 아니하며, 바로 서고자 노력하는 네 마음의 깨달음이 있으니, 내가 이와 같이 깨달음을 주며 너의 제자들에게 전하느니라.

16 이제는 네가 변하고자 하는 그 마음속에서 흐트러지는 것이 되어서도 아니 되며, 과거에 살았던 그 삶으로 돌아가서도 아니 되며,

17 오로지 나의 계명이요, 그리고 나의 새로운 성경에 따라 한 치의 오차도 없이 아름답고 곱게 살아가는 것만이 너희가 모두 승자가 되는 길이라는 것을 알아야 할 것이니라.

18 지금의 모든 종교 집단이요, 지도자가 너희에게 이단이요, 사탄이라 하며, 네가 마지막 시대에 만백성을 혼미케 하는 이단이요, 사탄의 자식이요, 거짓 선지자라 말할 때,

19 네가 그들에게 흐트러지는 모습을 보이며 잘못 서며 만백성을 속이는 짓을 하며 나 여호와를 속이는 행위를 한다면,

20 그들이 말하는 대로 너는 사탄이요, 이단이요, 마지막 시대에 와서 만백성을 쓰러트리는 거짓 선지자임이 틀림없으며 그 말이 맞는 것이니라.

21 그러니 여기서 두려움과 무서움을 알아야 할 것이니라.

22 이 순간 이후부터 네가 흐트러진 모습을 보여서는 아니 되는 그 이유요, 의미를 알았으면, 너와 너의 제자들이 어찌 살아가야 하는가를 알아야 할 것이니라.

23 또한, 너의 제자를 만나는 사람, 나의 성전에 와 너희와 접하는 그와 같은 백성이 일반 세속의 백성에 비해 변화된 것이 없으며 차이가 없으며 똑같다 하면, 결국 이것은 무엇이더냐?

24 나의 성령인 160권의 법전은 사탄이요, 마귀가 내리는 것이며, 평범한 사람이 세상에 써낸 글 말고 무엇이 되겠는가?

25 그러니 이를 읽고 배우고 따르는 나의 아들을 따르는 제자 너희가, 그들이 와서 봤을 때 너희가 천사와 같이 변한 모습이 되어야 할 것이며,

26 나의 아들 너 또한 하나라도 실수하는 사람이 아니요, 실수함이 없는 삶을 살아야만 나의 160권의 법전이 만백성을 구하는 귀중하고 귀한 성령의 역할을 하게 될 것이니라.

27 그러니 너는 여기서 깊이 깨우쳐 행하도록 하지 아니하면 아니 될 것이니라.

28 네가 이제 100권이라는 법전을 더 넘어간 이 순간부터 네 자세가 잠시도 흐트러져서는 아니 될 것이며, 잠시도 흐트러진 모습을 남들에게 보여서도 아니 되며, 너 자신이 흐트러지는 것을 눈을 감고 넘기는 그와 같은 일을 해서도 절대 안 될 것이니라.

29 그와 같은 순간에 나의 법전은 세상에 만백성을 구하는 귀한 생명수가 될 수 없음을, 사랑하는 나의 아들아, 너는 알라.

30 그리고 너를 따르는 제자들 또한 그 의미요, 그 뜻을 알라 그리 전하라.

31 바로 예수를 따라야 할 제사장들이 사탄이요, 이단이라 몰았으나, 지금에 와서 그를 경배하고 따르는 것은 그 자세가 끝까지 흐트러지지 아니하였으며, 사탄과 이단의 행위를 죽어도 하지 아니하였기 때문이니라.

32 그러니 지금의 모든 종교 집단이요, 지도자들이 너를 사탄이요, 마귀라 그리 말함이니,

33 네가 사탄이요, 이단이요, 마귀와 같은 행위를 하지 않는 것만이 나의 법전이 나의 성령이라는 것을 만백성에게 전하여, 천 년에 걸쳐서 하늘에서 이루어진 것같이 이 지상에 낙원을 이룰 것이며,

34 이후부터 네가 흐트러지며 사탄이요, 마귀의 짓을 한다면 곧 너는 마귀요, 사탄으로부터 나의 법전이 세상에 나온 것이 됨이니, 이것이 누구 것이란 말이더냐?

35 작게는 인간 네가 만들어 낸 것이요, 또 한 계단 더 올라가면 네가 사탄을 위해 모든 역사를 하는 것이며,

36 너를 따르는 제자들 또한 천사와 같이 변하지 못하면 그들 또한 사탄의 역사요, 사탄의 후예요, 사탄의 제자가 아

니더냐?
37 그러니 너는 나 여호와의 아들로서,
나 여호와의 뜻을 행하는 자로서 나의
성령으로 바로 서게 하여 만백성을 구
하려면 너와 너의 제자들이 어찌 살아
가야 하는가?
38 한 점의 부끄럼이 없는 삶을 살아야
할 것이니라.
39 그리하여 너희의 집안에 가훈을 붙이
라 하였음이니라.
40 '하늘을 향하여 한 점의 부끄럼이 없
는 삶을 살자, 아들딸들아!' 이를 지키
라.
41 그렇지 않으면 나의 법전이 사탄의 것
이라 말해도 변명할 길이 없으며 그들
이 공격해도 할 말이 없음이니라.
42 이를 쓴 나의 아들의 자세가 흐트러지
며 그를 보고 배웠다는 그 제자들의
자세가 흐트러지며 저희만도 못한 그
와 같은 행위를 한다면, 과연 누가 믿
으며 누가 따르겠느냐?
43 이것이 너희가 넘어야 할 길이며 가
야 할 길이기에, 뼈를 깎는 아픔이 있
다 해도 바로 서는 것, 그리고 한 점의
부끄럼이 있는 행위를 하지 말며 사전
에 차단하며, 남을 속이는 일 그리고
너희 자신이 인간으로서 하지 못할
도리를 해서는 절대 안 되는 것이 너
희라는 걸 알라, 사랑하는 나의 아들
아!

8,633 번째 하나님 말씀

2003년 12월 2일 10시 27분

1 사랑하는 나의 아들아!
2 "네, 아버님! 말씀하옵소서."
3 구약시대에 그 많은 핍박이요, 고통
속에서 태어난 것이 바로 무엇이더냐?
4 구약을 저버리며 그들로부터 핍박을
받아 탄생한 것이 신약시대이니라.
5 그러니 지금 신약시대를 추종하고 따
르며 2천 년이 흐른 지금의 그 후예들
이 과연 어떠한 짓을 하고 있는지 알
겠는가?
6 2천 년 전에 너희가 구약시대의 집단
들로부터 핍박을 받은 그대로 지금 그
와 같은 행위를 하는 것이 신약시대
에 살아가는 백성이요, 신약성경으로
써 구원을 받았다 말하는 백성 너희니
라.
7 그러니 새로운 성경이요, 나 여호와가
내려보내는 나의 뜻이요, 너희들의 구
원의 길인 이 법전을 보지 아니하면
아니 되는 너희가 그를 핍박하며 나
의 아들을 핍박하는 그 행위가 2천 년
전에 너희가 받은 것을 그대로 그 후
손들이 지금 행하고 있는 것이라면 믿
겠느냐?
8 그보다도 더한 행위요, 그보다도 더
잔악한 행위를 지금 그 후예들이 하고
있음을 너희는 알아야 할 것이니라.
9 너희가 나의 아들을 핍박하는 것이
그와 같은 것이니, 오로지 그 신약의
시대에는 뭐라 생각하느냐?
10 구약의 시대는 한 단면의 시대요, 그
리하여 너희가 핍박을 받았다 하며,
그 핍박 속에서 태어난 신약의 시대는
과거, 현재, 미래를 모두 거둬들이는
그와 같은 성서라 그리 말하느니라.
11 그러니 너희는 신약의 성서요, 신약시

대의 너희만이 씨앗을 뿌리는 백성이
요, 또 그 씨앗을 가꾸는 과정을 거치
는 백성이요, 그리고 잘 가꾸는 과정
을 거쳐 결실을 맺는 모든 역사의 이
3단계가 모두 신약의 시대요, 신약시
대의 성경으로써 모두 이루어지며, 오
늘을 사는 너희의 뜻에 의해 이루어
진다 생각하느니라.
12 너희는 여기서 다시 깨우쳐야 할 것
이며 다시 생각하는 현명함을 얻지 아
니하면 아니 됨을 알라.
13 내가 너희에게 다시 명하느니라.
14 씨앗을 뿌리는 시대는 구약시대의 역
사로써 끝나는 것이며,
15 신약의 시대라 하여 과거, 현재, 미래
를 모두 다 주관하며 구원까지도 역사
하는 것이요, 너희로서 모두 끝난다
하는 오늘의 신약의 시대는 무엇인 줄
알겠느냐?
16 잘 뿌린 씨앗을 가꾸는 과정이요, 성
장토록 하는 것이니라.
17 그리하여 포도 열매가 맺은 것을 수확
하는 단계는 지금 제3의 시대에 이루
어지는 것이니,
18 신약이 씨앗을 뿌리고 가꾸고 거두는
그와 같은 시대가 아님을 너희는 알
아야 할 것이니라.
19 여기서 너희는 깨우쳐야 할 것이며
깨달음을 얻어야 할 것이니라.
20 씨앗을 뿌릴 때 필요한 모든 과정이
다르며,
21 잘 가꾸고 곁가지를 쳐 줘서 다스리며
잘 성장하도록 하는 도구요, 마음의
자세요, 기르는 사람이 다르며,
22 거둬들일 때 그 마음이 다르니,
23 추수기에 거둬들이는 것은 거둬들이
는 사람들이요, 거기에 필요한 연장이
요, 도구로써 모두 이루어지는 것이니
라.
24 그러니 그게 바로 무엇인 줄 알겠느냐?
25 나 여호와의 새로운 성경이요, 나의
법전이요, 내가 내리는 새로운 법전만
이 너희를 구하는 길이요, 추수 때 쓰
이는 것이요, 지금 추수의 역사를 시
작하는 것이요, 여기서 거둬들이는 시
대가 열리고 있음을 알라.
26 이제 뿌리는 시대요, 성장하는 시대
요, 거두는 시대로 분리되어 이와 같
이 역사한다는 것을 알며,
27 그리하여 지금 나의 아들을 따르는 그
제자들이 바로 추수하는 임무요, 대명
을 받고 지금 나에게 불려 온 자들이
라는 것을 깨우치도록 그리 전해 주라.
28 신약의 시대만이 뿌리고 가꾸고 거둬
들이는 그와 같은 역사를 한다 하지
말라.
29 그와 같이 3단계의 모든 역사를 할 수
있는 것이 신약의 시대가 절대 아님이
니라.
30 거둬들이는 시대는 따로 있음을 그들
에게 깨우쳐 주도록 그리하라.

8,634 번째 하나님 말씀

2003년 12월 2일 10시 33분

1 사랑하는 나의 아들아!
2 "네, 아버님! 말씀하옵소서."
3 지금의 믿음을 잘못 가는 백성을 내
가 탓하는 이유가 무엇인 줄 알겠느냐?
4 인간이 성장해 가는 한 과정을 너희가

돌이켜 보라.
5 어린아이가 생명을 받고 세상에 태어
남이니, 그 부모는 어린아이에게 맞도
록 온갖 정성을 다하여 키움이니라.
6 그리고 성장할 때까지 온갖 정성과 사
랑을 다 쏟으며 그를 위하여 부모는
그가 성장할 수 있도록 모든 버팀목이
되어 주지 않더냐?
7 그러니 제 스스로 가정에서 사랑을 받
으며 부모로부터 사랑을 받고 보호 속
에 살아왔던 그가,
8 성장해서 사회에 나오면서도 항상 가
정에서 사랑을 받으며 제일 대접을 받
으며 보호를 받던 그와 같은 생각에서
벗어나지 못하며, 주변의 만백성으로
부터 저를 받들어 주고 사랑해 주기만
을 바란다면 과연 그는 어찌 되겠는가?
9 그는 결코 스스로 견딜 수 없으며 적
응할 수 없는 사람이 되지 않겠느냐?
10 이것이 오늘의 종교 집단이요, 믿음의
길을 가는 너희임을 알아야 할 것이
니라.
11 지금의 모든 종교 집단이요, 지도자들
이 어려서 부모로부터 보호를 받던 그
시대를 벗어나지 못하며, 그 생각을
지워 버리지 못한 자들이니라.
12 그러니 지금 너희가 가는 형국이 그
러함을 알아야 할 것이니라.
13 너희 스스로 거듭나는 그와 같은 삶
을 살지 아니하면 나에게 오를 수 없
으며, 내 앞에 역사할 수 없다는 것을
알아야 할 것이니라.
14 각자 너희가 뿌린 씨를 잘 가꾸고 잘
다듬어 열매가 열리는 그와 같은 과정
을 거치면서 그 산고 끝에 무엇인가
만들어 내고 역사하는 그와 같은 길
을 가는 것이 믿음이요, 나에게 오르
는 길이라는 것을 너희는 알아야 할
것이니라.
15 씨앗을 뿌리고 가꾸며 또 추수하는 그
와 같은 단계로 구분된 것이 믿음이
요, 하늘에 오르는 길이요, 인간 성장
의 과정이거늘,
16 어찌하여 수천 년 동안 믿음을 가져
온 그 백성이 그저 씨앗을 뿌리는 것
만 알며,
17 성장하도록 가꾸는 것, 그리고 열매를
거둬들이는 추수의 시기가 있다는 것
을 모르고, 그저 오늘도 맹종 내일도
맹종 맹신에서 벗어나지 못하는 그
믿음 속에서 허덕이는가?
18 너희가 바로 그런 자들이니라.
19 어려서 집에서 보호받던 것을 사회에
서도 그와 같이 보호받을 수 있다며
그것을 원하는 자들이요, 요구하는 자
들이요,
20 그리고 씨를 뿌리고 또 가꾸고 결실을
얻는 그와 같은 단계를 벗어나지 않으
며 그를 행하려 하지 아니하며 그를
보지 아니함이니라.
21 오로지 씨앗을 뿌려 처음에 보호받던
그와 같은 한계에서 절대 벗어나지 아
니하며,
22 그리고 거친 세상에 살아가는 것에 부
닥치지 아니하며, 그저 말로써 쉽고
간단하게 재물이나 바치며 금화와 은
화를 몇 닢 던지고 구원을 받았다는
것,
23 그리고 손으로 지은 죄의 온상에 와
구원을 받고 하늘에 오를 수 있다는

것, 나의 아들 이름만 부르며 나를 찬
양하면 구원을 받는다는 것,
24 이것이 바로 부모 밑에서 보호를 받던
어린아이가 그것을 떠나지 못하고 벗
어나지 못하며 모든 백성이 다 저에게
그리해 주기를 바람이니, 세상에 그와
같은 것이 있을 수 있는가?
25 절대 있을 수 없음이니라.
26 오늘의 그와 같은 형국에서 벗어나지
못하며, 거칠고 험한 세상을 체험하지
아니하는 자,
27 새로운 시대가 열리며 새 역사를 이루
며 변화 속에서 성장하고 변화 속에서
믿음을 깨달으며 진실한 믿음을 찾는
것이 하늘에 오르는 길이라는 것을 모
르고 있음이니라.
28 그러니 심어 주는 것만 알고 보호받는
것만 알며,
29 스스로 성장하며 그리고 추수의 결실
를 맺어 만백성의 양식이 되는 길을
가는 것은 감히 생각지도 못하고 있음
이니라.
30 어린아이가 부모로부터 보호를 받는
그와 같은 생각만을 할 뿐, 세상의 거
칠고 험한 것을 생각하지 못하며, 스
스로 역사를 이루고 성장하고자 하는
생각을 하지 못하며, 그저 안주하고자
하는 것이 너희라는 것을 절대 잊지
말라.
31 그저 처음에 씨앗을 뿌리고 보호하듯
이 그때만 생각하니 그것이 잘못되었
으며,
32 스스로 성장하여 많은 열매를 맺어 만
백성의 양식이 되는 그와 같은 결실이
있다는 것을 너희는 모르고 있으며,
그를 깨닫지도 못하며 생각하지도 못
하며 상상하지도 못하는 것이 너희이
니, 내가 뭐라 하더냐?
33 한 발짝도 오르지 못한 것이 오늘의
종교 집단이요, 지도자가 가는 짓이
요, 비 오는 날 개구리가 하늘을 향하
여 뛰었다 주저앉으며 개굴개굴 소리
지르는 것이 너희의 찬송이요, 기도하
며 광란의 짓을 하는 것이라는 나의
법전의 그 대목을 다시 한 번 찾아보
라.

8,635 번째 하나님 말씀

2003년 12월 3일 06시 10분

1 사랑하는 나의 아들아!
2 "네, 아버님! 말씀하옵소서."
3 말없이 눈물 속에 살아가는 네 마음을
나는 아느니라.
4 그러나 너는 그 길을 가야 하며 그 길
을 역사해야 함이니라.
5 '나 여호와의 이름을 망령되이 일컫지
말라.' 만백성에게 그리 가르침이니,
이 세상에서 네가 그것을 가장 소중히
지켜야 할 것이며,
6 너는 그를 지키기 위하여 네 목숨과도
바꿀 수 있는 그와 같은 나의 아들로
서 바로 서지 아니하면 아니 됨을 알
아야 할 것이니라.
7 네가 지난날 살아온 그 죄에 눈물 흘
리는 아픔이 있는가 하면, 오늘의 나
의 뜻대로 역사하지 못하며 네가 정녕
수도하는 자의 근본의 자세를 지키지
못하여 몸부림치며 울고 있음을 아느
니라.

8 그러나 너는 해낼 수 있으며 역사할 수 있음이니라.
9 이제 걸음마를 걷는 아이가 성장하며 바르고 곧게 큰다 하면 그는 바른 사람으로 성장할 수 있지 않으냐?
10 네가 3년이라는 세월 속에서 지금 나의 성령을 들으며 나의 법전을 만들어 이렇게 역사함이니,
11 정녕 네가 나의 법전을 만들어 세상의 만백성에게 강론하고 가르치는 세월이 그것밖에 되지 않지 아니하였더냐?
12 그 속에서 너 자신을 다스리고 깨우치기 위해 몸부림치는 것을 나 여호와는 알고 있음이니라.
13 그러나 그 모두는 네가 이루어야 하는 길이며 네가 벗어나고 네가 넘어야 하는 길이니라.
14 하늘을 향하여 한 점의 부끄럼 없이 살지 못하여 우는 네 마음을 아느니라.
15 이제 너는 갈 수 있음이니라.
16 이미 그 길에 들어서고 있으며, 그를 위해 네가 모두를 지키며 두 번 다시 무너지지 않고자 하는 그 마음이니,
17 그것에 좀 더 박차를 가하며 좀 더 노력하며 좀 더 가오를 굳건히 하고 갈 때, 너 스스로 일어설 수 있을 것이니라.
18 네가 우뚝 일어섰을 때, 사탄이요, 천사요, 그 누구도 말을 하지 못할 것이며, 네가 지난날 인간 세상에서 잘못되었던 것을 다 덮을 수 있으며, 거듭날 수 있는 것이 아니더냐?
19 인간 세상에서 시험을 봄에 남이 가르쳐 주며 남의 것을 보고 역사할 때, 그것이 얼마나 부당한 방법이더냐?
20 남을 속여서 자리를 차지한 자는 그 자리에 연연하나, 그는 평생 부끄러우며 양심의 가책을 받을 것이며 그건 진정한 실력이 아니지 않더냐?
21 당당히 자기 실력으로써 모두 역사해 자격을 갖추는 것보다 더 당당한 모습은 없을 것이니라.
22 너는 나의 아들이요, 세상에 내 뜻을 받아 만백성을 구하는 하나의 역사를 하고 있음이니, 너야말로 당당히 일어서서 네가 변하는 모습으로써 모두 역사해야 되는 것이니라.
23 그렇지 않으면 모든 것을 네가 이룰 수 없으며, 나의 법전이 세상을 덮을 수 없으며, 이 모두를 천사요, 사탄도 고개 숙여 경배하지 아니하기 때문이니,
24 이를 너는 명심하고 또 명심해야 함을 알라, 사랑하는 나의 아들아!
25 이제는 네가 한 번의 실수도 하지 말라, 그리고 단번에 후회하는 일을 하지 않도록 너 자신을 그리 다스려 나가야 할 것이니라.

8,636 번째 하나님 말씀

2003년 12월 3일 06시 27분

1 사랑하는 나의 아들아!
2 "네, 아버님! 말씀하옵소서."
3 나로부터 생명을 받아 한 생명이 세상에 태어남이니, 그를 아기라 하느니라.
4 그 아기가 성인이 되는 성장하는 과정에는 상상할 수 없는 각종 유혹이 있느니라.

5 그리하여 어린 과정을 성장하면서 그
모든 유혹을 뿌리치며 곧게 자랐을 때, 그 아이는 세상에 필요하며 만백성을 위하여 역사할 수 있는 사람으로서 성장하지 않더냐?
6 그러니 성장하는 과정에서 모든 유혹을 견디고 자라는 그것이 필요한 것이며, 또한 그를 위하여 너희 부모요, 사회의 선배가 온갖 정성을 다 들여 그를 지켜 주지 아니하면 아니 되느니라.
7 한 사람이 성장하는 데 온갖 유혹을 받으며 불완전한 상태에서 살아가고 성장하듯이, 오늘의 너희의 믿음 또한 그런 것이니라.
8 구약시대의 백성은 구약의 시대가 완벽한 시대요, 모든 것을 역사하는 시대라 그리 말할 것이며,
9 또한 신약시대의 백성은 신약의 시대가 완벽하며 모두 여기서 역사하는 것이라 그리 말할 것이니라.
10 그러나 너희는 알아야 할 것이니라.
11 구약과 신약의 시대는 불완전한 시대요, 미완성의 시대라는 것을 너희는 알아야 할 것이니라.
12 어린아이가 모든 유혹을 뿌리치며 조용히 성장하여 필요한 사람으로 성장해 나가듯이, 구약과 신약은 그 어린아이와 같이 불완전하며 미완성의 시대니,
13 그 시대의 성장하는 과정에서 오늘의 제3의 시대가 역사함을 너희는 알아야 할 것이니라.
14 그와 같은 이치요, 깨달음으로써 너희가 구약의 시대요, 신약의 시대를 바라본다면 오늘의 새로운 시대의 역사함을 알 것이니라.
15 그러니 어렵고 힘든 불완전한 시대가 역사했으며, 이제는 성인의 시대요, 성장된 시대가 열어지는 것이 바로 제3의 시대에 나의 법전이 세상에 내려온 것임을 너희는 알아야 할 것이니라.
16 내가 뭐라 말하였느냐?
17 구약과 신약의 시대는 그저 듣고 깨우쳐 역사하는 것이나, 지금 나의 아들을 통하여 내리는 성인의 시대는 '예', '아니요'의 그 답이 정확함이니라.
18 그러니 이제는 성인의 시대를 지켜야 할 너희기에 지금 나의 3의 시대의 법전이요, 새로운 성경은 '예', '아니요'가 정확하게 확실히 구분되어, 너희가 모든 것을 알고 깨우칠 수 있도록 그와 같이 답이 내려가며 결정문이 내려가는 것이 다름을 알라.
19 그리하여 제3의 시대는 완성의 시대요,
20 너희가 지금까지 살아온 시대는 구약과 신약을 구분하기 전에, 흔들면 흔들리며 또 넘어지는 그와 같은 성장의 시대가 구약의 시대라는 것이요,
21 또 신약의 시대라는 것을 너의 제자들에게 전하여 깨우쳐 주도록 그리하라.

8,637 번째 하나님 말씀

2003년 12월 3일 06시 28분

1 사랑하는 나의 아들아!
2 "네, 아버님! 말씀하옵소서."
3 진정한 진리요, 참진리의 가르침의 길을 가고자 목말라 애타는 나의 백성이

세상에 얼마나 많이 존재하는지 알고
있느냐?
4 진정한 진리요, 하늘에 오르는 그 길
을 찾기 위하여 헤아릴 수 없이 많은
나의 백성이 지금 몸부림을 치고 있
음이니라.
5 모든 종교요, 종파에 몸담은 자들이
정녕 어쩔 수 없이 그 길만이 하늘에
오르는 길이라 하여, 그래도 그 길이
다른 길보다는 낫다 생각하여,
6 지금 떠나지 못하며 그와 같은 곳에
얽매인 불쌍하고 가련한 나의 백성이
그 수를 헤아릴 수 없이 많이 이 세상
에 존재하고 있음이니라.
7 160권의 법전을 세상에 내려 그들을
구하고자 하는 것이 나의 뜻이니라,
사랑하는 나의 아들아!
8 그러기에 그들은 어찌하는가?
9 저희가 말하는 이 기도원, 저 기도원
을 찾아가며, 누가 성인이 가르치며,
또한 누군가 깨달은 자가 있다면 그를
찾아 헤매는 백성이 수없이 있음이니
라.
10 그들은 심지어 이 부흥회, 저 부흥회,
이 집회, 저 집회를 기웃거리며 그곳
을 찾아가며, 거기서 무엇인가를 얻고
자 하는 자들이 수없이 있으니,
11 그 가련한 모습의 그들에게 진정한 나
의 법전이요, 이것이 새로운 성경이
요, 만백성의 심판의 길이라는 것을
깨우쳐 주는 것은 인간 세상에서 살아
가는 너희가 해야 할 몫이며 너희가
역사해야 할 뜻이라는 것을 잊지 말아
야 할 것이니라.
12 그들은 부흥회요, 집회를 찾아가서 기
도하고 울고불고하면서 순간적인 마
음에서 잠시나마 무엇을 얻은 것 같고
무엇인가 구원의 길을 본 것 같아 잠
시 동안 만족함을 얻는 것이니,
13 그 속에서 은혜를 받았다 생각하며 또
한 영광을 받았다 생각하지만, 돌아서
서 그들의 가슴에 남는 것이 없음이니
라.
14 세월이 지나면 이것도 똑같은 말이요,
저것도 똑같은 말이요, 참진리가 없어
목말라 갈구하는 그 백성이 진통제와
같은 처방으로써 지금 하루하루를 살
아가니,
15 내 사랑하는 그 백성의 공허한 마음
이요, 채울 수 없는 마음을 너희가 채
워 주는 그와 같은 역사를 해야 함이
니라.
16 그들이 오로지 모두 다 채울 수 있고
얻을 수 있는 것은 지금 내가 너를 통
하여 내리는 160권의 이 법전을 읽고
깨우치는 길밖에 없음이니라.
17 그러니 너희는 오늘의 역사함에 최선
을 다하도록 그리하라.
18 지금 인간 세상에서 가르치는 종교 집
단이요, 지도자들이 인간의 한계를 넘
지 못하고 가르치고 역사함이니, 거기
서 무엇을 얻고 무엇을 역사하겠느냐?
19 너희가 말하느니라, 기름을 부은 자,
기름 부음을 받는 자, 바로 나는 너에
게 수없는 것을 부어 주며 수없는 것
을 전함이니,
20 그를 듣고 깨달은 네가 변하고자 몸부
림치는 것만큼 그들은 듣는 것이 없으
며 나로부터 역사함이 없음이니라.
21 저희가 만들어 역사하며 저희 생각으

로 만들어 내고 꾸며 내어 모든 역사
를 함이니,
22 그리하여 거기서 진정한 공허함을 채
워 줄 수 없는 것이 오늘의 현실임을
너희는 알아야 할 것이니라.

8,638 번째 하나님 말씀

2003년 12월 3일 19시 04분

1 사랑하는 나의 아들아!
2 "네, 아버님! 말씀하옵소서."
3 내가 말로써 모든 것을 다 만들고 역
사하였으며 그리하여 모든 것은 나의
창조물이라 그리 말하느니라.
4 그러니 말로써 모두 역사했으며, 말로
써 역사한 모든 것이 이 세상에 존재
하며, 그를 만들기 위해 내가 한 그 말
이요, 가르침이 이 세상을 다 덮고 있
음이니,
5 너희는 나의 품에서 잠시도 벗어난 자
가 아니며, 떠나서 살아서 아니 되는
것임을 알아야 할 것이니라.
6 그와 마찬가지로 내가 이 세상에 나의
진리요, 나의 뜻을 수없이 내려보냈음
을 너는 알아야 할 것이니라.
7 인간 세상에서 말하기를, 세 사람이
길동무를 함에 두 사람이 스승이요,
스승이 아닌 자가 없다는 그런 말을
전하지 않더냐?
8 그러니 이 세상에 수많은 나의 백성이
다 한 가지씩은 너희보다 더 뛰어난
재능을 가지고 있으며, 나름대로 그만
이 가진 특성이 있음이니라.
9 그러니 모두 다 너희에게 스승이요,
너희를 가르칠 수 있는 것이며, 너희
가 배울 것이 있다는 것을 알아야 할
것이니라.
10 나 여호와가 세상에 너희를 내려보내
면서 너희가 살아갈 수 있는 방법 그
리고 한 가지의 특성과 재주를 하나씩
다 주어 세상에 내보냈다고 너에게 일
찍이 그리 가르치지 아니하였더냐?
11 그와 마찬가지니라, 나의 아들아!
12 모든 백성에게 자기가 잘할 수 있는
하나의 장점이요, 기술을 주어 이 세
상에서 살아가는 데 고통이 없도록 내
려보냈듯이,
13 그들이 가진 성격이요, 마음 자세도
곱고 아름다운 것, 누구도 따를 수 없
는 것, 그만이 가진 장점이요, 그만이
가진 특성을 하나씩 다 내려 주었음이
니라.
14 다만, 그들이 그를 알지 못하고 듣지
못하기 때문이니라.
15 내가 너희에게 항상 가르치고 항상 음
성을 내려 너희에게 전하나, 너희가
세상에 살아오면서 육의 욕심이라는
것 때문에 듣지 못하며 보지 못하는
것처럼, 그걸 찾아내어 활용하지 못하
며 깨닫지 못함이니라.
16 너희가 앉으나 서나 항상 나 여호와에
게 '감사합니다.' 그리 기도를 드린다
면, 그 속에서 모든 너희 개성이요, 특
성을 찾을 수 있으며, 변할 수 있는 그
역사가 이루어짐을 너희는 알아야 할
것이니라.
17 그 순간만큼은 아름다운 마음이요, 고
운 마음이 아니더냐?
18 그러니 너희가 나에게 기도하는 그 순
간만큼은 곱고 아름다운 마음이니, 항

상 나에게 기도하며 나를 찾으며 진심
으로 살아가야 함을 알아야 할 것이
니라, 사랑하는 나의 아들딸들아!
19 너희가 입에 음식을 넣으며 말하기를,
'여호와 하나님 아버지! 감사합니다.'
한다면, 너희는 음식의 단맛이요, 쓴
맛에 의해서 나에게 기도드리는 것이
과연 정성스러운 기도며 진정한 믿음
의 기도라 하겠느냐?
20 그와 같은 것이 아니요, 진정 나만을
생각하고 나에게 기도하는 마음으로
항상 기도를 한다면, 그 속에서 너희
가 변함이요, 얻는 역사가 이루어질
것이니 그리 알라.
21 나 여호와의 뜻이요, 내 뜻을 명심하
여, 항상 나를 찾으며 나 여호와에게
감사하며, '하나님! 감사합니다.' 하는
그 기도를 정신을 통일하여 기도하고
또 기도하는 마음으로 살아갈 때, 너
희가 얻지 못하는 기적을 얻을 것이며,
22 몸이 아프며 또한 병마에 시달리는 것
도 그와 같이 기도하면 모든 걸 얻을
수 있을 것이니라.
23 이제 나의 아들을 따르는 제자들 너희
는 마음이 다스려지기 시작하였으며
터가 다스려지기 시작하였음이니, 어
떠한 곡식이든 거기에 씨앗을 뿌릴 수
있는 것이 아니더냐?
24 옥토를 잘 다스리고 가꾸어 놓은 거기
에는 정해진 씨앗을 뿌리는 것이 아니
요, 각종 씨앗을 갖다 심어도 거기서
성장하게 되는 이치처럼,
25 너희가 나를 따르는 믿음이요, 경지가
높아져 그 터가 다져지기 시작한다면,
너희는 어떠한 씨앗을 뿌려도 농사를
지을 수 있듯이,
26 하나하나의 장점이요, 단점이요, 병마
에 시달리는 것, 고통스러운 것, 힘든
것을 모두 다 볼 수 있으며, 찾아낼 수
있으며, 스스로 치료할 수 있으며, 넘
을 수 있다는 것을 알라.
27 토양이 준비된 밭은 어떤 씨앗이든 뿌
리듯이, 준비된 너희는 모든 역사를
할 수 있으며, 내가 내린 은혜를 볼 수
있으며, 얻을 수 있다는 것을 잊지 말
라, 사랑하는 나의 아들아!

8,639 번째 하나님 말씀

2003년 12월 3일 19시 09분

1 사랑하는 나의 아들아!
2 "네, 아버님! 말씀하옵소서."
3 너희가 어렵고 힘들 때 '죽기 아니면
살기'라 그리 말하느니라.
4 '내 하나의 생명을 던져 이루고자 하
면 못 이룰 것이 무엇이 있는가!' 너희
는 그와 같은 말을 쉽게 하느니라.
5 그리고 너희는 말하느니라, '사랑을
위해 내 목숨을 바치며, 사랑을 위해
내 모든 것을 다 바칠 수 있다.' 그리
말하느니라.
6 그러니 사랑하는 연인 사이에 그와 같
은 말을 하고 있지 않으냐?
7 나의 법전을 읽고 깨우쳐 토양이 다져
지듯이 너희의 경지가 다져지며 이제
는 하늘에 오르는 빛을 볼 수 있는 반
석 위의 그 길을 위해 달려가는 너희
는 과연 그 사랑을 함부로 말할 수 있
느냐?
8 이제는 내가 너를 따르는 제자들이요,

또 다스려진 네 제자에게 말함이니,
9 연인에게 사랑을 위하여 목숨을 바친
다는 말, 그리고 죽기 아니면 살기로
모든 역사를 한다는 말처럼 그와 같은
마음으로 과연 나 여호와를 사랑하며
나를 생각하는가?
10 이제 너희는 그와 같은 사랑을 나에
게 주어야 할 것이니라.
11 내가 그리하면 나를 욕심의 하나님이
요, 질투의 아버지라 너희가 그리 말
할 것이니라.
12 수천 년 동안 이 세상 그 많은 자식을
내보냈으니, 아들딸을 내려보냈으나,
그들에게 효도를 받은 일이 없으며 그
들에게 부모의 대우를 받은 일이 없다
면,
13 인간관계에서 백 년도 안 되는 육의
관계에서도 효성스러운 자식이 있으
며, 너희가 말하기를 제 살을 떼어 부
모에게 대접한 자가 있다는 그와 같은
얘기를 듣지 아니하였더냐?
14 그와 같이 너희가 부모를 존경하고
사랑하는 마음을 정녕 나는 수많은 수
억의 아들딸로부터 받은 적이 없음이
니,
15 이제 나의 아들을 따르는 제자들이요,
나의 법전을 읽고 깨우친 백성, 너희
만이 그래도 나에게 효도할 수 있으며
나를 즐겁게 할 수 있는 백성이 아니
더냐?
16 그러니 내가 너희에게 그와 같은 것
을 바라는 것이 조급한 마음이요, 급
한 마음이요, 욕심이요, 성급한 마음
이겠느냐?
17 수천 년 동안 헤아릴 수 없이 그 많은
나의 아들딸을 세상에 내려보냈으나,
인간 세상에서 부모에게 효도하는 자
만큼도 효도를 받아 보지 못하며 그와
같은 것을 보지 못한 나 여호와가,
18 몇천 년이 흐른 지금에 너희에게 그와
같은 것을 기대하고 바라는 것이 나
여호와의 욕심이요, 잘못된 마음이라
너희는 말할 수 있겠느냐?
19 너희만이 이제는 내 뜻을 알며, 나의
법전을 읽고 깨우쳐 새로운 기반이 다
져지며 새로운 토양이 다져지는 자들
이니,
20 너희는 이제 여인을 사랑한다 하며 그
앞에 목숨을 바쳐 사랑하며 지키겠다
는 말, 그리고 목숨을 바쳐 모든 역사
를 하겠다는 그와 같은 마음을,
21 나 여호와를 그리 사랑할 수 없으며
나에게 그와 같은 생각을 할 수 없다
고 생각하느냐?
22 그와 같은 마음으로 너희가 나를 생
각하며 그와 같은 마음으로 나에게 오
고자 한다면 못 이루고 못 얻을 역사
함이 없을 것이니라.
23 그러니 나의 성전을 사랑하는 것, 나
의 법전을 사랑하는 것, 또한 오늘을
고통으로 보내는 나의 아들을 사랑하
는 것을 모두 그와 같은 마음이요, 여
인을 사랑하는 마음을 초월하여 모두
사랑할 수는 없겠는가?
24 나의 성전에 와 깨우치고자 하는 같은
형제요, 그리고 같이 매일 만나는 나
의 아들의 제자 너희는 서로 사랑하
기를 연인을 사랑하는 것보다도 더,
목숨을 바쳐 못 이룰 것이 없다는 마
음으로 그들을 사랑하며 소중히 생각

하고 갈 수는 없는가?
25 이것이 너희가 가져야 할 마음이니라.
26 오늘 내가 나의 아들을 통하여 너희에
게 전함이니, 연인을 사랑하는 마음보
다도, 목숨을 바쳐 역사하는 것보다도
더 강한 집념과 사랑으로 나 여호와를
사랑할 수는 없겠는가?
27 그와 같은 너희가 하루속히 나에게
오기를 바란다면 나 여호와의 욕심이
요, 내가 너무 질투하는 하나님이라
말하겠는가?
28 수천 년 동안 기다린 중에서 너희가
이제 그나마 그 길을 오며 반석 위에
오르고자 하는 너희가 있기에,
29 나에게 성급한 마음이라 그리 말하나,
나의 아들의 제자요, 나의 법전을 읽
고 깨우친 백성 너희가 우뚝 서기를
바라는 것이 나 여호와의 마음이라는
것을 헤아린다면, 나를 욕심 많은 하
나님이요, 질투의 하나님이라 하지 아
니할 것이니라.

8,640 번째 하나님 말씀

2003년 12월 3일 19시 15분

1 사랑하는 나의 아들아!
2 "네, 아버님! 말씀하옵소서."
3 나로부터 기름 부음의 은혜를 받은
자라 말하며, 그리하여 나로부터 선택
된 지도자요, 저희만이 모든 역사를
할 수 있다는 백성, 그리고 기름 부음
을 받으라는 백성, 그리 가르치는 종
교 집단 지도자들이 과연 기름 부음이
무엇인 줄 알겠느냐?
4 이제 너를 따르는 제자들이요, 나의
법전을 읽고 깨우친 만백성 너희는
알아야 할 것이니라.
5 기름 부음을 받는 것은 너희가 기름
부음을 받는 것이 아니요,
6 나 여호와가 너희에게 기름을 부어 줄
수 있도록 변화되는 자, 그와 같이 최
선의 노력을 하는 자, 내가 너희에게
성령을 내려서 받을 수 있도록 준비하
는 자에게 기름 부음의 역사가 이루어
진다는 것을 너희는 알아야 할 것이
니라.
7 모든 종교 집단이요, 그들이 기름 부
음은 내가 내리는 것을 저희가 받는
것이며, 선택된 자가 받는 것이며, 기
름 붓는 기적의 역사가 이루어진다고
생각하니, 그들은 다 잘못 가르치고
잘못 감이니라.
8 너희가 기름 부음을 받는다는 것은,
내 품에 돌아올 수 있는 삶이요, 내가
인정하는 나의 백성이요, 내 뜻에 따
라 살아가는 그 백성이요,
9 그와 같은 자격을 먼저 갖춘 자에게
나 여호와가 기름 부음의 역사를 이룬
다는 것을 그들에게 이제 깨우쳐 주도
록 그리하라.
10 자격이 갖추어지지 아니한 자에게 내
가 어찌 기름 부음의 역사를 하며, 그
에게 성령을 부을 수 있단 말이더냐?
11 그러하기에 내가 종교 집단이요, 지도
자들, 잘못 가는 자, 사악한 자들이요,
수없이 우리 부자의 이름을 팔아 재물
을 거둬들이며 인간의 욕심을 이루는
자들이라 하였음이니,
12 과연 죄짓는 자에게 나 여호와가 기름
부음을 역사했으며 성령을 내렸다면

이게 말이 되느냐?
13 내가 그들을 버릴 자식이라 하며 내
뜻을 역사하는 자들이 아니라면서 그
들에게 기름을 부었다 하며 성령을
부어 주었다 하면, 그것이 과연 있을
수 있는 일이더냐?
14 상상할 수도 없는 일이니라.
15 나는 너희에게 말하느니라.
16 너희는 누구나 다 나의 아들딸이요,
똑같음이니, 누구든 기름 부음의 역사
는 내가 선택해서 너희에게 내리고
붓는다 생각하지 말라.
17 기름 부음을 받을 자격이 있는 자, 내
품에 올 수 있는 자, 내 품 안에 존재
하는 그 백성에게 내가 기름 부음의
역사를 내린다는 것을 알도록 그리하
라.
18 그러니 자격을 갖추지도 아니한 자,
갖추지도 못한 종교 집단이요, 지도자
들이 제가 창조주 하나님 아버지로부
터 기름 부음을 받은 자요,
19 그리하여 제왕적인 대우를 받으며 너
희를 가르치며 인도할 자격을 받은 자
라 그리 말하는 자들이 얼마나 어리석
고 불쌍한 백성인 줄 알겠느냐?
20 내가 가르치지 아니하며 내 뜻으로 다
스리지 아니하며 내 뜻대로 역사하지
않는 자를 선생으로 임명하여 세상에
내려보낸다는 말을 할 수 있겠느냐?
21 그렇다면 오늘 나의 아들을 따르는 그
제자요, 전사로 선택된 자들을 오늘의
고통과 시련의 세월을 줄 것이 무엇이
있으며, 160권의 법전을 너희에게 강
론하고 가르칠 이유가 무엇이 있단 말
이더냐?
22 그저 한두 권 깨우치고 나가서 되는
대로 그것으로 재탕 재탕하며 장사를
해도, 나의 법전 한 권만 가지고 평생
종교 지도자 노릇을 할 수 있는 것이
니라.
23 이제 너희는 깨우치고 눈을 뜨도록
그리하라.
24 기름 부음은 내가 선택하는 것이 아니
요, 나로부터 선택받을 수 있도록 자
격을 갖춘 자에게 부어 주는 것이니,
그리해야 공평하고 평등하지 않더냐?
25 지금 내가 마음대로 부어 주는 것처럼
기름 부음의 역사를 받았다는 그와 같
은 어리석은 백성의 말에 현혹되어
지옥 불로 가는 것에서 깨어나는 삶을
살도록 그리 가르치라.
26 나 여호와가 너희에게 부어 줌이 아니
요, 너희가 먼저 내 품에 들어와 기름
부음을 받을 수 있는 백성이기에 내가
부어 줌이니라.
27 그리하여 오늘 나의 아들을 따르는 선
택된 제자 너희가 부족하고 못나고
어리석으나, 기름 부음의 자격을 갖추
도록 너희에게 지금 훈련을 시키고 있
음이니라.
28 이것도 내가 너희에게 기름을 부어 주
는 역사를 하기 위해 이와 같이 고통
과 시련의 세월 속에서 공부하며 성령
을 들으며 갖은 핍박을 견디고 나가서
바로 섰을 때, 그와 같은 역사가 이루
어질까 말까 하거늘,
29 감히 그와 같은 나의 가르침이요, 나
의 법전이요, 새로운 성경을 읽지도
아니한 자가 기름 부음을 받은 자라
며 특권이 있는 것처럼 착각하지 말라.

30 그들에게 전하라, 기름 부음은 자격 있는 자에게 나 여호와가 붓는 것이라 그리 전하도록 하라, 사랑하는 나의 아들아!
31 자격이 있는 자에게 붓는 것이니, 정녕 '너희 스스로 자격이 있다 말하지 말라, 어리석은 지도자여!' 그리 전하라.

8,641 번째 하나님 말씀

2003년 12월 3일 19시 20분

1 사랑하는 나의 아들아!
2 "네, 아버님! 말씀하옵소서."
3 나의 성전에 나와 모두는 다 나 여호와가 운영하는 장소이며 내가 역사하는 곳이라는 것을 굳건히 믿는 너의 제자들의 마음이 필요하며, 그와 같은 정신 자세가 필요함을 그들에게 전해야 할 것이니라.
4 나 여호와가 운영하며 내가 직접 관여한다고 믿고 따르지 아니하면 결코 너희 스스로 견디지 못하며 무너지는 그와 같은 결과를 초래하느니라.
5 그러니 이 모두는 나 여호와가 직접 운영하며 관리한다는 것을 깊게 믿고 따라야 함을 절대 버려서는 아니 됨이라 그리 가르치라.
6 나 여호와가 법전을 내려보내는 것은 무엇이라 내가 일찍이 너희에게 가르쳐 주었더냐?
7 법전을 세상에 내려보내며 나의 성령을 내려보내는 것은 나 여호와의 뜻이요, 그리하여 내려보내는 것은 내가 하는 일이며,
8 그를 받아 기록하여 책으로 만들어 증명하는 것, 그 모두를 받아서 제자들에게 전하는 일을 역사하는 것은 지금의 나의 아들의 몫이라 그리하였음이니라.
9 또한, 그 제자들의 몫은 무엇이라 말하였느냐?
10 법전을 만드는 것, 법전을 만들어 만백성에게 전하여 구하는 것, 그 모두는 너희가 역사하는 것이라 내가 일찍이 말하지 아니하였던가?
11 나의 성전에 그득히 모여 많은 백성이 나의 아들을 통하여 내리는 강론을 듣고 깨닫는 그것도 제자들의 몫이며, 또 나의 아들 네가 해야 할 몫이며, 너희가 가야 할 길이라 내가 일찍이 전한 그 의미를 알아야 할 것이니라.
12 지금의 종교 집단의 지도자나 그 신도들이 모두 다 가는 그 형태를 무시하고 접어 두며, 새로이 듣고 일어설 수 있도록 그들과 부닥치고 역사하는 것은 이 세상에 너희밖에 없음을 알아야 할 것이니라.
13 모든 종교 집단이요, 지도자요, 믿음의 길을 가는 백성은 금화 앞에 마음이 흔들리며 은화 앞에 저 자신을 팔며 이해관계에 따라서 무너지며,
14 그와 같은 어떠한 이해관계를 위해서 인간의 가르침을 들으며 인간적으로 교섭하는 것을 들으며 인간적으로 타협하는 것을 들으며 인간적으로 접근하는 걸 들으며,
15 인간으로서 이루고자 하는 곳에 나 여호와를 버리고 나 여호와를 지워 버리는 그와 같은 마음을 가진 것이 오늘

의 종교 집단이요, 지도자들이요, 구
원을 받았다고 울고불고 광란의 짓을
하는 자, 그리고 맹종 맹신하는 자들
이니,
16 그들이야말로 인간 세상의 어떠한 대
안을 제시할 때 이해관계에 따라서 저
희 자신을 팔아 버리며 나를 지워 버
리며 나를 던져 버리는 자들이니라.
17 그러나 나의 아들을 따르는 법전을 읽
고 깨우친 백성 너희는 절대 그렇지
아니함이니라.
18 그들과 차별화되는 것이 너희이기에,
그와 같이 썩어져 간 백성이요, 그 신
도들을 바로잡고 역사하는 것은 너희
밖에 없음이니라.
19 그들이 하는 짓, 그들이 역사한 것을
모두 이제 무시하며 그를 접어 두고,
그들과 부닥치고 대화하고 깨우치는
역사는 너희만이 할 수 있기 때문에,
20 그와 같이 역사를 이룰 때, 너희에게
너무나 고통스럽고 힘든 핍박의 길이
부닥칠 것이니,
21 그때 견디고 이길 수 있는 것은, 나의
아들과 더불어 운영되는 모든 성전이
요, 그리고 나의 법전이 전해지고 내
려오는 것은 나 여호와가 관여하는 것
이며,
22 내가 너희와 같이하고 있다는 깊은
마음이요, 깊은 믿음이 없이는 부닥치
고 험악한 속에서 절대 견딜 수 없음
이니 그리 알도록 전하라, 사랑하는
나의 아들아!

8,642 번째 하나님 말씀

2003년 12월 3일 19시 24분

1 사랑하는 나의 아들아!
2 "네, 아버님! 말씀하옵소서."
3 너희가 나의 법전을 공부하며 또한 강
론을 들으며, 믿음이 확고한 변화가
있기 시작하며 깨달음의 삶을 산다면,
너희는 바로 나로부터 선택된 백성이
요, 너희가 바로 갑이니라.
4 너희는 일상생활에서 실질적인 변화
가 이루어지며 실질적인 행동으로써
아름답게 실천하고 행하여 간다면, 그
것이 바로 나에게 오르는 길을 오르고
있음임을 알아야 할 것이니라.
5 이제 내가 나의 아들을 통하여 나의
아들을 따르는 제자요, 법전을 읽은
만백성 너희에게 전하느니라.
6 너희 마음에 실질적인 변화가 이루어
져 아름답게 천사와 같은 마음으로 한
발짝 한 발짝 변하여 나에게 다가오는
그와 같은 삶을 산다면, 너희는 이제
만백성을 구하는 데 모두를 다 바쳐야
할 것이니라.
7 내가 일찍이 성서에 기록하여 너희에
게 뭐라 전하였더냐?
8 너희는 나에게 무엇을 바치며 나에게
역사하는 것을 하지 말라 하였음이니
라.
9 모든 것은 나 여호와가 너희에게 내려
준 것이며, 나는 거둬들이는 하나님이
아니라 베푸는 하나님이요,
10 너희에게 거둬들이는 것이 있다면 아
름답게 변하는 마음이요, 너희가 천사
와 같은 삶을 살고자 하는 그 마음의

변화, 그것보다 더 소중한 것이 없고
귀한 것이 없다 하였음이니라.
11 그러니 인간 세상에서는 배고픈 자,
가난한 자, 어렵고 힘든 자, 불쌍한
자, 그리고 어려움을 딛고 일어서지
못하는 그와 같은 자를 돕는 것,
12 그들을 위해서 삶을 사는 그것이 나
여호와를 돕는 것이며, 나를 불쌍히
여기는 것이며, 내가 어렵고 힘들 때
내 힘이 되는 것이라, 너희에게 성서
에 그리 가르치지 아니하였더냐?
13 나의 사랑하는 아들딸들에게 잘하는
것이 어버이 창조주 나에게 하는 것이
라는 의미의 성서의 한 구절을 잘 안
다면,
14 나의 아들을 통하여 내리는 강론이요,
법전을 듣고 나의 성령이 모두 내려오
는 새로운 성경을 읽고 아름다운 마음
으로 변화되며 아름다운 삶으로 변화
된다면, 그것을 너희가 어디로 돌려야
겠느냐?
15 가난하고 불쌍한 백성에게 돌리는 것
이 나를 돕는 것인 것처럼, 모든 나의
피조물 만백성을 깨우쳐 주고 전해 주
는 것, 나의 법전을 이고 지고 가 그들
의 가슴에 하나씩 안겨 주는 것,
16 그것이 바로 너희가 나를 사랑하며
나에게 오르는 길이요, 나에게 하는
역사이니라.
17 너희가 창조주 나에게 생명을 받아 세
상에 살며, 이 자연의 아름다움 속에
서 다스려 살아가며, 또 영원히 사는
거듭나는 영광을 얻은 너희라 하면,
과연 얼마만큼 나의 기쁨이요, 나의
은혜에 보답하고자 하는가?
18 보답하고 은혜에 감사하는 것을 나에
게 하지 말며, 네 이웃이요, 모든 나의
백성에게 그리하라는 것이 나 여호와
의 뜻이니 그리 알라, 사랑하는 나의
아들딸들아!
19 너희가 살아가며 나의 법전을 읽고 또
읽어, 정녕 실질적인 삶이요, 행동에
서 아름답게 변하지 아니하며 마음이
다스려지지 아니하거든, 나의 법전을
놓고 떠나도 내가 말하지 아니할 것이
니라.
20 그러나 너희가 실질적인 삶이요, 행동
이요, 역사함에 아름답고 곱게 변화되
는 그와 같은 마음 자세가 되며, 또한
행동이요, 삶이 그리 변화되거든, 그
것은 나로부터 받은 은혜요, 영광일
것이니,
21 그는 곧 나에게 오르는 길이요, 영원
히 거듭나는 영광을 얻는 길에 도전하
고 오고 있음이니,
22 그 모든 은혜를 다른 백성에게 돌려
서 하라는 것이 나 여호와의 뜻이요,
23 그들을 구원하는 데 모두 다 바쳐 그
이상의 열배 백배 많은 백성을 구하는
데 최선을 다하면 그것이 나에게 오는
길이요, 나에게 기쁨을 주는 길이요,
너를 구원하는 길이라 그리 생각하라,
사랑하는 나의 아들딸들아!

8,643 번째 하나님 말씀

2003년 12월 3일 20시 59분

1 사랑하는 나의 아들아!
2 **"네, 아버님! 말씀하옵소서."**
3 나의 성전에 와 강론을 들으며 나의

법전을 가지고 공부하며 깨달음의 경
지에 가며 스스로 변하는 것을 느끼는
그 제자들에게 네가 물어보라,
4 과연 너희가 죄를 짓는 양과 그 죄의
숫자를 아느냐고.
5 그러면 제가 지은 죄의 숫자의 양을
아는 자가 없을 것이니라.
6 그러거든 그들에게 답을 가르쳐 주라.
7 네 얼굴에 주름살이 생기는 만큼 그것
이 네가 죄를 지은 숫자요, 네가 나이
들어 얼굴에 한 점의 검은 점이 생기
니, 그 모든 숫자가 다 네가 지금까지
살아온 죄요, 그 죄의 무게라 그리 가
르쳐 주라.
8 그것이 그들이 짓는 죄이니라.
9 그러니 내가 너희를 보는 모습이 어
떠하겠는가?
10 나로부터 생명을 받아서 나간 나의
백성이 천사와 같이 살았다면, 너희
주름진 얼굴에 생긴 하나의 점이 다
선한 일을 행하여 살아오는 그와 같은
백성으로 있을 때 나에게 오를 수 있
거늘,
11 주름진 얼굴에 생긴 하나의 검은 반점
이 나이가 들어 변화되는 모든 죄의
숫자요, 죄의 무게가 그리 몸에 다닥
다닥 붙어 있다면, 너희는 그걸 나에
게 와 심판을 받을 것이라 그리 전하
라.
12 그러면 그들이 깨우침이 있을 것이며
알아들을 것이 있음이니라.
13 너희는 그와 같은 죄를 짓고 사는 백
성이니, 무엇인들 남을 위해 가르치고
전할 시간이 없겠느냐?
14 나의 아들을 통하여 제자의 기도에 그
리 말했느니라.
15 너희는 촛불이 제 몸을 태워 빛을 비
추는 그와 같은 불꽃의 역할을 생각하
지 말며, 초를 녹여 불빛을 비춰 많은
사람을 훤하게 비추는 그와 같은 것을
생각하지 말며,
16 다만 저 자신이 그저 말없이 타들어
가는 그 촛불의 마음, 말없이 그저 저
자신을 녹이는 그 초의 타들어 가는
흔들리지 않는 마음이요, 변하지 않는
마음, 그것을 먼저 생각하며 그 이치
를 깨달으라 그리하였느니라.
17 그리 깨달은 다음에 촛불의 의미요,
촛불을 비추는 역사는 다음에 할 수
있는 것이며 다음에 이룰 수 있는 것
이니,
18 너희는 아직 기초 단계가 이루어지지
아니하며 다스려지지 아니하였음이
니라.
19 오늘 그들에게 네가 반드시 전하라,
너희의 변화된 모든 주름과 반점의 모
습이 다 죄를 안은 것이라.
20 그리고 너희가 아직도 그 마음을 다스
리지 못하였음이니, 용수철이라는 것
을 깔고 앉아 있는 자들과 똑같은 것
이 너희이니라.
21 중심을 잡지 아니하고 누르지 아니하
면 항상 튀고자 하는 용수철 위에서
몸이 날리며 몸이 쓰러지며 균형을 잃
으면 그 자리를 지키지 못하듯이,
22 너희의 마음은 항상 너희보다 더 강한
악의 용수철이 너희를 무너트리고 쓰
러트리고자 하고 있음이니,
23 항상 긴장하지 아니하며 항상 거기에
대한 중심을 잡는 자세로 살아가지 못

하면 너희는 나에게 오를 수 없으며 만백성의 거울이 될 수 없는 자들이라는 것을 전하라, 사랑하는 나의 아들아!

8,644 번째 하나님 말씀

2003년 12월 4일 06시 27분

1 사랑하는 나의 아들아!
2 "네, 아버님! 말씀하옵소서."
3 스승이 제자를 가르침에 있어서 학문
의 지식을 가르치는 것도 중요하니라.
4 그리하여 학문의 지식에 대하여 선생
을 존경하며 그 제자가 선생을 따르는
것도 있음이니라.
5 그러나 그보다 학생이 선생을 존경하
고 제자가 스승을 따르는 것은 무엇인
줄 알겠느냐?
6 그 스승의 행함이요, 스승이 살아가는
모습이요, 스승이 역사하는 모든 것을
보고 사랑하고 인자함을 보며, 그와
같은 것을 제자가 스승으로 하여금 머
릿속에 기억하고 그를 생각하는 그와
같은 삶을 산다 하면,
7 그 제자는 죽을 때까지 세상에서 스승
의 가르침과 스승의 인자한 모습이요,
살아가는 것을 지울 수가 없음이니라.
8 그러나 학문이라는 것은 배운 것만큼
세월이 지나면 지워질 수 있으며 인간
관계에 남는 것이 없음이니라.
9 이것이 얼마나 중하고 귀한 것인가를
알아야 할 것이니라.
10 더욱이 이 세상에 셀 수 없이 많은 나
의 백성은 하늘에 오르고자 또 내 뜻
에 따라 역사하고자 몸부림치는 자가
수없이 있음이니라.
11 길을 몰라 가지 못하며 역사하는 것이
없어서 어찌할 바를 몰라 길을 찾지
못하는 그 백성은 정녕 목숨을 바쳐
서라도 하늘에 오르는 길이라면 오고
자 하는 자들이, 너희보다 믿음이요,
생각하는 것이 백배 천배 높은 자들이
수없이 있음이니라.
12 그와 같은 백성이 나의 법전을 접했
을 때, 그들은 한 자도 틀리지 아니할
것이며, 그들은 거기에 있는 것을 그
대로 기록하고 전하며 그리 행하는 것
이 하늘에 오르는 길이라 하여 그리
갈 것이니라.
13 믿음을 갖고 믿음 속에서 살아온 자,
지금 잘못 가는 종교 집단이요, 지도
자 속에서 그들이 배우고 공부했다 해
도,
14 그들은 한 획을 고쳐서도 안 되며 한
자도 고쳐서는 아니 된다는 성서에 대
한 교육이요, 설교를 수없이 들어 왔
으며 그것이 머리에 굳게 박혀 있는
자들이니라.
15 그리하여 그를 돌이킬 수 없는 그 백
성이 나의 법전을 읽고 깨우쳐, 이게
정녕 하늘에 오르는 길이라 하여 이
길을 선택했을 때,
16 오늘의 너의 제자들보다도 더 강하고
굳은 믿음으로써 변화될 수 있으며,
17 법전에 기록되어 있는 것을 한 자도
놓치지 아니하고, 그 내용을 하나도
지우지 아니하고 그대로 실천하고 행
하는 백성이 수없이 일어날 것이니,
18 스승인 너희가 어찌 가야 할 것인가
를 알아야 할 것이니라.

19 너희는 앉는 자세요, 옷 입는 자세요,
음식을 접하는 자세요, 그 모든 것을
과연 스승으로서 지도자로서 그 덕목
을 갖추고 있는가 그를 알아봐야 할
것이니라.
20 더욱이 너는 더하니라.
21 그들은 뭐라 해도 오늘까지 몇십 년
동안 믿어 왔던 종교 집단이요, 지도
자 속에서 살아오며 갈구하고 갈구하
며 그것이 하늘에 오르는 길이라 하여
모든 것을 다 바쳤다가, 나의 법전을
접하며 나의 아들을 따르는 제자들이
살아가는 것을 보고 방향을 바꾸며 가
는 길을 바꿀 때,
22 그는 죽음보다도 더 어렵고 힘든 길에
서 선택하는 것이니, 나의 법전에 있
는 것을 지키는 것을 목숨보다도 더
소중히 생각할 것이며, 목숨을 바쳐서
라도 그것을 모두 지키는 자들이 있을
것이니라.
23 과연 너희가 그들에게 모범이 될 수
있으며, 그들에게 먼저 온 선배로서
또한 지도자로서 한 점의 부끄럼이
없이 살아갈 수 있는가?
24 이를 너의 제자들에게 깨우쳐 주어야
할 것이니라.
25 너희는 안일한 방법이요, 그저 보통
살아가는 방법이요, 여유 있는 마음으
로 살아가는 그와 같은 형국으로써 믿
음의 길을 가서는 아니 됨을 알아야
할 것이니라.
26 다시 한 번 내가 너희에게 전하느니라.
27 너희의 믿음이요, 과연 지금까지 온
그 삶이 어떠하던가?
28 그보다도 더 이 길을 간 사람들이요,
오로지 구원을 받기 위해 모든 것을
던질 수 있는 삶을 산 자들이 있느니
라.
29 좌우를 보지 않고 오로지 앞만을 보고
간 자, 성서에서 어찌 살아가는 것이
하늘에 오르는 길인지 수없이 듣고 배
워왔으나,
30 나의 법전을 보고 이것이 진정 하늘에
오르는 길이라 하여 법전을 가슴에 안
고 정독하는 자들은 그것을 뭐라 생각
하겠느냐?
31 죽음 직전에 허덕이는 자와 똑같은
것이니라.
32 스스로 생명을 끊고자 하여 죽음을 선
택하는 자의 심정이요, 그리고 죽음
직전에서 살고자 발버둥치는 것보다
더 강하고 진한 것으로써 나의 법전을
읽고 정독할 것이니,
33 너희가 보통 마음으로 열 번을 정독하
는 것보다도 그들이 한 번 정독하는
것이 너희보다 정신 자세가 높으며,
깨달음이 높으며, 보고 듣고 느끼며
행함이 너희보다 더 강하다는 것을
절대 잊지 말라.
34 너희가 나의 법전을 몇 번 읽는 것이
중요함이 아니니,
35 그 마음이 어떠한가 그것이 중요함을
알아야 할 것이니라.
36 두 가지, 세 가지, 열 가지 마음을 가
지고 나의 법전을 열 번을 읽는다면
거기서 과연 얻어지는 것이 얼마나 있
겠느냐?
37 그러나 목숨을 바치는 그와 같은 마음
이요, 죽음 직전의 마음이요, 죽음에
서 살고자 몸부림치는 마음으로써 나

의 법전을 접한다면, 그들은 한 번을
읽어도 너희보다 더 나은 행함이요,
실천할 수 있는 백성이 수없이 있을
것이니, 과연 너희가 그들을 인도하고
지도할 수 있겠는가?
38 이것이 오늘 나의 아들 네가 가야 할
길이며 너를 따르는 제자들이 가야 할
길이니, 너희 스스로 행하여 살아가도
록 그리하라.
39 나의 아들 또한 나의 법전대로 행하고
행하지 아니하는 것은 너 스스로 판단
해서 가야 할 길이니 그리 알라.

8,645 번째 하나님 말씀

2003년 12월 4일 06시 34분

1 사랑하는 나의 아들아!
2 "네, 아버님! 말씀하옵소서."
3 구약과 신약은 불완전한 시대요, 완전
히 갖추어지지 아니한 시대라 내가 그
리 말하였음이니라.
4 그리하여 오늘 제3의 시대에 모두를
다 역사하는 것이며 거둬들이는 시대
라 내가 말함이니라.
5 나의 사랑하는 백성이요, 믿음의 길을
가는 백성, 또 믿음의 길을 가지 않는
백성, 그 모두가 다 이대로는 존재할
수 없으며, 이대로 인간 세상이 더 이
상 가서는 아니 된다는 것을, 이 지구
상에 사는 백성이 그를 많이 느끼고
또 깨닫고 있음이니라.
6 그와 같은 형국이요, 오늘의 모든 역
사함이 과연 누구로 하여금 이와 같은
역사가 이루어지며 오늘과 같은 험악
한 세상이 되었는가?
7 물론 오늘의 종교 집단이요, 지도자들
의 인도요, 가르치는 방향이 잘못되고
바로잡지 못하기 때문에 오늘과 같은
역사를 이루었음이니라.
8 그러나 나의 피조물 만백성들이 나 여
호와가 존재하며, 내가 존재하기에 저
희가 나로부터 심판을 받는다는 것,
그리고 거듭나는 삶을 살아야 하늘에
오를 수 있으며 모든 변화의 역사를
이룬다는 것을 스스로 직접 들은 적이
없으며 깨달은 적이 없으나,
9 그와 같은 것을 스스로 말을 하고 살
아가는 것이 오늘의 형국이니라.
10 그러니 올 것이 온 시대임을 너희는
알아야 할 것이니라.
11 내가 오늘 나의 아들을 통하여 지금
추수할 자, 거둘 자, 거두지 아니할 자
를 구분하는 마지막 시대의 역사를 열
어 가는 것은,
12 지금 모든 백성이 나의 뜻을 거역하
며 나의 뜻을 따르지 아니하며 순종하
지 아니하는 그와 같은 삶을 살아왔기
때문임을 내가 너희에게 가르치고 또
가르쳐 주었느니라.
13 이 세상에 나의 아들 예수가 내려와
과연 무엇을 말했는가?
14 나의 아들 예수는 너희처럼 명당자리
요, 사람들의 수가 얼마만큼 있으며,
15 앞으로 하나의 건물을 지음으로 인해
서 어떠한 사람들이 얼마나 모여들 것
이며 헤어질 것인가 이와 같은 것을
계산해서 건물을 지으라 하지 아니하
였으며,
16 너희가 말하는 교회요, 성당이요, 법
당이요, 이와 같은 것을 지으라 한 적

이 없으며 그를 가르친 적이 없음이니
라.
17 그러나 지금의 종교 집단이요, 모든
지도자가 어찌 가는가?
18 너희는 사람의 숫자요, 사람들이 왕래
하는 것, 살아가는 사람들의 성격을
분석하며 그들의 생활수준을 분석하
며 온갖 것을 다 분석하고 생각해, 지
금 나의 뜻을 거역하는 건물을 짓고
성당이요, 교회를 짓는 것이 아니던가?
19 너희는 기념비적인 건물 같은 것, 영
원히 기념될 수 있는 건물을 지어 나
의 피조물 만백성들을 깨우쳐 하늘에
오르는 길로 인도한다는 것이 오늘의
종교 집단 지도자들이 하는 짓이 아
니던가?
20 그 자체가 너희가 나를 얼마나 능멸
하며 내 뜻을 거역하는 것인가?
21 그와 같이 너희가 오늘까지 역사했기
때문에, 너희 스스로 이 세상이 더 이
상 존재할 수가 없으며, 무엇인가 결
단의 변화가 이루지 아니하고는 아니
된다는 것을 스스로 알고 있음이니,
22 그것이 바로 너희가 만든 오늘의 역
사이니라.
23 나의 아들이 그 시대에 나의 뜻을 전
하고 가르친 것이 무엇인 줄 알겠느
냐?
24 나의 아들 예수는 사람들을 모아 놓고
가르치며 역사한 것이 아니요, 그 제
자들을 가르쳐 사람들을 찾아가 모든
것을 가르치는 그와 같은 시대요, 그
와 같은 것을 이루고자 했음을 너희는
알아야 할 것이니라.
25 나의 아들은 가르친 제자들로 하여금
사람을 찾아가 가르치게 하며, 나의
아들도 사람을 찾아가 가르쳤음이니
라.
26 그러니 동서남북 할 것 없이 그저 가
르칠 수 있는 곳에 가서 가르쳤음이니
라.
27 그리하여 그것은 사람을 찾아간 것이
요, 사람을 끌어모은 것이 아님을 알
라.
28 나의 아들 예수가 너희에게 강론하며
가르치는 것, 헤아릴 수 없이 많은 백
성이 모여 강론을 들은 것도,
29 나의 아들이 사람을 끌어모으며 사람
을 모은 것이 아니라, 나의 아들 예수
가 사람들이 있는 곳을 찾아갔으며,
사람이 있는 곳을 찾아가 강론을 하
여, 사람이 사람을 찾아가 모든 것을
역사하는 그와 같은 것을 이루고자 하
였음이니라.
30 그러니 지금 나의 아들이 가는 길이
무엇이며, 그를 따르는 제자 너희가
역사하는 것이 무엇이더냐?
31 너희는 사람을 끌어모아 가르치는 것
이 아니요, 나의 법전이 흘러내려 가
만백성을 구하는 그와 같은 역사를 이
루고 있는 것, 그것이 바로 오늘의 시
국이니라.
32 예수가 이루지 못한 것을 지금에 와서
내가 이루고자 함이니,
33 예수를 통하여 만백성에게 내 복음이
요, 내 뜻을 전하고자 하였으나 하지
못한 걸 지금 역사하고 있는 것임을
너희는 알아야 할 것이니라.
34 그러니 그와 같은 방법으로써 나의 백
성을 깨우치는 데 모두를 다 바쳐 역

사해야 할 것이니라.
35 지금 말세요, 마지막 재앙이요, 그와
같은 험악한 심판이 내려질 것이라 말
함이니라.
36 곧 지금 마지막 내리는 나의 법전이
요, 나의 아들과 더불어 역사하지 아
니하고 이를 찢어 버리고 태워 버리며
이를 거역하는 것을 내가 용서하지 아
니한다 함을 알라.
37 이제 나의 아들을 따르는 제자 너희는
사람을 찾아가 가르쳐, 그 사람이 또
사람을 찾아 가르치는 것이 나 여호와
의 뜻이니,
38 나의 법전을 그리 활용하고 전하며 그
리 역사하도록 하라, 사랑하는 나의
아들딸들아!

8,646 번째 하나님 말씀

2003년 12월 4일 06시 42분

1 사랑하는 나의 아들아!
2 **"네, 아버님! 말씀하옵소서."**
3 '나 여호와가 존재함을 믿는 그 자체
가 구원의 길에 들어서는 길이요, 나
의 법전을 가슴에 안고 정독하는 자,
반석 위에 집을 지어 나에게 오를 수
있는 그 역사를 이룬다.'는 그와 같은
말,
4 '반석 위에 서서 하늘에 오르는 찬란
한 빛을 본다.'는 말을 내가 너희에게
일찍이 가르친 뜻이 있음을 알아야 할
것이니라.
5 지금 내가 나의 아들을 통하여 나 여
호와가 존재함을 믿으며 나의 법전을
가슴에 안고 정독하는 자는 반석 위에
서서 하늘에 오르는 찬란한 빛을 본다
하였음이니, 이 뜻을 이미 성서에 기
록하여 전하였음이니라.
6 '누구든지 나의 이 말을 듣고 행하는
자는 그 집을 반석 위에 지은 지혜로
운 사람과 같으니'라고 성서에 기록했
듯이,
7 지금 내리는 법전이 나의 성령이라는
것을 깨닫고 믿고 행하는 자는 곧 무
엇이더냐?
8 반석 위에 서서 하늘에 오르는 찬란한
빛을 보게 됨이라 했으니, 이는 곧 너
희가 기거하고 사는 그 집을 반석 위
에 짓는 그와 같은 역사를 이루는 것
이라 하였으니,
9 나의 성령을 지키고 안 지킴이 반석
위에 집을 짓고 못 짓는 것과 같은 뜻
이니라.
10 반석 위에 짓는 집은 무너지지 아니할
것이며, 모래 위에 짓는 집은 무너지
는 그와 같은 형국이니,
11 이게 바로 진정한 믿음이요, 하늘에
오르는 길을 바로 찾고 가라 함이니,
내가 너희에게 명하는 것을 잊어서는
아니 될 것이니라.
12 '비가 내려 창수가 나고 바람이 불어
그 집에 부딪힐 때 무너지지 아니하
니, 이는 주춧돌을 반석 위에 놓은 연
고라.' 하였음이니라.
13 이것은 바로 무엇을 의미하는가?
14 지금 진정한 길이요, 믿음의 길을 가
는 것은 어렵고 힘든 길이라 하였음이
니라.
15 그렇다 하여 어렵고 힘든 길을 선택하
지 아니하고, 그저 아무 말이나 듣고

아무나 이끄는 손에 딸려 가, '안 믿는
것보다는 믿는 것이 낫겠지.' 하고 종
교 집단에 몸을 던지는 자,
16 그와 같은 자는 집을 지키고 다지는
주춧돌을 단단하게 다지지 못하며 제
대로 놓지 못하는 자들이니라.
17 오늘의 내가 내리는 법전이요, 나의
아들을 통하여 내리는 성령을 따르고
깨우치는 그와 같은 자는 무너지지 아
니하며, 어떠한 것에 부닥쳐도 부서지
지 아니하는 반석 위에 주춧돌을 세
우는 것이며 터를 닦는 것이니,
18 다지는 것을 소홀히 하는 자는 정녕
구원을 받을 수 없으며, 다지고 다지
는 데 최선을 다하는 자, 반석 위에 집
을 짓는 터를 완벽히 닦는 자가 돼야
하는 것이니,
19 이는 나의 법전을 지키고 행하는 것이
힘들고 어려우며 인간으로서 갈 수
없는 길이니라.
20 그러나 이 길을 가는 것이 집을 짓기
위해 주춧돌을 단단히 다지는 그와 같
은 터를 굳건히 하는 역사임을 너희는
알아야 할 것이니라.
21 또한, 내가 성서에 기록하여 너희에게
전했느니라.
22 '나의 이 말을 듣고 행치 아니하는 자
는 모래 위에 집을 지은 어리석은 자
와 같다.' 말하였음이니,
23 '비가 내리고 창수가 나고 바람이 불
어 그 집에 부닥치며 무너져 심하게
파괴된다.' 말하였느니라.
24 또한, 오늘의 나의 법전이 세상에 내
려옴이니, 나의 법전을 읽고 깨우치는
자는 반석 위에 단단하게 터를 닦는
것이며,
25 어떠한 비바람이 몰아친다 해도 어떠
한 사악한 것들이 너희를 휩쓴다 해
도 무너지지 아니함을 알아야 할 것이
니라.
26 성서에 비유한 것은 바람이요, 비바람
이요, 주춧돌을 놓는 것이요, 집의 터
를 다지는 것이라 하나, 이건 나의 법
전을 보고 깨우치는 것을 의미함이니
라.
27 내가 내리는 나의 뜻이요, 성령을 바
로 보고 바로 깨우쳐 다지고 다지지
아니하면 너희는 세상 유혹에 모두
넘어짐이니라.
28 비바람이란 무엇이더냐?
29 바로 가고자 하는 너희를 사탄이요,
사악한 자들이 무너트리고 쓰러트리
고자 공격하고 유혹하는 것이니,
30 거기서 견딜 수 있는 것은 바로 완전
한 집을 짓기 위해 반석 위에 단단하
게 기초를 세우는 것이니라.
31 그리하여 나의 믿음이요, 나의 성령이
요, 내가 내리는 새로운 법전의 내용
을 보고 깨우치고 지키고자 하는 자는
무너지지 아니할 것이며,
32 이와 같은 길을 가지 아니하는 자는
견딜 수 없으며 무너진다는 것을 너희
는 알아야 할 것이니라.

8,647 번째 하나님 말씀

2003년 12월 4일 06시 45분

1 사랑하는 나의 아들아!
2 "네, 아버님! 말씀하옵소서."
3 너를 따르는 제자들은 지금 반석 위에

집을 짓기 시작하는 자들이며 터를 닦
는 자들이니라.
4 그러니 반석 위에서 터를 닦는다는
것을 간단하게 생각하나, 바위를 깎고
또 깎고 다듬어 집을 지을 수 있도록
다듬는 고통을 한번 생각해 보았는가?
5 너희는 그저 단단한 바위 위에 집을
지으면 흔들리지 아니하며 무너지지
아니하며 기초가 단단하다 하나, 그
집을 지으려면 어떠하던가?
6 그 높낮이가 이루 말할 수 없이 다르
며 도저히 집을 지을 수 없는 반석이
라면, 그걸 다듬고 깎아 내는 역사가
얼마나 고통스럽고 힘들고 어려울 것
인가, 이를 한번 생각해 보았느냐?
7 그와 같이 바위를 깎아 내고 또 다듬
는 고통이 그만큼 심함이니, 반석 위
에 터를 닦는 것이 그렇게 힘들고 어
려운 것이니라.
8 그러니 오늘의 믿음의 기초는 지금 살
아가면서 수없이 작고 큰 죄를 지은
것이요, 너희가 살아가면서 즐기는 향
락이 수천수만 가지니,
9 그것을 모두 잘라 버리고 비우는 것이
반석을 다듬고 바위를 다듬어 집을 지
을 수 있는 기초를 다지는 고통의 길
이니라.
10 오늘의 너희가 고통의 길을 가는 것
은 반석 위의 높고 낮은 바위를 다지
며 깎아 내고 다듬는 것이니라.
11 그러니 결국 너희는 이 고비를 넘어
야 할 것이며, 반석 위에 집을 짓기 위
하여 높낮이가 다른 바위를 다듬어야
하듯이, 그 마음을 다스리지 아니하면
절대 아니 됨이니라.
12 이제 그와 같이 바위를 다듬고 반석을
다듬기 시작한, 너를 따르는 제자에게
이르라.
13 너희가 이 세상에 역사하고자 하는 것
을 이루지 못할 것이 없으며 역사하지
못할 것이 없느니라.
14 너희는 마귀가 두려우며 사탄이 두려
우며 위대하다 생각하나, 그들과 동등
한 능력이 있으며 그들에게 뒤지지 않
는 것이 너희이니, 어떠한 것도 너희
를 무너트리고 쓰러트릴 수 없음이니
라.
15 그래서 나의 법전을 정독하고 또 읽으
라 함이니, 정독하는 자는 반석 위에
선다 이르지 아니하였더냐?
16 나의 법전을 공부하고 깨우칠 때, 두
마음을 가지고 책장을 열지 말며, 하
나의 마음으로써 책장을 열고 공부하
고 깨우칠 때, 모두 승자가 될 수 있는
것이며,
17 사탄이요, 마귀도 이 세상에 존재하는
것은 너희를 능가하는 것이 하나도
없음을 알라, 사랑하는 나의 아들딸들
아!

8,648 번째 하나님 말씀

2003년 12월 4일 06시 48분

1 사랑하는 나의 아들아!
2 "네, 아버님! 말씀하옵소서."
3 너를 찾아온 자가 너에게 질문을 했느
니라.
4 '세상에 사람이 어찌 태어났으며, 선
생은 사람을 어찌 평가하느냐, 그리고
나 여호와가 사람을 어찌 생각하는 것

인가?' 그가 너에게 질문을 했느니라.
5 그때 내가 너에게 답을 뭐라 주었느냐?
6 "네, 아버님께서 그리 답을 주셨사옵
나이다.
7 그가 저에게 묻기를, 사람을 이 세상
에 보낸 창조주의 뜻이 무엇이며 사람
이 태어난 뜻이 무엇인가 그리 물었을
때, 아버님께서 이리 답을 주셨사옵나
이다.
8 비빔밥이라는 음식을 먹고자 하여 수
많은 양념을 거기에다 가득 놓고 비비
나,
9 거기에서 가장 중요한 짠맛이요, 가장
으뜸 되는 양념이 빠졌을 때, 그 음식
이요, 모든 반찬은 맛을 낼 수 없기 때
문에,
10 모든 양념을 넣고 비비는 데 가장 소
중한 간을 맞추는 것처럼, 인간을 간
을 맞추는 것과 같이 역사하여 그와
같은 뜻으로써 세상에 사람을 내보낸
것이라 말하였사옵나이다."
11 맞느니라.
12 그러니 너를 따르는 제자들이요, 나의
법전을 읽고 깨우친 백성 너희는 알
아야 할 것이니라.
13 수많은 것을 넣고 밥을 비벼도 간이
맞지 아니하면 그걸 먹을 수 없듯이,
너희가 과연 그 간의 역할을 하느냐?
14 과연 너희가 소금의 역할을 하고 있
는가를 들여다봐야 할 것이니,
15 내가 이 세상에 그 많은 백성을 소금
의 역할을 하라 내보냈음이니라.
16 그러나 그들이 소금의 역할을 하지 못
하면 무엇과 같더냐?
17 내 뜻을 거역하며 내가 명한 자리를
지키지 못하는 자는 바보요, 기형아
요, 그리고 나에게 올 수 없는 백성이
아니더냐?
18 그러니 너를 따르는 제자들이요, 나의
법전을 읽고 깨우친 만백성은 비빔밥
에 간을 맞추는 것처럼, 이 세상의 모
든 자연이요, 동물이요, 이 지구가 존
재하는 속에서 그와 같은 역할을 하고
사는 것인가 한번 들여다보도록 그리
하라.
19 모든 양념을 맞춰 그들이 기능을 발휘
할 수 있도록 역할을 하며 그와 같은
마음을 가지고 사는가?
20 너의 제자들이라도 그와 같은 사람이
되어야 함을 잊지 말라, 사랑하는 나
의 아들아!

8,649 번째 하나님 말씀

2003년 12월 5일 07시 51분

1 사랑하는 나의 아들아!
2 "네, 아버님! 말씀하옵소서."
3 너희가 살아가는 이 아름다운 지상이
오염되고 또 오염되었을 때, 위로는
너희가 말하는 가스요, 공기가 오염되
어 있으며, 아래로는 너희의 삶이 폐
기물로 인하여 모두 썩고 병들어 몸부
림치느니라.
4 그러니 하늘에서 내리는 비로 하여금
어떠한 역사를 이루더냐?
5 하늘을 맑게 하며 지상의 모두를 쓸어
내림이니라.
6 그러니 그때 너희가 받는 기분이요,
마음은 어떠하던가?
7 바로 비가 내려 하늘의 오염된 공기

요, 그 모두를 다 쓸어 버리는 것처럼,
나의 법전을 세상에 내려보내니, 그
비보다도 더 귀하고 소중한 역사를 하
고 있음이니라.
8 이 세상에 썩고 병들어 있는 것, 치료
할 수 없는 것, 그리고 썩어 냄새가 진
동하는 것, 이와 같은 것을 소낙비가
내려 모두 쓸어 가듯이, 나의 법전이
세상에 내려와 그 비와 같은 역할을
하는 것이니라.
9 그러니 이 혼탁하고 썩은 것을 다스
릴 수 있는 것은 나의 법전이 소낙비
가 쏟아지듯이 세상을 다 덮는 것이며,
10 한 곳도 적시지 아니하는 곳이 없는
그와 같은 역사가 이루어질 때, 인간
의 삶이 모두 다스려짐이니라.
11 너희가 나의 법전을 읽고 깨우침으로
인하여 인간이 살아가는 본연의 자세
요, 인간의 본성을 찾으며 아름답게
변한다 하나,
12 그것은 모두를 다 변하게 하는 것이
며, 모든 자연의 아름다움까지도 가꾸
고 관리하는 데 너희의 마음 자세가
변하며,
13 지나가는 날짐승들이요, 그리고 들에
있는 짐승들이요, 미물까지도 너희가
생각하는 마음이 다르며 바라보는 마
음이 다르고 그렇게 아름답게 변하게
되는 것이 나의 법전이니라.
14 내가 하얀 눈처럼 세상을 덮으라는 그
의미를 알겠느냐?
15 소낙비가 쏟아져 오염된 공기요, 하늘
을 맑게 하듯이,
16 나의 법전이 그와 같이 세상에 쏟아져
나왔을 때, 모든 인간의 삶이요, 그 마
음 자세를 다스릴 수가 있음이니라.
17 지금은 어떠한 방법으로도 다스릴 수
가 없음이니라.
18 오염된 하늘을 물로써 소낙비처럼 정
화한다 하여 아래서 위로 물을 뿌린들
과연 얼마나 뿌리며, 만백성이 물을
퍼 하늘에 대고 뿌린다 해도 과연 얼
마나 높은 데까지 뿌리며, 그 모두를
다 정화할 수 있다고 생각하는가?
19 인간의 역사로써는 할 수 없을 것이니
라.
20 구름 위까지 오염된 세상의 모든 하늘
을 맑게 씻어낼 수 있겠는가?
21 이 지상의 수십억의 인구가 있어 물을
하늘에 뿌려 정화한다 해도 이를 역사
할 수 없을 것이니라.
22 지금 모든 종교 집단이요, 종파들이
그와 같은 짓을 하고 있음을 너희는
알아야 할 것이니라.
23 인간이 하늘에 물을 뿌려 모두 정화하
며 맑게 만든다는 그와 같은 짓을 하
는 것이 오늘의 모든 종파요, 종교 집
단의 지도자들이 하는 짓이니라.
24 그러니 그를 믿지 말라.
25 오로지 하늘에서 내리는 소낙비를 감
히 감당할 수 있는가?
26 이 모든 것을 정화하는 것은 나 여호
와의 뜻이요, 나의 성령인 법전이 세
상에 소낙비처럼 내리쏟아지는 것만
이 정화할 수 있음을 전하라, 사랑하
는 나의 아들아!
27 그 모든 것을 위하여 너희가 선택되었
으며, 그 모든 것을 위하여 역사하는
나의 아들을 따르는 제자들과 나의 법
전을 읽고 깨우친 백성, 너희는 작은

것에 시시비비하지 말며, 작은 것에 연연하지 말며,
28 법전을 만들어 세상에 전하는 대명을 다하도록 그리하라.
29 너희가 아닌 다른 백성은 법전을 가지고 너희가 행동하는 것으로써 시시비비할 수 있으며 형제지간에 반목할 수 있으나,
30 너희는 형제들과 살아가는 삶의 반목이요, 작은 것에 시시비비하여 마음을 상하며 감정을 상하는 그와 같은 어리석은 짓을 하지 말라.
31 나의 법전을 만들어 세상에 전하는 그 역사 외에는 무엇도 생각하지 말며,
32 오로지 소낙비가 쏟아지도록 그 역사를 다하는 데만 최선을 다하라.
33 그것이 너희가 선택된 길이요, 가야 할 길이요, 역사할 길이라는 것을 잊지 말라, 사랑하는 나의 아들딸들아!

8,650 번째 하나님 말씀

2003년 12월 5일 07시 57분

1 사랑하는 나의 아들아!
2 "네, 아버님! 말씀하옵소서."
3 지금의 모든 집단이요, 종파가 잘못된 것이 무엇인지 알겠는가?
4 그 모두를 하나하나 짚어 너희에게 말함이니, 지금 잘못 가는 그 많은 가짓수를 나의 법전에 수없이 기록하여 전하였음이니라.
5 그중에 또한 너희가 잘못 가고 잘못해 놓은 행위가 무엇이던가?
6 나의 사랑하는 백성을 끌어모아 진리를 가르치며 나 여호와의 뜻을 가르친다는 그와 같은 행위가 잘못되었음을 알아야 할 것이니라.
7 그리하여 나의 피조물 만백성을 끌어모아 재물을 거둬들이며 금화를 은화를 거둬들이는 그와 같은 행위를 하는 그것이 지금 어떠한 형태인 줄 알겠느냐?
8 정신이상이 된 자요, 미친 자와 같은 행위를 하는 것처럼 미쳐 있는 자들이 바로 오늘의 종교 집단이요, 지도자요, 그리고 광신도 너희가 하는 짓임을 알라.
9 영원히 변하지 아니하며 지속적으로 끝없이 나의 피조물 만백성을 끌어모으는 데 역점을 두며, 그를 금화와 은화를 거둬들이는 그와 같은 방법이요, 수법으로써 동원하고 있음이니,
10 이것이 너희의 가장 잘못된 것이며, 영원히 이끌어 가고 지속하고자 함이니,
11 이를 바로잡고자 하여 지금 내가 160권의 법전을 세상에 내려보내, 하늘에 오르는 길이 무엇이며 깨달음이 무엇인가를 역사하는 것임을 깊이 깨우쳐 행해야 할 것이니 그리 알라.
12 내가 너에게 비유로 표현하여 말하기를, 하늘을 정화하되 인간이 물을 뿌려서 과연 그걸 정화할 수 있느냐 물었느니라.
13 오로지 하늘에서 소낙비가 쏟아지는 것만이 그것을 모두 다 덮을 수 있으며 정화할 수 있다 하지 않았느냐?
14 그러니 바로 그와 같은 비를 뿌리는 역사를 하는 것이 너희라는 것을 절대 잊어서는 아니 됨을 다시 한 번 내가

너희에게 전함이니 그리 알라.

8,651 번째 하나님 말씀

2003년 12월 5일 11시 32분

1 사랑하는 나의 아들아!
2 "네, 아버님! 말씀하옵소서."
3 내가 너희에게 뭐라 말하였느냐?
4 너희가 아무리 현명하고 바른 믿음으
로 가며 구원의 길을 가는 백성이라
하며 무엇이라 말한다 해도, 너희는
어떠한 역사를 이룬다 말하였느냐?
5 이 세상의 공기가 다 혼탁하여 세상이
오염되었음이니, 그 오염된 공기를 땅
아래로 잠재우는 것은 무엇이라 하였
느냐?
6 "네, 아버님! 하늘에서 소낙비가 쏟아
지며 비가 내려 그들을 다 쓸어내리
고, 모든 동식물의 오염된 것을 씻어
낼 수 있는 것은 하늘에서 내리는 소
낙비요, 그 비보다 더 크게 역사하는
것이 없다 하셨사옵나이다.
7 또한 믿음의 길을 가는 백성이요, 오
늘의 구원의 길이요, 하늘에 오르는
길이라 하는 자들은 바로 땅에서 저
희가 물을 뿌려 하늘에 올려 그 물이
다시 내려오면서 그 오염된 공기를 잠
재우며,
8 또 모든 나무요, 동물에 묻어 있는 것
과 지상에 썩어져 있는 것을 모두 씻
어 내는 그와 같은 역사를 한다는 것
과 다름없는 행위를 한다는 말씀을
주셨사옵나이다."
9 그러니라.
10 하늘의 오염된 공기요, 자연의 동식물
에 오염되어 묻어 있는 것, 그리고 지
상에 썩어져 오염되어 있는 그 모두를
씻어 내는 것은 감히 인간이 아무리
물을 뿌리고 하늘 위로 치솟게 한다
해도 그를 역사할 수 없다 하였느니라.
11 비가 내려 이 세상을 다 덮는 것만큼
역사할 수 없음이니,
12 곧 나의 법전이 세상에 내려오는 것은
소낙비가 쏟아지는 것과 같은 것이요,
너희가 지금 가는 믿음의 길은 바로
물을 하늘에 뿌려 모든 것을 정화하겠
다는 것과 같은 짓이라 그리 말하였느
니라.
13 그와 같은 이치를 깨닫는다면, 정녕
나의 법전을 소낙비가 세상에 내리듯
이 덮는 것이 너희라 하였음이니라.
14 너희가 그와 같은 역사를 한다 해도
나에게 구원을 받으며 나에게 오른다
는 자만과 오만의 마음을 버려야 할
것이니라.
15 너희가 나의 법전을 만들어 만백성에
게 전하는 그 대명을 다했을 때, 나에
게 구원을 받으며 나에게 오를 수 있
다는 그와 같은 생각을 하지 말라.
16 그것은 모든 종교 집단이요, 광신도가
믿기만 하면 구원을 받으며 재물을 바
치면 구원을 받는다 하는 그와 같은
어리석은 생각을 하는 백성과 똑같으
니라.
17 다만, 너희가 법전을 만들고 어떠한
역사요, 어떠한 고통의 길을 간다 해
도, 천사와 같은 마음으로 변하지 아
니하면 점수가 없으며 심판받을 자격
이 없음이니, 절대 나에게 올 수 없는
것이 너희니라.

18 나의 법전을 만들어 소낙비가 되도록
쏟아 세상을 정화하는 것은 너희 인
간이 할 일이요, 나에게 받은 은혜로
써 할 수 있는 것이니,
19 그 한계를 넘는 것은 인간의 자세가
변화되는 것이니 그리 알라 전하라.
20 이제 내가 너의 제자들에게 물어보고
자 함이니라.
21 너희가 과연 인간 세상의 욕심을 다
버리지 못하고 정녕 나로부터 버림받
는 백성이 되겠는가?
22 내가 너희에게 뭐라 말하였느냐?
23 손을 펴서 쥐었다 펴 보라 하였음이니
라.
24 거기에 산소요, 공기가 그득히 거쳐
가나 남는 것이 없다 하였거늘,
25 너희가 그와 같은 마음 자세로 나에게
구원을 받는 길을 오겠는가?
26 그렇지 않으면 인간의 욕심의 고리요,
그 모두를 놓지 못하며 손으로 쥐어
그득히 남는 그와 같은 오늘의 마음
자세로 살아갈 것인가, 이제 너희가
정해야 할 것이니라.
27 너희가 손을 펴서 쥐었다 놓는 그 공
기는 절대로 보이지 않고 남지 않듯
이, 네 마음을 그리 다스리지 아니하
고 세상을 그리 살지 아니하면 너희
는 결코 나에게 오를 수 없음을 알라.
28 너희는 그와 같은 마음으로 변화되어
나에게 오르는 길을 선택하겠는가, 그
렇지 않으면 그와 같은 마음을 버리지
못하여 지옥 불로 가는 삶을 살겠는가?
29 이제 너의 제자들이 결정할 때며, 그
를 행할 때가 되었음을 알라.
30 너희의 마음이 손에 공기를 쥐었다
놓으면 아무것도 남지 않는 그와 같은
형국으로 행하지 아니할 때, 나는 너
희를 절대 모른다 할 것이니라.
31 '법전을 이고 지고 저희 재산을 다 털
어 생명을 다 바쳐 하나님의 아들을
따라 그 역사를 했거늘, 어찌하여 창
조주 아버지는 저를 모른다 하며, 저
에게 그와 같은 상이 없다 하시나이
까?'
32 너희가 아무리 그리 울고불고해도 내
가 듣지 아니하며 그를 보지 아니함이
니, 과연 너희가 고통의 어려움을 무
엇을 알겠는가?
33 나는 아무것도 보지 아니하며 듣지 아
니함이니, 내가 너희를 모른다 하는
길밖에 없음이니라.
34 아무리 너희가 지상에서 나의 법전을
만들어 밤새워 고생했으며 재물을 바
치며 역사했다 해도, 천사들이 그 말
을 나에게 전하지 아니하니 내가 그를
알 수 없는 것이니라.
35 천사들이 나에게 전하는 것은 어떠한
것을 전하는 줄 알겠느냐?
36 아름다운 모습이요, 천사와 같이 변하
는 삶을 사는 그와 같은 자만이 나에
게 오를 수 있으며, 그 명단이 나에게
오를 수 있으며 나에게 보낼 수 있는
그 법이 정해져 있기에 그들 또한 임
의대로 할 수 없는 것이니라.
37 그러니 너희가 아무리 법전을 만들어
세상에 전하는 데 모두를 다 바쳤다
해도 그것은 그들이 점수를 매겨 나에
게 보고하는 데 점수가 되지 아니하며,
38 그와 같은 내용이 기록되어 있는 천사
들이 가진 수첩에 그게 없기 때문에

그들은 그를 받아들이지 못함이니 그
를 알라.
39 이제 너희는 선택할 때가 되었느니라.
40 너희 스스로 손에 아무것도 쥐지 않은
그와 같은 마음 자세로써 나에게 온갖
영화와 부귀영화요, 거듭나는 은혜를
받을 것인가,
41 그렇지 않으면 손에 잔뜩 움켜쥐어 정
녕 모든 것을 다 버리겠는가?
42 너희 마음이 어떠한 것인가 돌이켜
봐야 할 것이니라.
43 지금 너희의 마음이 과연 아무것도
움켜쥐고 있지 아니한가, 그를 먼저
봐야 할 것이니라.
44 나의 성전에서 공부하고 배우고 가르
치는 자, 너희가 다 같은 형제이거늘,
45 어떠한 이유든 어떠한 것이든 간에
형제지간에 시시비비하며 언쟁을 높
이는 것은, 너희가 뭐라 말해도 너희
자신의 손에 쥔 것이 그냥 남아 있는
자요, 마음을 비우지 못한 자들이라는
것을 먼저 깨우치도록 그리하라.
46 이는 너희가 정녕 나에게 오를 수 없
으며, 나로부터 사랑을 받을 수 없으
며, 나에게 어떠한 것도 기억되지 아
니함을 알라 그리 전하라.

8,652 번째 하나님 말씀

2003년 12월 5일 12시 23분

1 사랑하는 나의 아들아!
2 "네, 아버님! 말씀하옵소서."
3 지금의 모든 종교 집단이요, 지도자
요, 그들이 하는 역사가 무엇이더냐?
4 나 여호와의 계획이요, 나 여호와가
역사하는 것은, 6천 년이라는 세월이
흘렀음이니 너희가 1년 농사를 지어
가을에 추수하는 것처럼 추수할 때가
되어 추수하고자 하는 것이 나 여호와
의 계획이요, 내가 역사하는 것이니라.
5 그러나 지금의 종교 집단이요, 지도자
들은 무슨 짓을 하는 줄 네가 알고 있
느냐?
6 "네, 아버님! 알고 있사옵나이다.
7 구원을 받았다는 종교 집단에 속해 있
는 신도요, 백성이요, 맹종 맹신하는
그들은 아래부터 잘못되었으며, 가르
치는 지도자요, 그 종교 집단까지도
잘못되었사옵나이다.
8 그들은 지금 아버님께서 추수하여 거
둬들이는 때라는 것을 모르고, 씨를
뿌리는 때로 알고 있으며, 그들은 씨
를 뿌리려고 온갖 짓을 다 하고 있사
옵나이다.
9 저희가 씨를 뿌리는 것만이 아버님의
뜻을 역사하는 것이며 그게 하늘에 오
르는 길이라 하여, 지금 아버님께서
거둬들이고 추수하는 때라는 것을 모
르고, 봄에 씨앗을 뿌리듯이 지금이
씨앗을 뿌릴 때인 줄 알며 씨앗을 뿌
리고 있음이니,
10 그 씨앗은 정녕 날 수 없으며 성장할
수 없는 이와 같은 형국에 처해 있다
는 것을 그들은 모르고 있사옵나이다.
11 저는 그를 보고 있으며, 그 뜻을 알고
있으며, 아버님께서 지금 역사하는 그
것을 알고 있사옵나이다.
12 지금은 마지막 추수하는 때이며, 추수
를 하는 데 필요한 역사를 하는 때라
는 것을 아직 모르고 있으며, 그리하

여 그들은 계속 씨앗을 뿌리는 짓만을
하고 있음을 알고 있사옵나이다."
13 사랑하는 나의 아들아!
14 "네, 아버님! 말씀하옵소서."
15 나의 뜻에 의해 역사한다, 그 뜻대로
행하고 있다, 그대로 실천하고 있다면
서 지금 울고불고 가는 그들이 얼마
나 불쌍하고 가련한 백성이더냐?
16 그러니 추수할 때에 따라 나의 성령이
요, 나의 뜻이 세상에 내려와 모든 백
성을 다스리는 만큼, 새로운 말씀이
요, 새로운 가르침이 세상에 내려오는
것은 당연하거늘, 그들이 지금 모르는
것이니라.
17 그러니 그들이 얼마나 불쌍하고 가련
한 백성이더냐?
18 나 여호와의 백성이라며 나에게 오르
고자 하는 자들이 내가 역사하고자 하
는 뜻을 모르며, 가을이 되어 지금 추
수 때가 되어 거둬들이는 것을 모르고
있음이니라.
19 그들은 봄에 씨앗을 뿌리듯이 씨앗을
뿌리는 것만을 시작하고 있음이니,
20 흐름을 모르는 자요, 변화함을 모르는
자요, 내가 새로운 방법으로 새 역사
를 이루어 가는 그것을 모르고 가는
자들이니라.
21 그러면서 모든 것을 외면하고 있으며
모든 것에 등 돌리고 있으면서, 저희
가 하는 길이 나에게 오르는 길이요,
내 뜻에 의해 역사하며 내가 원하는
길을 순종하는 백성이라 그리 생각하
니, 그들을 가르치라.
22 그들은 정녕 모르느니라.
23 새로운 추수 때는 추수 때에 맞춰 새
로운 말씀이요, 새로운 가르침이요,
내 뜻이 내려온다는 것, 그리고 역사
할 수 있는 사람들이 다시 임명되어
세상에 역사한다는 그와 같은 순리도
모르는 불쌍한 자들이니, 그들을 잘
깨우치도록 그리하라.

8,653 번째 하나님 말씀

2003년 12월 5일 12시 26분

1 사랑하는 나의 아들아!
2 "네, 아버님! 말씀하옵소서."
3 추수할 때가 되어 이제 추수를 시작하
고 있건만, 씨앗을 뿌리기만 하고 씨
앗을 뿌리는 짓만 하고 있는 것이 오
늘의 그들의 행위라 하지 아니하였던
가?
4 그러면 내가 너에게 뭐라 말하였느냐?
5 추수의 시대요, 추수가 시작되었을 때
는 그를 거둬들이기 위하여 그때에 맞
는 말, 그리고 그때에 맞는 성령이요,
그때 필요한 모든 새로운 성경이 세상
에 내려가는 것은 당연한 것이며,
6 이는 창조주 내 역사요, 내 계획에 의
해 이루어지는 것이라 그리하지 아니
하였더냐?
7 창조주 나 여호와의 말씀이요, 하나님
의 말씀이요, 창조주가 역사하는 것이
라 말하는 그와 같은 새로이 역사함이
내려가는 것을 그들이 정녕 모르고 생
각하지 못한단 말이더냐?
8 그들은 알고 있음이니라.
9 추수 때는 추수에 필요한 창조주 하나
님의 말씀이 다시 역사하고 내려온다
는 것을 그들은 알면서도 그를 외면하

며,
10 저희가 역사하지 못하며 저희가 받지
못함이니, 그와 같은 것이 역사한다
해도 믿지 아니할 것이니라.
11 나의 아들 예수를 참혹하게 죽게 한
자들이 몰랐더냐?
12 알고 있으면서도 그와 같은 행위를 한
자들과 똑같음이니라.
13 추수의 시대에 새로운 말씀이 내려가
는 것은 당연하며, 그 이치를 너무나
도 그들은 잘 알고 있으며, 그와 같은
시대가 올 것이라는 것, 그렇지 아니
하고 오늘의 저희의 믿음으로써는 절
대 구원을 받지 못한다는 것을 그들은
알고 있음이니라.
14 그러나 새로운 시대에 새 말씀이 내려
오게 되면, 저희가 새 일꾼으로서 이
세상을 통제하며 다스리지 못함이니,
저희가 설 자리가 없다는 것을 그들은
너무나 잘 알고 있기 때문에,
15 그것 때문에 큰 것을 다 버리는 자들
이라면 너희는 알겠느냐?
16 내가 성서에 기록하여 너희에게 전하
였느니라.
17 '새로운 술은 새로운 부대에 담아야
한다'는 그와 같은 말을 너희는 알고
있지 않으냐?
18 그러니 지금 내가 추수의 시대에 새로
운 성령이요, 내 뜻이 내려감이니, 그
걸 받아 역사하며 나누어 전하는 백
성은 따로 선택되며 따로 나에게 부
름을 받는 것은 당연한 것임을 너희
는 알아야 할 것이니라.
19 그리하여 새로운 부대에 새로운 술을
담았음이니, 그걸 가지고 만백성에게
전하는 역사를 이루는 그 백성은 또한
누구더냐?
20 바로 선택된 나의 아들을 따르는 너희
요, 나의 법전을 읽고 깨우친 백성 너
희니라.
21 그러니 너희가 이를 골고루 세상에 전
하며 모두 역사하여, 만백성이 새로운
부대에 담은 새로운 술을 마실 수 있
도록 그리 역사하라.
22 이것이 나의 법전이요, 새로운 책이
세상에 내려가는 것이니라.

8,654 번째 하나님 말씀

2003년 12월 5일 12시 41분

1 사랑하는 나의 아들아!
2 "네, 아버님! 말씀하옵소서."
3 지금의 믿음의 길을 가는 백성이요,
그 후손들이 역사의 흐름 속에서 어찌
가르치고 어찌 역사해 왔는지 알겠느
냐?
4 나 여호와는 분별하는 자요, 모든 것
을 거둬들이고 역사하는 것은 나 여호
와의 소관이라 너희는 그리 알고 있음
이니라.
5 그리하여 어떻게 살아왔든 너희가 나
여호와를 믿으며 나의 아들 예수를 믿
으며, 너희 손으로 지은 성전이요, 교
회라는 곳에 가기만 하면 구원을 받는
것이요,
6 너희가 할 수 있는 것은 거기까지가
너희의 몫이요, 그리고 거둬들이고 분
별하여 나에게 오르는 것은 나 여호와
의 소관이라 그리 가르치고 알고 있느
니라.

7 그러나 너희는 그리 생각해서는 아니
됨을 알아야 할 것이니라.
8 거둬들이고 못 거둬들이는 것은 모두
너희가 끝까지 해야 할 일이며, 너희
가 역사해야 할 것이라는 걸 잊어서는
아니 됨을 알라.
9 곡식이 성장하여 익었을 때만이 많은
백성에게 양식이 되며 즐거움을 주지
않더냐?
10 그러니 너희가 나에게 오를 수 있고
없는 그 한계까지, 모든 곡식이 익는
것까지, 열매를 맺는 것까지, 거기까
지의 노력은 너희 몫이니라.
11 인간 세상에 살면서 거둬들이고 거둬
들이지 못하는 것, 거기까지는 너희
소관이며,
12 그 후에 나 여호와의 뜻이라는 것을
너희는 알아야 할 것이니라.
13 너희가 그저 심어 놓고 뿌려 놓기만
하면 그것을 모두 가꾸고 거둬들이는
것은 나 여호와의 뜻이요, 나의 소관
이라 그리 가르침이니,
14 그리하여 오늘날 너희가 나의 아들
예수를 찾으며 구세주라 부르며, 너희
손으로 지은 죄의 온상에 와 그저 씨
앗을 뿌리고 재물을 바치는 역사를 한
다음에 구원을 받고 못 받는 것은 나
의 소관이요, 나의 뜻이라 그리 가르
침이니,
15 이제는 너희는 다시 깨달아야 할 것
이니라.
16 씨앗을 뿌렸으면 잘 성장하도록 가꾸
어야 할 것이며, 열매를 맺어 가을에
농부가 거둘 수 있도록 익게 하는 것,
그리고 결실을 맺게 하는 것은 너희
소임이니라.
17 육의 세상에 살아 있는 오늘의 삶에서
양식이 되어 거둘 수 있도록 끝까지
매듭짓는 것은 너희 몫이라는 것을
잊지 말라.
18 그 후에 내가 너희에게 역사한다는 것
을 바로 깨우치고 인식해야 함을 알라.
19 익고 안 익고 하는 것까지 나 여호와
가 너희에게 이루어 주는 것이며 나의
몫이라 그리 말하지 말라.
20 그러니 너희가 얼마나 어렵고 힘든 길
을 가는 것이며 역사하는 것인가?
21 농부가 추수해서 거두어들일 때까지,
잘 익어 농부가 거둬들일 수 있게 하
는 것은 너희 몫이라는 것을 잊어서는
아니 됨이니 그리 알라.
22 뿌려 놓는 것으로써 모두 거둬들인다
생각하지 말라.
23 그저 심어 놓는 것으로써 모두 거둬들
일 수 있는 것이요, 그것은 나 여호와
의 뜻이라 하지 말라.
24 나의 아들을 찾으며 나를 찾는 것으로
써 구원을 받았다 말하는 백성 너희가
바로 그러니라.
25 세상의 유혹과 사탄과 악한 것과 싸워
바로 서는 삶이 중요하거늘, 그를 함
부로 생각함이니, 그와 같은 이치임을
너희는 알아야 할 것이니라.

8,655 번째 하나님 말씀

2003년 12월 6일 06시 38분

1 사랑하는 나의 아들아!
2 "네, 아버님! 말씀하옵소서."
3 '네 이웃에 대하여 거짓 증거하지 말

라.' 하였음이니, 내가 십계명에 기록
한 그 내용을 너희는 다시 한 번 음미
해야 할 것이니라.
4 내가 작은 거짓도 살인하는 것과 같다
말하였음이니, 바로 이 대목이요, 이
뜻이 여기 기록되어 있음이니라.
5 그러니 너와 너의 제자들은 이와 같은
것을 지키고 사는 데 최선을 다하는
삶을 살지 아니하면 아니 될 것이니라.
6 내가 직접 친필로 써 내린 십계명의
의미요, 깊이를 잘 깨우쳐 행하도록
해야 할 것이니라.
7 '네 이웃에 대하여 거짓 증거하지 말
라.' 함이 무엇이더냐?
8 너희는 남과 시시비비할 때 증거할 때
도 거짓으로 하지 말라는 것이니, 평
소에 살아갈 때 너희는 과연 어떠하
겠는가?
9 남들 앞에서 증거할 때, 남의 얼굴을
보고 말할 때, 상대방이 있는 그 자리
에서도 거짓 하지 말라 함이 내가 너
희에게 명한 것이니,
10 그와 같은 증거요, 증인이 없이 서로
상대방이 시시비비하는 자리가 아닌
곳에서도 거짓된 말을 하며 남을 속이
고 살아서는 절대 아니 됨이니라.
11 이것을 너의 제자들에게 깊이 깨우쳐
주어야 할 것이니라.
12 네 이웃에 거짓 증거하지 말라 함이
니, 상대방과 서로 상대성이 있어 시
시비비하는 마당에서 증거할 때, 거기
에서 사람의 얼굴을 보며 인간관계를
보지 말며, 그와 같은 걸 모두 떠나서
양심적인 대답이요, 양심적인 증언을
하라는 것이니,
13 너희는 그보다 더 어렵고 힘든 길이
없을 것이니라.
14 그와 같은 장소에서 거짓된 짓을 하지
말라 하였음이니, 더욱이 평소에 너희
가 살아가는 데는 어떠하겠는가?
15 너희는 증거하는 데서 거짓된 행위를
하느니라.
16 사람의 입을 맞추며 생각을 맞추며,
그리고 이웃과 인간관계요, 얼마나 오
래 지속한 친구관계요, 벗의 관계냐,
또는 형제 관계냐, 이와 같은 데서 거
짓 증거하는 것이 죄라 생각하지 아니
하며 그건 당연하다 그리 생각하느니
라.
17 그러나 내가 그와 같은 장소에서 거짓
증거하지 말라 하였음이니, 너희는 평
소에 살아갈 때 생활에서 거짓을 해서
는 아니 될 것이니, 이를 명심해서 살
아가야 할 것이며,
18 너의 제자들에게 이를 깊이 깨우쳐 이
와 같은 의미의 귀하고 중요함을, 그
리고 그 죄가 얼마나 두렵고 무서운
것인가를 너는 그들에게 깨우쳐 주어
야 할 것이며,
19 그들의 마음을 열어 주도록 하며, 그
들이 귀를 열고 눈을 뜨도록 그리하
라, 사랑하는 나의 아들아!

8,656 번째 하나님 말씀

2003년 12월 6일 06시 47분

1 사랑하는 나의 아들아!
2 "네, 아버님! 말씀하옵소서."
3 네가 보고 온 그 장소요, 그곳에서 나
의 성전의 역사를 하도록 하며, 그곳

에서부터 모두를 다 너희에게 이룰 수
있는 준비를 내가 할 것이니, 그를 네
가 선택하도록 그리하라.
4 그리하여 그곳을 잡아 네가 남들이 생
각할 수 없는 그와 같은 역사의 시작
을 거기서부터 해야 할 것이며, 그곳
을 본부로 하여 모두 역사하도록 그리
해야 할 것이니라.
5 그리고 너의 제자 중에서 '김동렬'이
라는 제자를 먼저 내려보내 그 성전을
그로 하여금 역사하여 다스리도록 그
리하라.
6 그가 그리 가지 아니하면 아니 될 것
이니, 그것은 그의 자유의사요, 강압
적으로 내가 너희에게 명하는 것이
아니요, 모든 것은 자유의사요, 너희
뜻에 의해 하는 것이니라.
7 그러나 그가 그곳을 내려가야 할 것
이며, 그곳에서 그가 성전의 꽃을 피
워야 할 것이니라.
8 그가 내려가지 아니하면 역사할 수 없
으며 그곳에서 이룰 수가 없음이니라.
9 너희가 말하기를 모든 것은 삼박자가
맞아야 역사한다 하지 않더냐?
10 지금 두 박자는 맞음이니, 네가 역사
하는 마지막 한 박자는 지금 동렬이라
는 제자가 내려가지 아니하면 아니 되
느니라.
11 그가 그곳에 내려갔을 때 열 가지를
얻게 되며, 그가 그곳을 가지 아니하
면 열 개를 잃게 됨이니,
12 네가 사랑하는 제자라면 그가 그 길을
가도록 해야 하며, 그로 하여금 그곳
에서 모든 터전을 이루도록 그리하라.
13 그리하지 아니하면 모두 이루어질 수
가 없음이니라.
14 삼박자란 무엇이더냐?
15 셋이서 버티고 가야 모두 지탱함이니,
지금 그 버팀목은 그밖에 갈 사람이
없으며 그 역사를 이룰 자가 없음이니,
16 모든 준비를 내가 다 해 놓았음이니,
그가 가고 안 가는 것은 그의 뜻에 달
렸음이니, 그 결정 후에 모든 역사를
하도록 하라.
17 그것이 나 여호와의 뜻이니 그리 알
라, 사랑하는 나의 아들아!

8,657 번째 하나님 말씀

2003년 12월 6일 11시 41분

1 사랑하는 나의 아들아!
2 "네, 아버님! 말씀하옵소서."
3 사랑하는 나의 백성 너희를 뭐라 말
하였느냐?
4 너희를 분해하고 또 분해하여 값을 따
질 때, 과연 몇 푼의 값이 되는 것이
인간이요, 인생의 육을 가진 자라 말
하였더냐?
5 그러나 너희는 그 값이 얼마나 또한
소중하고 귀한가를 모름이니, 너희 스
스로 자신을 높이며 네 값을 높이는
것은 인간 너희에게 달렸음을 알아야
할 것이니라.
6 과학이라는 것을 연구하는 백성이 인
간 자체를 분석하기를, 물과 모두를
공제하고 나면 몇 푼의 가치도 없는
것이 인간이라 그리 말하였음이니라.
7 그러나 너희는 여기서 알아야 할 것
이니라.
8 인간의 값어치요, 인간의 모든 점수를

매기며 값을 따지는 것을 육의 성분이
요, 그와 같은 것으로써 해서는 아니
될 것이니라.
9 어떠한 생각이요, 어떠한 마음을 가지
고 존재하며 어찌 살아가느냐 하는 것
으로써 따져야 할 것이니,
10 이 세상 수십억 인구 중에서 가장 값
지고 가장 귀한 백성이 누구인 줄 알
겠느냐?
11 나의 법전을 읽고 접하며 깨우친 백성
너희니라.
12 나의 뜻에 의해 천사와 같은 삶을 살
고자 노력하는 자, 그 길을 향하여 달
려가는 자, 그 백성보다 더 귀하고 소
중한 자가 없으며, 값으로 따질 수 없
는 것이 그와 같은 백성이니,
13 너희보다 이 세상에 더 소중하고 귀하
며 값이 높은 백성이 없음을 알아야
할 것이니라.
14 너희가 인간을 놓고 값으로 시시비비
하며 말하나, 나의 아들을 따르는 제
자들이요, 나의 법전을 읽고 깨우친
백성 너희는 그 값으로 측량할 수 없
으며 따질 수 없는 자들이니, 그 귀하
고 소중함을 스스로 알아야 할 것이
니라.
15 그러니 값지고 소중한 인간으로서 너
희를 승화시킬 것인가, 그렇지 않으면
인간을 과학적으로 분석하고 따져 몇
푼밖에 안 되는 그와 같은 인간으로
서 존재할 것인가, 이것은 너희의 선
택의 여지에 달렸음을 알아야 할 것
이니라.
16 이제 너희에게는 시간이 없음이니라.
17 나의 아들을 따르는 제자들이요, 나의
법전을 읽고 깨우치는 만백성 너희는
시시비비하며 기다릴 그와 같은 시간
이 없음을 알라.
18 나의 피조물 만백성을 구하고 역사하
는 거기에 시간이 없고 잠시도 멈추어
서도 아니 되며 늦추어서도 아니 되는
것이 너희니라.
19 너희가 나의 법전 한 권을 만들어 세
상에 전하며, 너희가 나가 백성에게
기름을 한 번 부음으로 인하여 그것은
나의 성령이요, 나의 뜻의 진정한 기
름을 부음이니,
20 거기서 구원을 받을 수 있으며 변화의
역사를 이루는 것이 그 백성이니,
21 이 세상에 나의 백성에게 기름을 부
어 구원할 수 있는 자들은 지금의 종
교 집단이요, 지도자들이 아니라 너희
임을 알아야 할 것이니라.
22 너희는 나의 뜻에 따라서 내가 내린
성령이요, 나의 법전을 읽고 깨우쳐
천사처럼 변하고자 하니,
23 내가 기름을 부을 수 있는 자격은 뭐
라 말하였느냐?
24 너희가 천사와 같은 마음으로 나의 성
령을 전하는 것이 곧 나의 성령의 기
름을 부음이니, 그 역사를 할 수 있는
것은 너희뿐이니라.
25 그러니 너희가 법전을 만들어 세상에
전하는 그 역사를 이루며 나가서 만백
성에게 기름을 붓는 그 역사를 시작해
야 함이니,
26 또한 육으로써 활동하고 움직이는 그
와 같은 것이 다음에 너희가 해야 할
단계이니라.
27 160권의 법전을 역사하여 만들어 놓

은 다음에 너희는 나의 피조물 만백
성들에게 나의 성령의 기름을 직접 부
어 주어 그들을 깨우치는 역사를 이루
어야 할 것이니라.
28 여기서 너희가 깨우쳐야 할 것이니라.
29 세상의 나의 피조물 모든 백성이 160
권이 세상에 나왔으니, 이는 성령이
요, 하나님의 뜻으로써 역사하는 것이
라 할 때,
30 너희가 거기에 손때를 묻혔으며 충성
을 다했으며 몸바쳐 모든 법전을 만든
사람이라면 그 백성이 너희를 어찌
보겠는가?
31 너희의 그 값을 따질 수가 없으며, 너
희를 만나는 것, 너희 손을 한 번 만져
보는 것, 너희의 강론을 듣는 것, 너희
와 같이 식사 한 번 하는 것, 차 한잔
하는 것이 최대의 영광이요, 은혜라
생각할 것이니라.
32 지금 너희는 보잘것없으며, 너희를 찾
는 자가 없으며, 너희와 더불어 식사
하며 차 한잔을 해도 기름 부을 역사
를 가진 백성이 제 앞에 있는 것을 그
들은 모르느니라.
33 그러나 160권의 법전이 세상에 나가
이게 나 여호와의 뜻이요, 참진리요,
새로운 성경이라면, 그를 만들어 세상
에 낸 백성이라 할 때, 너희를 그들은
과연 어찌 보겠는가?
34 세상의 어떠한 것과도 바꿀 수 없는
소중한 사람들이요, 너희와 차 한잔하
는 것, 냉수 한 그릇 마시는 것, 대화
한 번 하는 것, 같이 여행하는 것, 그
모두가 그들에게는 세상에 다시없는
영광이요, 축복이요,
35 그리하여 너희의 한 마디 한 마디를
그들은 귀를 기울여 들을 것이니, 그
때쯤 되면 너희는 자연적으로 기름
붓는 나의 종이 아니라 해도, 너희는
나의 기름 붓는 종으로서 나의 아들딸
로서 역사하며 그 길을 가고 있게 될
것이니 그리 알라.
36 이와 같은 이치를 깨달아야 할 것이며
그리하여 귀하고 소중한 자요, 만백성
을 구하는 건 너희라 함이니라.
37 너희가 나의 법전을 만들어 세상에 전
하며, 또한 나의 아들이 세상에 살다
명을 마치고 갔을 때, 그를 직접 따랐
으며 그 강론을 들었으며 법전을 만든
제자들이라 말할 때,
38 그들이 너희를 과연 어찌 대하겠으며,
너희 후손들은 너희를 어찌 생각하겠
느냐?
39 그들은 생명을 던져서라도 너희와 같
이하는 것을 영광이라 생각할 것이며,
그와 같은 기회를 얻고자 하는 백성
이 수없이 있을 것이니라.
40 바로 너희의 말 한마디요, 손 한 번 얹
어 휘젓는 것이 그들에게 기름을 붓는
역사를 이룰 것이니, 그 모두는 너희
가 역사할 길이니 그리 알라, 사랑하
는 나의 아들딸들아!
41 그리하여 너희가 얼마나 귀하고 소중
한 자들인지, 값으로 따질 수 없는 백
성이라 내가 말한 것을 알 것이니라.
42 인간 너희가 과학적으로 분석할 때
몇 푼도 안 되는 인생이나, 너희 자신
은 그리 살아서는 아니 될 것이니라.
43 너희는 나의 성령이요, 나의 뜻을 따
라 만백성을 구하는 기름 부을 수 있

는 자들이니, 값을 따질 수 없는 위대
한 백성이요, 값을 매길 수 없는 것이
너희란 의미를 알겠느냐?
44 160권이 세상에 나와 만백성이 이것
이 참진리의 뜻이라 할 때, 세상의 모
든 백성이 나의 아들을 만나지 못하
니, 너희를 만나는 것도 목숨을 걸고
찾게 될 것이니, 그때가 머지않았음을
알라.
45 그날을 위하여 완벽하게 살며 다스려
가라 함이니라.
46 그때 가서도 너희가 죄지음이 많으며
아직도 변화되지 못했다면, 기름 부을
때 그 기름은 기름이 아니요, 폐유가
될 것이니라.
47 폐유를 부어 주면서 기름 부었다 말하
는 너희가 되어서는 아니 될 것이니
그리 알라, 선택된 나의 아들딸들아!

8,658 번째 하나님 말씀

2003년 12월 6일 11시 47분

1 사랑하는 나의 아들아!
2 "네, 아버님! 말씀하옵소서."
3 너의 제자들이 기름 붓는 그 역사를
할 것이며, 만백성을 직접 구하게 될
것이며, 그들의 말 한마디요, 행동 하
나를 보고 모든 백성이 따를 것이며
그를 스승으로 삼을 것이라 하였음이
니라.
4 그러니 나 여호와가 모든 역사가 이루
어지는 것을 미리 사전에 너희에게
말해 주지 아니한 것이 없으며, 미리
알려 주지 아니한 것이 없음이니라.
5 그러니 나의 법전에 기록하여 너희에
게 어찌 변하고 역사하라는 것은 모두
다 거기에 대비하며 준비하라는 것이
나의 뜻이라는 것을 너희는 알아야
할 것이니라.
6 너희에게 사전에 대비하고 준비하도
록 모두 다 가르쳐 준 것이 나 여호와
의 뜻이며,
7 지금 나의 아들을 통하여 법전에 기록
되어 전하는 것은 미래를 준비하며 거
기에 대한 대책을 세우라 함이 나의
가르침임을 알아야 할 것이니라.
8 노아의 방주도 그리하지 아니하였더
냐?
9 내가 모든 것을 다 전하였음이니라.
10 그리하여 너희에게 구원할 준비요, 또
구원받을 자를 대비하라 하였으며, 내
가 뭐라 하였느냐?
11 모든 것을 역사할 때마다 너희에게
미리 알려 주었음이니라.
12 고모라 성이 모두 불바다가 될 때도
내가 모두 다 너희에게 미리 알려 주
었으며, 예수가 와서 역사할 것을 너
희에게 모두 전하고 깨우쳐 주지 아니
하였더냐?
13 미리 전하여 주고 역사함이니라.
14 갑자기 당황하여 혼동하며 질서를 잡
지 못할 것을 생각하여 내가 미리 사
전에 다 역사하는 것을 알려 주었거늘,
15 거기에 대비하지 아니하고 게으른 자
가 되어 너희가 죽음으로 그와 같은
역사를 하지 아니하였던가?
16 준비하지 아니한 자가 그러한 자이니
라.
17 지금 나의 아들을 따르는 제자 너희는
만백성의 추앙을 받으며 너희를 보기

를 목숨을 바쳐 찾을 것이라 하였으
니, 이는 바로 무엇이더냐?
18 내가 너희에게 그와 같은 자가 될 수
있도록 사전에 준비하라 하며 너희에
게 명함이니,
19 지금 그와 같이 준비하지 아니한 나
의 아들을 따르는 제자가 되었다가
이다음에 그와 같은 일이 닥칠 때, 너
희는 기름 부음이 아니요, 폐유를 붓
는 그와 같은 길을 하지 말라 하였음
이니,
20 오늘에 너희가 닦고 또 다스리고 다져
나가야 한다는 것을 절대 잊지 말라.
21 예수가 온다는 것도 내가 사전에 다
알려 주었듯이, 너희가 변하는 것, 나
의 법전이 역사하는 것도 성서에 기록
하여 또한 다 알려 주었으며,
22 이제는 너희가 직접 가야 할 길, 역사
할 길을 나의 아들을 통하여 미리 명
하여 전하고 가르쳐 줌이니, 여기서
조금도 차질이 있어서는 아니 될 것이
니 그리 알라.
23 내가 너희에게 명한 것은 미래에 역
사하는 것이며, 나 여호와의 언약이
며, 그는 지켜질 것을 너희에게 지금
전함이니, 그 준비를 하라.
24 재앙에 대해 준비하라는 것보다도 더
무서운 것이 무엇이더냐?
25 나의 피조물 만백성을 구하는 길에 대
비하라는 것이 더 무서운 명령이요,
그 명령을 받는 자들이 더 귀하고 소
중함을 너희는 알아야 할 것이니라.
26 내가 너희에게 사전에 명하고 준비하
라는 것을 깨우쳐 대비하고 만반의 준
비를 하라.
27 그렇지 아니하면 너희는 동참할 수 없
으며, 그 역사를 할 수 없으니,
28 그때 가서 나에게 부름을 받지 못하며
쓰임을 받지 못하게 되어 있음을 알
라, 사랑하는 나의 아들을 따르는 나
의 아들딸들아!

8,659 번째 하나님 말씀

2003년 12월 6일 11시 51분

1 사랑하는 나의 아들아!
2 "네, 아버님! 말씀하옵소서."
3 너희의 믿음이 흔들리며, 나의 법전을
보고 흔들리며, 의혹하는 마음을 갖는
것이 무엇인 줄 알겠느냐?
4 너희가 나의 법전을 보고 흔들리며 나
의 법전을 의혹하며, 또한 믿음의 길
을 가는 백성이 나 여호와가 존재함
을 믿지 못하는 나약한 마음의 증표
요, 바로 그와 같은 행위를 하는 것은
무엇인 줄 알겠느냐?
5 마귀와 사탄이 나 여호와를 시험하고
자 대드는 그와 같은 행위를 하는 것
과 똑같음을 너희는 알아야 할 것이
니라.
6 너희가 나 여호와를 믿음에서 그 믿
음이 흔들리며 의혹하는 마음이 있다
면, 그것은 바로 너희가 의심하고 믿
지 못하는 마음이 아니라,
7 곧 사탄이 나를 시험하고 공격하며 시
험하고자 대드는 그와 같은 행위와 너
희가 믿지 못하는 마음이 같다는 것을
깨닫고 명심해야 함을 잊지 말라.
8 너희는 그저 믿지 못하는 것이요, 의
심하는 마음, 의혹하는 마음으로써 그

냥 거쳐 가고 지나가면 될 것이라 생
각하지만,
9 그와 같은 마음을 가지고 확고히 나를
믿지 못하며, 구세주요, 창조주 아버
지가 있다는 말만 하며, 실제로 그를
믿고 행하려 하지 아니하는 것은 사탄
이 나를 시험하는 행위와 똑같음을 알
라.
10 이와 같은 의미를 내가 나의 아들을
통하여 너희에게 전함이니. 이 의미를
깨달아 너희 것으로 만들어야 할 것
이니라.
11 반드시 나의 백성으로서 나를 시험하
고자, 나를 의심하고자, 나를 의혹하
고자 하는 마음을 버리라 그리하라.
12 그리고 나의 아들을 따르는 백성 너
희는 나의 법전이요, 새로운 성경이
요, 이를 의심하거나 나를 의혹하는
마음을 가지고 있다면 절대 안 됨이
니, 그 마음부터 다시 돌려 잡도록 그
리하라.
13 그것이 너희가 오늘 가야 할 길이며,
너희가 만백성에게 기름을 부어 주는
영광이요, 그 은혜를 행할 것이며, 그
축복을 내릴 수 있는 자격이 있는 자
들이니라.
14 만백성을 구하는 자는 뭐라 말하였느
냐?
15 종교 집단이요, 지도자는 거울로 비춰
봐 한 점의 부끄럼도 없는 아름다운
모습으로 살아야 한다 하지 아니하였
더냐?
16 그러니 너희가 아름다운 마음으로 살
수 있는 근본은 나를 의심하지 아니하
며 나를 믿는 마음에서 모두 역사함이
니,
17 근본이 흔들리는 너희가 어찌하여 나
의 백성에게 기름을 부어 주며, 그 기
름 부음을 받은 백성이 깨달아 하늘
에 오르는 길이 무엇이며, 나의 법전
을 가슴에 안고 정독하고 깨우쳐 구원
을 받는 길을 가겠느냐?
18 그러니 너희를 어찌 다스려야 할 것
인가?
19 모두는 다 남을 탓하며 남의 종파요,
믿음의 길을 가는 백성을 탓하는 것
이 아니요,
20 너희는 그를 거울삼아 바로 서고 너
자신을 다스려 나가라는 것이 나 여호
와의 가르침이니 그리 알라, 사랑하는
나의 아들딸들아!

부 록

【하나님께서 가르쳐 주신 운동】

천재지변이 일어날 때, 동물이나 미물들은 미리 알고 대피하지만, 인간은 알지 못하고 큰 화를 당합니다. 하나님께서 인간에게 가장 높은 지혜를 주시고 완벽하게 창조해 주셨기에 동물들보다 더 잘 알 수 있지만, 욕심으로 마음이 혼탁해져서 한 치 앞을 보지 못하는 것입니다.

마찬가지로, 인간은 누구나 스스로 필요한 운동을 해서 건강을 지킬 수 있도록 하나님께서 만들어 주셨습니다. 우리의 머리에서 우리 몸에 필요한 동작을 해 달라고 끊임없이 신호를 보내지만, 인간이 혼탁하게 살아서 그 신호를 알아채지 못합니다. 그러니 자연스럽게 자기 몸이 원하는 그 신호를 따라서 운동하는 것이 하나님께서 가르쳐 주신 운동 방법입니다. 바로, 우리의 영이 육을 이끄는 운동입니다.

▶ 하나님 운동법

1. 눈을 감고, 발을 어깨너비로 벌리고 바르게 선다.
2. 몸에 힘을 풀고, 허리를 숙이면서 손과 머리를 아래로 내린다.
3. 허리를 펴고 싶을 때, 천천히 펴면서 하고 싶은 동작을 하면 운동이 시작된다. (사람마다 다르다.)
4. 멈추지 말고, 어떤 동작이든지 자기 몸의 느낌대로 계속 이어서 한다.

▶ 참고 사항

① 눈을 감은 상태로 아무 생각 하지 않고, 자기 몸의 느낌대로 움직입니다.

② 마음을 비우고, 욕심을 버리고, 지난날의 잘못을 반성하면서 몇 차례 시도하다 보면, 자기도 모르게 하고 싶은 동작이 끊임없이 생깁니다.

③ 운동 장소는 방 안이든 운동장이든 관계없으며, 걷거나 달리고 싶을 때는 눈을 떠도 됩니다.

④ 매일 40분 이상, 주 4회 이상, 3개월 이상 하면 음식 조절에 들어갑니다.
- 음식으로 생긴 병은 음식으로 치료하게 되며, 어떤 음식을 먹어야 하는지 스스로 알게 됩니다.
(자기 몸에 필요한 음식만 먹고 싶어집니다.)

⑤ 사랑하는 사람과 함께 운동하면 서로 치료해 주기도 합니다.

⑥ 운동을 하다가 몸의 어느 한 부분을 계속 손으로 자극한다면 그쪽에 이상이 있는 것이니, 의사에게 상담을 받고 적절한 치료를 받으면 됩니다.

⑦ 다이어트 및 기타 건강관리에 효과적입니다.

⑧ 꾸준히 운동하여 영이 맑아지면, 자신의 과거와 미래를 스스로 보게 됩니다.

누구나 스스로 하실 수 있습니다.

간 행 사

《새로운 성경》은:

· 새로운 성경은, 하나님께서 선량하고 선한 자를 선택하여 십계명을 암송하도록 하시고, 십계명을 암송한 다음에 음성으로써 들려주시는 말씀을 듣고 그대로 카세트테이프에 녹음해서 받아쓴 책입니다.

· 90분짜리 녹음테이프 700여 개에 달하는 말씀으로, 1999년 8월부터 2004년 7월까지 총 160권(권당 288쪽)을 완성하였으며, 그 이후에도 현재까지 계속 말씀을 내려 주고 계십니다.

· 새로운 성경은 "하늘을 두루마리 삼고 바닷물을 먹물 삼아 쓰고 써도 다 못 쓴다"는, 끝없이 방대한 하나님의 말씀이 두루마리로 직접 내려오는 것입니다. 이러한 새로운 성경은 구약과 신약을 폐하려는 것이 아니라 "인봉된 성서의 비유의 뜻"을 상세히 설명하여 완성하고자 하나님께서 직접 내려 주신 말씀입니다.

《새로운 성경》의 구성:

· 제 목: 2013년, 160권 모음집을 발간하면서, 본 도서의 제목을 "하나님! 말씀하옵소서"에서 《새로운 성경》으로 명해 주셨습니다.

· 단행본: 각 권당 288쪽(신국판) 책이 160권까지 시리즈로 출판됩니다.
(모음집은 단행본을 16권씩 묶어서, 총 10부로 구성됩니다.)

《새로운 성경》의 성경적 근거:

· 신약 성경 [요한복음] 16장 13절에 "진리의 성령이 오시면 그가 너희를 모든 진리 가운데로 인도하시리니 그가 자의로 말하지 않고, 오직 듣는 것만을 말하며" 하신 말씀처럼 하나님의 음성을 들은 것만 기록하였으며,

· "장래 일을 너희에게 알리시리라" 하신 말씀과 같이 개인, 나라, 인류의 "장래"일을 하나님께서 알려 주시는 것만 기록하여 책으로 만들었습니다.

《새로운 성경》의 기록 방법:

· 1999년 8월부터 하나님께서 저에게 들려주시는 음성을 기록하였습니다. 처음에는 제가 들은 말씀을 불러 주면 저의 아내가 기록하여, 2000년 1월 29일에 1권 초판이 세상에 나왔습니다. 2000년 4월부터는 주시는 말씀을 받아 녹음기에 기록하기 시작하였습니다.

· 녹음을 시작하면서 하나님의 말씀을 받는 데 가속도가 붙었고, 2001년 5월 3일에 1부(1~16권까지)를 인쇄하여 출판하였으며, 2004년 7월까지 총 160권 분량의 말씀을 받아 기록하였습니다.

하나님께서 저에게 주신 것은:

· 첫째, 만백성을 상대로 내려 주시는 "기도", 둘째, 수시로 내려 주시는 "묵상", 셋째, 개인의 과거, 현재, 미래를 알려 주시는 "개인 기도", 넷째, 개인의 건강을 위해서 내려 주시는 "음식 처방", 다섯째, 하나님께서 가르쳐 주신 "운동"등이 있습니다. 이 중에 첫 번째, "기도"를 책으로 편찬하였습니다. 사람의 생사, 개인의 미래에 관한 천기는 수록하지 말라 하셨습니다.

강론 안내:

· 하나님께서는 지금도 매일 저에게 새로운 하늘의 비밀의 말씀을 내려 주고 계십니다. 수시로 내려 주시는 말씀을 정리해서 제자를 육성하라는 말씀에 따라 매주 강론을 하고 있습니다. 누구나 무료로 들으실 수 있습니다. (book160.com)

《새로운 성경》을 읽는 분들에게 드리는 선물:

· 개인 기도: 개인의 과거, 현재, 미래에 관하여 말씀을 내려 주십니다.

· 음식 처방: 사람은 음식을 먹고살다가 건강을 잃으니, 음식과 운동으로 건강을 되찾는 방법을 알려 드립니다. 단, 하나님이 계심을 믿고, 십계명을 지키겠다고 진실로 서약하는 분들께 알려드립니다.

《새로운 성경》의 은혜와 기적:

· 새로운 성경 전160권은 16권씩 묶어서 총 10부의 모음집으로 구성됩니다. 모음집 한 부를 읽고 깨우치는 자에게 하나님께서 다음과 같은 기적이 있다고 하셨습니다.

· "첫째, 그가 죽어 하늘에 갔을 때 그의 죄를 묻지 아니하며, 구원을 받는 위대한 은혜가 있으며, 둘째, 그의 소원과 소망이 이루어지고, 셋째, 죽은 자(부모, 형제, 자식, 사랑하고 은혜 입은 분)의 이름으로 구입한 책을 읽고 누군가 한 사람이 깨우칠 때, 그 죽은 자가 지옥에서 천국으로 구원을 받게 되며, 넷째, 유산, 중절 수술 등으로 태어나지 못한 아이를 위하여 구입한 책을 보고 한 명이 깨우쳤을 때, 그 아이가 사람으로 다시 한 번 태어나는 은혜를 받는다."

· "새로운 성경"을 3회 이상 정성을 다해 정독하는 자, 성서의 비밀을 알게 되고, 세상의 이치를 알게 되며, 세상을 지배하고 통제할 수 있는 지혜를 다 얻게 된다고 하셨습니다. 이 책은 만백성이 정독하고 이웃에게 전하여, 평생 가슴에 묻은 슬픔과 고통의 짐을 벗고 미래를 위한 힘찬 삶을 살아가도록 하는 책입니다.

끝으로

· 하나님께서는 흰 눈이 세상을 덮듯이 새로운 성경을 온 세상에 전하라고 하셨습니다. 《새로운 성경》을 각국어로 번역해서 온 인류에게 구원의 길을 깨우쳐 주고, 그 수익으로 가난하고 어려운 백성을 구제하여, 만백성의 영과 육을 함께 구원하는 선지자의 임무를 수행하라고 저에게 명하셨습니다.

· 하늘에서 내려 주신 말씀의 보화를 만백성에게 나누어 주는 것이 선지자의 임무라고 하셨습니다. 새로운 성경을 통해서 얻는 재물을 사용할 곳도 하나님께서 일일이 명해 주십니다. 모든 재물은 저의 자의로 쓸 수 없고, 하나님께서 명하시는 대로만 쓰여집니다.

· 어떤 명분으로든 십일조나 각종 헌금을 거두어들이지 말라 하셨으며, 국내뿐 아니라 각국에 성전과 단독 서점을 운영하며, 한국의 많은 젊은이들을 전 세계에 지도자로 내보내라고 하셨습니다.

· 우리는 세계적으로 새로운 성경을 보급하며 어려운 이들을 돕는 역사를 해 나갈 것입니다. 지금까지 비록 몇 명 안 되는 제자들과 함께 이러한 일을 역사했지만, 앞으로도 계속 하나님께서 기뻐하시는 일들을 해 나갈 것입니다. 부족한 저희에게 여러분들의 지혜와 성원을 보내 주시기를 바랍니다. 많은 분들의 참여와 도움을 간절히 기다립니다. 감사합니다.

한국어로 내려온 《새로운 성경》 단행본을 출간하며
2016년 4월 10일

발행인 **김 용 철**

한국어로 내려온

새로운 **성 경** · 8부 · 제117권

지은이 하나님 말씀
대역자 김용철

초판인쇄 1쇄 2017년 4월 3일

펴낸 곳 도서출판 하얀마음
등록번호 제 10-2107호 (2001년 2월 14일)
주소 서울시 노원구 덕릉로86길 5, 2층
전화번호 02) 313-1114
팩스 02) 393-5554
전자우편 book160@hanmail.net
편집위원 조나영 김미향 이석교
제작지원 조형구 백영숙 이석교 이수희

도서상담 1600-7527
ISBN 978-89-5875-217-2 (04230)
978-89-5875-100-7 (세 트)

값 10,000원
잘못된 책은 구입하신 곳에서 바꾸어 드립니다.

※이 책은 10부로 제작되며, 각 부 16권씩 총160권으로 구성됩니다.※

1부	2부	3부	4부	5부	6부	7부	**8부**	9부	10부
1권	17권	33권	49권	65권	81권	97권	113권	129권	145권
2권	18권	34권	50권	66권	82권	98권	114권	130권	146권
3권	19권	35권	51권	67권	83권	99권	115권	131권	147권
4권	20권	36권	52권	68권	84권	100권	116권	132권	148권
5권	21권	37권	53권	69권	85권	101권	117권	133권	149권
6권	22권	38권	54권	70권	86권	102권	118권	134권	150권
7권	23권	39권	55권	71권	87권	103권	119권	135권	151권
8권	24권	40권	56권	72권	88권	104권	120권	136권	152권
9권	25권	41권	57권	73권	89권	105권	121권	137권	153권
10권	26권	42권	58권	74권	90권	106권	122권	138권	154권
11권	27권	43권	59권	75권	91권	107권	123권	139권	155권
12권	28권	44권	60권	76권	92권	108권	124권	140권	156권
13권	29권	45권	61권	77권	93권	109권	125권	141권	157권
14권	30권	46권	62권	78권	94권	110권	126권	142권	158권
15권	31권	47권	63권	79권	95권	111권	127권	143권	159권
16권	32권	48권	64권	80권	96권	112권	128권	144권	160권